생생한 현장감을 살린

사회복지현장실습 세미나

김만호 김진의 공저

양성원

머리말

사회복지제도는 우리나라 주요 국가정책의 하나이다. 사회보험제도를 기반으로 바우처 등을 포함한 각종의 사회복지서비스가 국민들에게 제공되고 있다. 그럼에도 불구하고 우리나라의 사회복지제도를 북유럽 국가들과 비교하면 보편적 복지의 수준이 높지 않다. 선별적 복지제도의 일반화로 인하여 불완전한 복지정책이 주류를 이루고 있다. 하지만 국민들의 생활 수준이 높아지고, 욕구가 다원화되면서 보편적 복지에 대한 요구는 점점 커지고 있다. 이러한 요구에 국가가 충분히 응답한다면 국민들의 삶의 질은 매우 향상될 것이다. 결국 복지국가는 모든 국민들이 소원하는 이상이며, 현실이다.

복지국가 실현의 주도적 역할은 사회복지사들이 담당하고 있다. 사회복지사 자격은 대학에서 관련 교과목을 이수하고, 그중에 사회복지현장실습을 완료한 경우에 주어진다. 현실적으로 볼 때 사회복지사 자격증은 많은 국민들이 취득한 자격증이다. 사회복지영역의 확대로 사회복지사 자격증이 세분화되고 전문화되고 있지만 가장 일반적인 자격증이 사회복지사 1, 2급이다. 사회복지사는 사회복지 가치와 철학, 지식과 경험, 그리고 열정과 의지를 가진 전문가이다. 사회복지의 질적 수준을 높이고자 하는 사람들은, 많은 국민들이 사회복지사 자격증을 취득함으로써 전문성이 떨어지는 것을 우려하기도 한다.

이러한 우려를 해소하고 사회복지서비스의 질을 높이기 위하여 사회복지사 자격 취득에 필요한 최소 이수 학점을 51학점으로 늘리고, 사회복지현장실습을 160시간으로 확대하고, 현장실습을 투명하게 수행하기 위하여 실습기관, 교육기관의 자격을 엄격하게 규정하고 있다. 뿐만 아니라 사회복지현장실습세미나를 15회 30시간 반드시 이수하도록 하고 있다.

사회복지현장실습은 사회복지사로서의 역할을 학습하는 기본적인 과정이다. 사회복지현장실습은 사회복지현장에서 클라이언트의 욕구를 충족하기 위한 사회복지서비스를 이해하고, 선배 사회복지사의 업무를 지원하면서 사회복지사로서의 역량을 학습하는 과정이다. 선배 사회복지사의 경험적 활동은 대학의 강의실에서 학습할 수 없다. 물론 사회복지현장의 경험이 모두 긍정적인 것만은 아닐 수 있다. 클라이언트의 특성, 사회복지현장의 환경, 지역사회의 분위기 등으로부터 많은 영향을 받기 때문에 실습생이 경험하는 사회복지현장은 가감없이 생생한 모습이다. 이를 제대로 이해하고 받아들이는 수정 과정이 필요하다.

사회복지현장실습세미나는 실습생으로서 생생하게 경험한 현장을 재학습하는 과정을 포함한다. 현장실습세미나는 대학에서의 강의와 실습에 대한 사전학습을 통하여 실습에 대한 준비를 충분히 하고, 사회복지현장에서 선배 사회복지사와 경험한 실무를 보충적으로 설명하고 토론하는 과정이다. 실습생이 가진 사회복지에 대한 진정성을 강화하고, 사회복지현장에서 부정적으로 습득한 경험에 대하여 토론을 통하여 정확한 정보를 제공하기 위한 보완적 학습과정이다.

본 교재는 사회복지현장실습의 특성을 충분히 반영하고, 사회복지현장실습에 대하여 정확하고 세심한 보완이 이루어질 수 있도록 실습기관과 대학 강의실을 연결하는 징검다리로서의 의미를 가지고자 한다. 이러한 의미를 담아 본 교재는 총 10장으로 구성하였다. 제1장 실습 오리엔테이션, 제2장 실습생의 역할은 실습을 준비하는 자세를 설명하고자 하였다. 제3장 사회복지시설, 제4장 클라이언트의 특성은 실습생이 실습을 수행하는 기관과 실습기관에서 서비스를 제공하는 대상을 설명하고 있다. 제5장 사회복지의 윤리와 가치, 제6장 사회복지사의 직무와 역할은 사회복지기관에서 서비스를 제공하는 전문가가 가져야 할 가치와 역할을 설명하고자 하였다. 제7장 사례관리, 제8장 프로그램, 제9장 홍보는 전문가로서의 역량을 발휘할 수 있는 기술을 설명하고 있다. 그리고 마지막으로 제10장은 실습 종결 및 평가를 구성하여 사회복지현장실습에 대한 실습생의 자기평가, 그리고 실습생에 대한 실습기관의 평가 및 대학의 평가를 설명하고 있다.

본 교재는 사회복지현장과 대학에서 오랜 기간 활동한 두 명의 사회복지사가 사회복지현장의 생생한 이야기와 대학 강의실에서의 이론을 접목하기 위한 시도의 일환이다. 따라서 본 교재가 사회복지사로서의 가치를 형성하고 역량을 강화하고자 하는 예비 사회복지사에게 도움이 되기를 바란다. 또한 사회복지에 관심이 많은 비전공 대학생, 시민에게 사회복지현장을 전반적으로 이해할 수 있도록 돕고자 한다. 다만 교재의 의도를 충분히 반영하지 못한 부분은 지속적으로 보완하고자 한다. 부족한 원고와 촉박한 시간에도 불구하고 깔끔하게 편집해 준 양성원 편집부와 강철원 대표께 감사를 드린다.

2022년 8월

김만호 · 김진의 올림

차 례

Chapter

01

사회복지현장실습 세미나 개요

Chapter 01

사회복지현장실습 세미나 개요

사회복지현장실습에 임하는 예비 사회복지사들은 현장실습에 대한 충분한 이해와 준비, 그리고 실습에 따른 유익과 적용사항에 대한 이해가 필요하다. 그러한 이해 없이 실습에 임한다면 실습 전 부담감, 실습과정 중의 고충과 어려움, 실습 후의 복잡한 가치혼란이나 진정한 쓸모를 찾지 못한 허탈감 등으로 이어지는 실패를 경험할 수 있다. 따라서 실습의 중요성과 그 가치를 높이기 위해서는 실습세미나의 과정이 얼마나 중요한지를 반드시 기억할 필요가 있다.

1. 사회복지현장실습의 의의/목적

사회복지사를 꿈꾸는 수많은 사회복지학 전공자들은 다양한 학문적, 이론적 배경을 갖추는 사회복지 교과목을 이수하여야 한다. 그 필수이수과목 중에 가장 중요한 과정인 사회복지현장실습은 30시간(2시간, 15회)의 실습세미나와 더불어 160시간의 사회복지현장에서의 실습을 경험하고 기록하고 평가받는 과정으로 이루어진다. 그러면 구체적으로 이러한 실습과정에 대한 학습과 이해, 그리고 실습생으로서 준비해야 할 마음가짐이나 구체적인 핵심전략에 대해 정리하고자 한다.

사회복지현장실습의 방향

- 사회복지현장실습은 실천학문으로서 사회복지학의 역사와 함께하는 필수적인 교육과정이며, 대학에서 제공하는 교과과정이면서도 사회복지실천현장에서 이루어지는 것을 기본으로 하고 있음. 이러한 특성으로 인해 학계와 현장이 함께 책임을 져야 하는 특수한 교과목인 것임(한국사회복지사협회, 2005).

- 사회복지교육의 본질적 핵심은 전문적으로 사회복지를 실천할 수 있도록 훈련하는 것으로 이는 학교의 교육과 이를 실천해 볼 수 있는 사회복지현장실습 경험을 통해 달성할 수 있음(오수경 외, 2012).

- 따라서, 사회복지실습슈퍼비전은 실습지도자가 실습생이 하는 일에 대해 책임을 지고 지켜보며 가르치는 일로 일에 대한 감시나 감독이 아니라 교육하고 훈련하고 지도하고 지원하는 교육 및 지도의 형태여야 하며, 전문가로서 성장을 할 수 있도록 교육하는 형태여야 함(양옥경 외, 2017).

- 사회복지현장실습은 사회복지사 자격 취득을 위한 필수교과목(「사회복지사업법 시행규칙」 별표 1)으로 사회복지현장실습에 관한 기준을 준수하여야 함.

2. 사회복지현장실습의 중요성

사회복지현장실습은 실습기관, 실습생, 교육기관의 협력적 관계를 통하여 진행된다. 무엇보다 현장실습은 실습생이 교육기관에서 학습한 이론, 실무, 사례 등을 실습기관에서 선배 사회복지사의 업무를 관찰하고 지원하면서 교과목의 내용을 확인하는 학습 과정이다. 이 과정에서 실습생은 사회복지 가치와 사회복지사의 역할을 학습하게 된다. 따라서 사회복지현장실습은 실습생에게 중요한 기회를 제공해 준다. 구체적인 내용은 다음과 같다.

1) 관계 맺기

사회복지사가 되기 위한 필수과정인 사회복지현장실습이 160시간 이상으로 규정되면서 실습생들에게는 시간적 부담이 늘어나게 되었다. 한편 부담도 있겠지만 160시간이 주는 다른 측면에서의 의미도 함께 생각할 수 있다. 실습기관의 사회복지사와 관리자, 특히 슈퍼바이저와 보내는 시간이 그만큼 길어진 것이며, 또한 실습동기생들과의 인연도 길게 갖게 되는 것이기도 하다. 즉, 이것은 졸업 후 현장의 사회복지사로 살아가기를 희망한다면 꼭 필요한 전문가를 만나 동료로서의 관계를 형성할 수 있는 중요한 마중물이 될 수 있는 인연이기도 하다는 뜻이다. 그런 의미에서 '어떤 실습기관을 선택할 것인가? 누구와 어떻게 관계하며 실습기간을 보낼 것인가?' 등을 생각해 볼 필요가 있다.

2) 현장 적응하기

현장에서 실습을 하다 보면 여러 가지 주어지는 과업들을 수행하면서, 선배 사회복지사들의 활동들을 곁에서 보며 여러 가지 윤리적, 혹은 가치적 고민에 빠지기도 한다. 이런 고민이나 딜레마 상황을 미리 경험해 보는 것은 매우 큰 공부가 되는 것이라 할 수 있다. 실습생에 따라 다르지만 그런 공부를 토대로 당초에 깊은 뜻이 없었던 사회복지사의 길로 분명히 전환하는 경우도 있고, 어떤 경우는 사회복지사의 뜻을 접는 경우도 있다. 작게는 본인이 희망했던 시설유형을 바꾸는 경우도 있고, 반면 그 실습기관에 그대로 바로 채용되는 경우도 있다. 이런 넓은 스펙트럼에서 각자의 실습생은 각자의 자리를 찾아 들어가게 되는 계기가 바로 현장실습이라고 할 수 있다.

3) 잠재 자원 확보

실습생의 입장이 아니라, 현장에 있는 사회복지사의 입장에서 실습생은 어떻게 기억할까? 20년 차 사회복지사라면 매년 동계, 하계, 학기 중 실습 등 한 기관에서 최소 두 차례 많게는 네 차례 실습생을 만나게 된다. 1년에 네 차례씩 20년, 매회 평균 5명씩으로만 잡더라도 400명의 실습생과 인연을 갖는 셈이다. 그렇다 보니 현장의 사회복지사들은 훗날 사회복지사 워크숍이나 관련 모임 등에서, 혹은 개인이 속한 법인이나 시설에서 종종 실습생과 재회하고 취업을 축하하고 관계를 이어가곤 한다. 그리 보면, 실습생과 사회복지사의 인연은 단순한 것은 아닌 것 같음에도 실습을 바로보는 시각은 시기에 따라 조금씩 다르기도 하다. 결국은 실습생도, 현장의 사회복지사도 모두 그 실습시간의 귀함을 인정하고 의미 있게 서로 다가가는 자세가 필요하다. 그런 사회복지사와 실습생이 만났을 때 역동적이고 즐겁고 재미있는 실습과정이 될 것이고, 학교에 돌아간 후 실습발표 시에도 더 자신 있게 발표할 수 있을 것이며, 훗날 현장에서의 재회 시에도 늘 관계하고 소통하는 발전적 파트너가 될 것이다.

3. 사회복지현장실습기관 선정 시 유의사항

사회복지현장실습기관은 다양한 영역에서 사회복지서비스를 수행하고 있다. 사회복지서비스는 사회복지법인, 비영리법인, 사회단체 등의 민간 영역에서 제공하지만 국립재활원 등 공공영역에서도 사회복지서비스를 제공하고 있다. 민간과 공공영역의 사회복지기관은 실습생 교육을 위한 조건을 충족하고 실습제공기관으로 승인받아야 가능한다. 한국사회복지사협회의 홈페이지에서 실습제공기관을 확인할 수 있다.

1) 실습제공기관

먼저 사회복지현장실습을 진행할 수 있는 실습제공기관을 알아보자. 기본적으로 「사회복지사업법」에 따른 사회복지법인 및 사회복지시설이 주된 실습기관이 될 것이고, 사실상 대부분의 실습생은 이러한 시설 중 하나를 선택하여 실습을 신청하고 선정되어 실습에 참여하게 된다. 그 외에 사회복지사업과 관련된 기관이나 단체, 공공기관, 사회복지서비스를 제공하는 단체 등으로 그 대상을 확대할 수 있다.

사회복지현상실습기관의 범주

- 「사회복지사업법」에 따른 사회복지법인 · 사회복지시설
- 사회복지사업과 관련된 기관 및 단체
  - 사단법인 · 재단법인: 관청의 허가를 받은 단체로 사회복지사업을 목적으로 하는 비영리 단체
    - ‘사회복지사업’이란 「사회복지사업법」에 명시된 ‘정의’를 말함
- 공공기관: 자원봉사센터 등
- 사회복지서비스를 제공하는 병원, 상담소, 학교, 교정기관, 시민사회단체 등
  - 관할 관청의 인 · 허가를 받은 상태 또는 신고된 상태여야 함. 설치 뒤 1년이 지나지 않은 경우 등록 불가, 심사 시 정관, 실습계획서 등 추가 서류를 요청할 수 있음

※ 실습기관은 반드시 법적 기준에 따른 실습지도자가 있어야 함

과거에는 어디까지를 실습기관으로 인정할 것인가에 대한 기준이 애매한 경향이 있었다. 예를 들면, 일본 등 해외에서의 실습, 국회에서의 실습, NGO 및 시민단체에서의 실습 등 그 스펙트럼을 매우 넓게 볼 수도 있었다. 또한 실습기관으로의 공식적인 인정채널이 없었기 때문에 그 판단의 경계가 애매하거나 논란이 되는 경우도 발생하였다. 또 사회복지사 자격에 대한 관심이 높아지면서 일부 실습기관들은 실습과정에 대한 책무성을 제대로 실천하지 않음으로써 불법적인 실습과정이 문제가 되는 사건들이 발생하기도 하였다.

이에, 보건복지부는 실습기관에 대한 관리를 강화하게 되었고 현재에는 보건복지부에 실습기관으로 인정받은 시설이나 단체에 한하여 실습생을 받고 지도할 수 있는 시스템으로까지 이어지고 있다. 따라서 실습희망자는 공식적으로 인정된 기관의 명부를 확인하고 본인이 희망하는 시설유형, 시설의 규모, 운영법인, 지역이나 위치, 실습지도자 등의 모든 정보를 확인하고 선택할 수 있다.

2) 실습기관의 조건

실습기관이 갖추어야 할 여러 가지 요건들이 있지만 가장 중요한 것은 실습기관이 갖고 있는 실습에 대한 충분한 이해와 책무성, 그리고 실습지도자의 역량과 열정이라고 할 수 있다. 실습기관이 단순히 부족한 인력의 일시적 보완, 실습비를 통한 세입재정의 확보 등 부가적인 이익에 대한 관심이 아니라 순수하게 미래의 사회복지사에 대한 현장실습교육의 중요성을 인지하고, 사회복지시설로서의 강한 책무성 아래에서 실습과정을 진행하는 입장이어야 하고, 그럴 때 해당시설에 소속되어 있는 종사자들이 실습생을 맞아들이고 함께 활동하며 슈퍼비전을 주고받는 과정 전체가 건강한 과정이 될 수 있다. 또한 무엇보다 중요한 실습지도자의 경우에도 기본적인 자격증 급수와 경력기간이 합산된 자격기준은 있지만 그런 기본조건 외에 실습지도자로서의 충분한 자질과 역량을 가지고 있고, 실습생에 대한 애정과 지속적인 관계유지를 통해 미래의 동료로서 대할 수 있는 실습지도자일 때 그 실습생은 그야말로 '실습지도자 운'이 좋은 실습과정으로 평생 기억될 것이기 때문이다.

실습지도자 기준

[예시1] 사회복지사 1급 자격증을 교부받은 후 3년 이상 사회복지 실무경험이 있는 경우 인정 가능

[예시2] 사회복지사 2급 자격증을 교부받은 후 5년 이상 사회복지 실무경험이 있는 경우 인정 가능

[예시3] 사회복지사 2급 자격증을 교부받은 후 4년의 사회복지 실무경험이 있고, 1급으로 승급 후 사회복지 실무경험이 1년 이상인 경우 ☞ 최초 자격증을 취득한 2급 발급일로부터 5년 이상 실무경험이 있으므로 인정 가능

[예시4] 사회복지사 2급 자격증을 교부받은 후 6년의 사회복지 실무경험이 있고, 1급으로 승급 후 사회복지 실무경력이 6개월인 경우 ☞ 최초의 자격증을 취득한 2급 발급일로부터 5년 이상 실무경험이 있으므로 인정 가능

3) 개인의 실습목표

실습기관을 선정할 때는 실습생의 장기적인 목표와 관련하여 선정하는 것이 매우 중요하다. 실습은 사회복지사 자격을 갖추기 위한 필수조건이기도 하지만, 한편으로는 어떤 시설유형의 현장에서 사회복지사로 활동할 것인가를 결정할 때 중요한 기준이 되기도 하기 때문이다. 실습생이 이용시설 혹은 거주시설 중 어떤 유형을 선호하는지, 대상영역별(아동, 노인, 청소년, 지역사회, 중독, 다문화 등)로는 어떤 영역에서 잘할 수 있을지, 어느 지역에서 활동하기를 희망하는지 등 본인의 미래상과 연동하여 종합적으로 살펴볼 필요가 있다. 그래서 여러 차원의 희망사항을 고려한 실습기관을 신청하고, 선정될 경우 당초 실습생이 알고 있던 현장의 모습에 대한 확인 혹은 차이점을 발견하게 되면서 계획의 수정 혹은 추진과정을 거쳐 남은 기간을 준비하게 된다.

4) 실습지 사전 조사

실습기관에서는 실습생 모집을 해당기관의 홈페이지나 한국사회복지사 자격관리센터 홈페이지 등 온라인 게시, 각 학교로의 공문발송, SNS 등 여러 채널 중에서 선택하여 홍보하게 되고 시설 내 사회복지사와 실습지도자의 수를 고려하여 적정 인원을 선발한다. 따라서 실습을 희망하는 자는 희망하는 실습기관의 홈페이지를 정기적으로 모니터링하는 것이 필수이며, 보다 적극성을 띤다면 미리 정기적 자원봉사자로 인연을 맺어 가는 것도 좋은 방법이 될 수 있다. 실습기관으로 신청할 때에는 공지사항을 충분히 숙지하고 본인의 실습의도를 밝히면서 예의를 갖추어 준비된 질의를 하면 될 것이다. 이미 공지사항에 나와 있는 내용을 재질의하거나 지침 자체를 이해하지 못한 상태에서 공지사항을 이해하지 못하여 실습기관에서 지침까지 설명해야 하는 경우, 그리고 절차상 필요한 서류나 기한을 지키지 못하여 혼선을 야기하는 경우 등이 실습기관이 불편해하는 사례라고 볼 수 있다. 실습기관도 실습생에 대한 예를 갖추면서 모집하는 절차와 실습을 진행하고 평가하는 과정을 이어나가겠지만, 실습생 역시 실습기관에 대한 예를 갖추면서 바쁘고 복잡한 현장에 불필요한 업무를 가중시키지 않는 범위에서 상호 간의 협력적이면서 유익한 실습과정 전반을 위해 노력해야 할 것이다.

5) 실습기관의 선정

실습기관 선정은 실습생에게 매우 중요하다. 본인이 희망하는 시설유형이나 특정시설, 혹은 정말 경험해 보고 싶은 실습기관으로 과감하게 도전하는 것이 바람직하다. 실습기관을 잘 선정하고, 실습기간 동안 남다른 경험과 정보를 습득하면서, 오랜 인연으로까지 유지시키는 것이 사회복지사 인생에서 중요한 마중물이 될 수 있는 만큼 미리 준비하고 알아보고 접촉해서 원하는 곳에서 꼭 실습을 하는 것이 좋다. 사회복지사들은 집과 가까워서 실습신청을 했다는 너무나 실망스러운 동기보다는 뭔가 다른 동기로 가득찬 실습생을 만나기를 애타게 기다리고 있다.

지금 이 순간에도 전국에서 유명한 시설로, 미혼모 시설을 찾아서, 가정폭력 상담시설로, 쪽방으로, 국회로, 시민단체로, 사회적기업 빵집으로, 심지어 외국으로까지 실습을 가는 경우도 있다. 사회복지사로서 현장에서 어떤 뜻을 펼칠지를 충분히 고민하고 그에 맞는 시설이나 단체를 충분히 알아본 후 가능한 곳에서 자원봉사로 인연을 맺어 가는 방식으로 실습에 임한다면 금상첨화일 것이다. 모두에게 가능한 일은 아니겠지만 그런 방식으로 실습을 준비해 나간다면 분명 160시간이 부족한 시간으로 느껴질 만큼 빨리 지나가고 많은 것을 얻을 수 있을 것이다.

사회복지실습슈퍼비전의 구성요소

• 실습슈퍼비전을 효과적으로 제공하기 위해서는 슈퍼비전을 구성하는 요소들을 정확히 이해할 뿐 아니라 슈퍼비전의 원칙을 세우고 그 원칙에 준하여 제공해야 함.

• **실습생**

– 슈퍼비전을 받는 사람으로서 현장실습교육을 진행함에 있어 교육 및 지도받아야 할 내용을 제공하고 그에 대해 실습슈퍼비전을 받는 사람

– 실습생은 슈퍼비전을 통해 더욱 발전된 서비스를 클라이언트에게 전달할 책임이 있으며, 이를 위해 슈퍼비전을 성실히 받아야 할 의무도 있음.

– 슈퍼비전을 위해 진실한 보고 자료를 제공해야 하며, 소속기관의 슈퍼비전 구조에 맞춰 성실히 슈퍼비전을 받을 의무가 있음.

• **실습담당교수와 대학**

– 실습생은 대학에 소속되어 있으면서 대학에서의 교과목으로 사회복지현장실습을 수강하는 학생임. 따라서 실습생의 지위는 실습기관의 실습생 또는 수련생으로도 정리되지만, 실습생의 기본 위치는 소속대학의 학생임.

– 이는 실습생에 대한 **일차적인 책임이 대학에 있으며, 실습생에 대한 교과목의 성적을 대학의 실습담당교수가 갖고 있음**을 의미함.

– 그러나 성적을 학교에서 확정한다고 해서 실습생의 현장실습 내용에 관한 평가 일체가 학교의 실습담당교수에게 있는 것은 아님. **현장에서의 실습 진행 전반에 관한 평가는 실습현장에서 실습슈퍼비전을 담당했던 실습지도자에게 있으며, 이 것은 철저하게 지켜져야 함.**

• **클라이언트**

– 클라이언트(client)는 실습생이 실습슈퍼비전을 받게 하는 이유의 중심에 있는 사람으로 직접 서비스 기관에서 클라이언트는 서비스 욕구를 가진 사람이며, 간접 서비스기관에서의 클라이언트는 다른 기관, 단체, 정부 등임.

• **실습지도자(supervisor)**

– 실습슈퍼비전에서 실습생에게 실습슈퍼비전을 제공하는 사람으로서, 슈퍼비전의 꽃이라고 할 수 있음.

- 이를 위해 실습지도자는 다섯 가지 기본 행동인 말하고, 듣고, 읽고, 보고, 쓰는 것을 잘해야 함(Munsun, 1993). 이런 실습지도자는 사회복지사업 전달에 있어 관리자(manager), 연결자(mediator), 멘토(mentor)로서의 역할을 해냄(Lewis et al, 2001).
- 이렇게 실습지도자는 리더(leader)로서 실습생의 성장에 관심을 갖고 서비스와 행정, 정책을 조화롭게 정리하는 역할을 함.

• **조직**

- 사회복지실천이 조직을 기반으로 이루어지듯이 사회복지실습 역시 조직 내에서 이루어짐. 실습슈퍼비전 역시 조직 안에서 행정적으로 처리될 때 공식적인 실습지도이기 때문임.
- 조직에서는 실습슈퍼비전을 위해 정책, 규정, 내규, 지침 등을 마련해야 하며, 조직의 특성 및 목적, 비전 및 미션과 맥을 같이 하는 실습슈퍼비전이 제공되어야 함.

출처: 양옥경 외(2017).

4. 실습생을 대하는 실습기관의 자세

1) 긍정적 입장

실습생은 실습기간 동안 실습기관이 무슨 일을 하는지, 어떠한 활동들이 진행되는지 매우 궁금하게 여기며, 자신들에게 주어지는 과업을 잘 수행할 있는지 궁금하게 여긴다. 물론 실습생을 받아 실습지도를 시행해야 하는 실습기관들 중 어떤 시설은 실습생을 환영하는 곳이 있을 수 있고, 반면 어떤 시설은 다소 부담스러워하기도 한다.

여러 가지 이유가 있겠지만 환영하는 기관은 실습생 한 명 한 명을 앞으로 미래에 함께 사회복지 현장을 일궈 나가야 할 동료로서의 후배 사회복지사에게 갖는 애정과 책무성 같은 것들이 조직문화에 녹아 있는 그런 시설일 가능성이 높다. 더불어 시설마다 차이는 있겠지만 처리해야 하는 과업이 너무 많아서 실습생의 지원을 기대하는 면도 없지는 않을 것이다.

2) 부정적 입장

실습지도에 부담을 갖는 시설들은 일상적으로도 항상 너무나 바쁘고 많은 업무로 힘든 상황에서 다수의 실습생까지 지도하고 행정업무를 진행하는 것 자체가 또 하나의 과업이 추가되는 것으로 여기면서 업무량이 더 늘어나지 않을까 하는 우려들에서 비롯될 가능성이 있다. 한편으로 실습생의 존재가 업무에 도움이 되지 않고, 사회복지사의 업무 수행에 부담이 될 수 있다는 불안감도 존재한다.

3) 현장실습의 효과

이러한 양측의 감정은 모든 시설에서 공히 가지고 있을 것이지만, 조직문화나 실습지도에 대한 시설 측의 입장에 따라 그 비중의 차이가 있을 뿐이고, 그런 상황 속에서 실습생을 맞이하게 될 것이지만 실제 실습에 돌입하게 되면 대부분의 시설은 실습생들로 인해 평소와 다르게 실습기관의 분위기가 밝아지면서 전체적인 조직문화가 긍정적으로 바뀌는 경험을 종종 하게 된다. 실습생끼리도 마찬가지로 서로 다른 학교에서 오다 보니 낯선 마음에 처음 한 주간은 서먹서먹하지만 1주일 정도만 지나면 서로 친근하게 대화하고 웃으며 실습활동 중에도 점차 역동적인 모습으로 바뀌어 가는 걸 확인하게 된다.

따라서 실습생 각자가 초반 분위기에 선입견이나 부담을 갖지 말고 자신감을 가지고 실습과정 전반에 참여한다면 더욱 생산적인 실습이 될 것이라 생각된다. 결국은 그 시설이 어떤 형태의 조직문화를 가지고 있던, 또 시설유형에 따라 어떤 특성을 가지고 있던 그런 부분과는 상관없이 실습에 참여하는 실습생의 적극성에 따라 시설과 실습생의 유익성이 달라지기 때문이다.

즉, 실습과정에 생겨나는 여러 상황들과 과업의 추진과정 속에서 자발적으로 선배 사회복지사에게 다가가서 같이 협력할 수 있을 것이고, 긍정적인 관계 속에서는 정형화된 과업이 아니라도 선배 사회복지사들이 참여를 권하게 될 것이라는 뜻이다. 그에 따라서 실습생이 배우고 경험하는 것, 실습일지에 적을 내용들, 훗날 쓸모가 있는 팁들을 많이 가질 수 있는 방법이 바로 실습생이 어떤 태도로 다가가느냐, 같은 실습 동기들 간에 그리고 이미 시설에 종사하고 있는 여러 사회복지사와 어떤 관계를 맺느냐 등에 달린 것이다. 물론 그런 실습생의 태도와 자세가 실습기관에도 큰 도움이 될 것이고, 어쩌면 훗날 귀한 인연이 될 수도 있는 것이다. 이러한 소통, 신뢰, 그리고 동료 관계와 같은 심리적 동질성과 공동체적 조직문화가 존재하면 실습생과 사회복지사 모두에게 긍정적이고 발전적인 기회를 보장하게 된다.

5. 교재 활용 방법

본 교재는 실습을 앞둔 예비 사회복지사의 현장실습에 유익한 내용들로 구성되어 있다. 물론 이는 사회복지사로서 취업 시 기본적으로 알아 두면 좋은 내용이다. 따라서 실습 혹은 현장취업의 첫 번째 지침의 역할을 할 수 있을 것으로 생각된다.

앞으로 살펴볼 내용은, 사회복지현장에서 실습생(혹은 사회복지사)의 정체성은 무엇인지, 그 역할을 수행함에 있어서 어떠한 윤리감각과 가치체계를 바탕으로 해야 하는지, 법적인 사회복지시설은 어떤 유형들이 있는지, 실습생(혹은 사회복지사)으로서의 역할과 한계는 무엇인지, 우리가 만나게 되는 클라이언트는 어떤 유형과 특성을 가지고 있는지, 현장의 두 축이라 할 수 있는 프로그램과 사례관리는 어떻게 각각 이뤄지는지, 프로그램의 홍보는 어떻게 이뤄지는지 등으로 전개될 예정이다. 각 영역들을 충분하게 다루기에는 한계가 있겠지만 대표적인 과업이나 사례를 중심으로 보다 현실감 있게 학습하고 실습을 대비할 수 있도록 안내하고자 한다.

통상 실습을 마치면 좋은 경험과 나쁜 경험 두 가지 모두를 경험하게 된다. 좋은 경험은 실습생과 실습기관을 공히 존중하면서 실습계획에 의한 실습과정이 우선이며 훌륭한 실습지도자와 사회복지사로부터 질 높은 슈퍼비전의 경험을 제공받을 때가 가장 많다. 실습을 통해 사회복지분야로의 장래희망을 확신하거나 전혀 고려하지 않았던 실습생이 사회복지현장으로 전환하기도 한다. 그리고 전문가로서 본인의 성장모델을 확인하고 끊임없는 성장노력을 기울일 수 있다.

반면, 슈퍼바이저로부터 비윤리적인 업무 현장을 목격하게 된 경우, 학교와 현장간의 큰 괴리에 적응하지 못하는 경우, 사전교육의 부족 혹은 학교행정의 오류 등으로 실습에 대한 부정적 경험을 갖는 경우도 있다. 실습기관 입장에서도 애당초 실습에 대한 의지나 동기, 열정이 없는 실습생으로 인해 어려움이 발생할 수 있다. 이 모든 부정적 경험들도 긍정적 의미로 바꾸어야 하는 또 하나의 메시지라고 생각한다면 더 큰 성장을 위한 밑거름이 될 것이다.

[첨부1] 실습의 전반적 과정 안내도

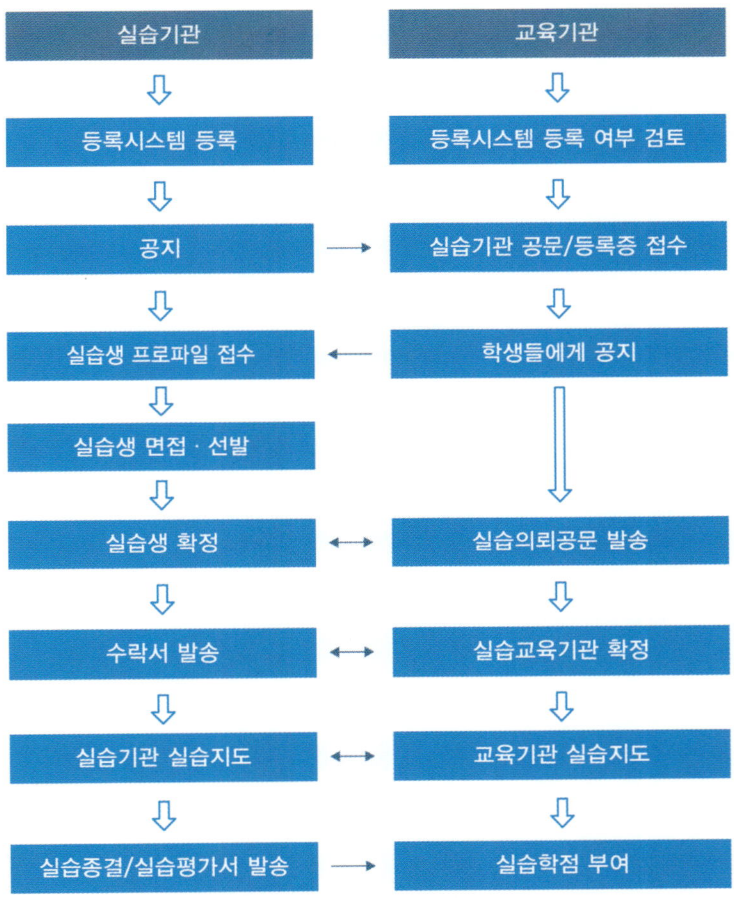

[사회복지현장실습 진행절차]

Chapter

02

실습생의 역할

Chapter 02

실습생의 역할

1. 실습생의 정의

현장실습을 시작할 시점에는 실습생으로의 자세와 역할에 대해서도 잘 알고 있어야 하겠지만 또 한편으로는 예비 사회복지사로서의 시각을 가지고 어떤 분야나 활동방식에 관심을 가질 것이며 어떤 과업들을 수행하게 되는지 등등에 대해서도 대략적으로라도 이해하고 있음이 도움이 될 것이다.

사회복지현장실습을 희망하는 예비 사회복지사들은 기본적으로 사회복지사 1급 국가시험 필수과목 8개 중 4개 이상 수료한 상황에서 실습을 신청할 수 있다. 실습시간은 160시간 이상을 충족하여야 하며, 이때 15회 30시간의 실습세미나는 160시간이상의 실습과 별개로 진행되어야 한다.

사회복지현장실습 관련 교과목

- 교육기관에서 지정하는 실습 전 선수과목을 이수하되, 아래 과목 중심으로 4과목 이상 이수 권장
  - 사회복지개론, 인간행동과 사회환경, 사회복지실천론, 사회복지실천기술론, 지역사회복지론, 사회복지정책, 사회복지윤리와 철학, 사회복지조사, 프로그램 개발과 평가 등

- 실습기관의 기준에 따라 아래 과목 중심으로 2과목 이상 이수 권장
  - 노인복지론, 장애인복지론, 아동복지론, 청소년복지론, 가족복지론, 여성복지론, 학교사회복지론, 의료사회사업론, 정신보건사회복지론 등

실습을 준비해야 하는 시기가 도래하면 통상 실습희망자들은 어떤 시설에서 실습을 하게 되는지, 어떻게 접촉해야 하는지 등 모든 단계에서 어려움을 겪는 경우가 있으며, 학교나 실습기관 측 각각과 갈등이 빚어지기도 한다. 이 모든 혼란이나 갈등은 실습생, 실습기관, 대학, 실습지도자, 실습지도교수 및 조교 등 관련자들이 실습과정 지침에 대한 전반적인 이해와 숙지, 그리고 실습에 임하는 자세와 태도의 상이에서 비롯된 것으로 보여진다.

따라서 사회복지현장실습과 관련된 관련자들은 최신판의 지침을 충분히 숙지할 필요가 있으며, 무엇보다 실습생 스스로가 실습과정에 대한 충분한 이해를 갖는 것이 가장 본인의 피해를 줄일 수 있는 방법이라고 할 수가 있다. 실습에 대한 제반 자료와 절차, 각 관련자들의 역할 등은 한국사회복지사협회 자격관리센터(http://lic.welfare.net)에 상세하게 나와 있으므로 이를 통한 문제 예방과 궁금증 해소가 가능하리라 생각된다.

2. 실습생의 자세

사회복지현장실습에 임하는 실습생은 다음의 사항을 준수하여야 한다(조성숙, 2020: 16)

1) 실습생의 윤리

실습생은 160시간 동안 이론학습이 아닌 현장의 실제 클라이언트와 사회복지사들과 함께하면서 장시간의 실습에 참여하게 되는 만큼 무엇보다도 윤리적인 실천과정에 대한 대비가 철저해야 할 것이다. 준비되지 않은 상태에서 실습기관에서 활동하고 클라이언트와 직접 만나게 되는 만큼 기술적으로나 학문적으로 부족하더라도 윤리적인 부분에서는 특별히 실수하지 않도록 가치체계를 공고히 해 두는 것이 필요하다. 이런 실습생의 확고한 윤리적인 가치체계는 클라이언트, 실습기관, 실습지도자, 지도교수와 대학, 그리고 실습생 본인을 보호하고 유익하게 하는 가장 중요한 기반임을 꼭 기억할 필요가 있다. 이를 구체적으로 살펴보면 다음과 같다.

첫 번째, 실습생은 실습기간 동안 습득한 개인정보, 기관정보 등 모든 정보에 대한 비밀보장이 우선이다. 실습기관에 있다 보면 각종 기관의 정보뿐만 아니라 클라이언트와의 상담내용 등 상당한 자료를 보게 되고, 때로는 실습생 본인이 직접 취득하고 기록하는 자료를 생산하기도 한다. 이런 수많은 자료들은 기본적으로 비밀보장의 원칙이 가장 기본이므로 지인들과의 만남이나 개인적인 여러 상황에서 쉽게 발설하거나 가볍게 여겨서는 안될 것이다.

두 번째, 실습생은 학습과정에 있는 학생이므로 업무 수행의 자격을 갖춘 사회복지사가 아니기 때문에 결정 권한이 없다는 한계점도 인정하면서 실습에 임하여야 한다. 예비 사회복지사를 꿈꾸고 있고 많은 준비를 해 왔겠지만 그래도 현재는 어디까지나 현장실습을 나온 실습생이므로 자격과 한계에 대한 분명한 인정하에 여러 생각과 행동이 이뤄져야 할 것이다. 쉽게 예를 든다면, 아직 의사가 아닌 인턴자격이 환자를 접할 때 그 자격과 한계를 무시하는 인턴을 만난다면 환자와의 관계, 선배 의사들과의 관계, 동료 인턴과의 관계 모두 무너질 가능성이 높다.

세 번째, 실습생이라는 공식적인 신분을 사용하는 것이다. 아마 실제로 실습에 나가면 실습생 ○○○라는 명찰을 제공받는다. 기관에서 이런 명찰을 제공하는 것은 실습생임을 공식적으로 밝히면서 실습과정에 참여하는 윤리적인 지침을 지키기 위함이다. 따라서 실습생 본인도 실습생임을 당당하게 생각하고 말하면서 여러 실습과정에 참여하는 게 기본이라고 생각하면 될 것이다.

네 번째, 기록유지에 대한 책임이 있다. 비록 실습생은 160시간이라는 시간을 거친후 다시금 학교로 돌아가게 되지만, 실습기간 동안 사회복지사를 대신하여 실습생과 만나서 상담하고 여러 가지 활동을 함께한 클라이언트에게는 그 또한 공식적인 서비스의 과정인 셈이다. 그러므로 실습생은 반드시 사회복지사와 똑같이 각종 활동에 이은 기록을 철저히 해야 한다. 그래야 실습을 마치고 돌아간 후 이어지는 서비스 진행에 기존 사회복지사가 중복적으로 서비스가 진행되거나 일일이 재확인하는 번거로움을 방지할 수 있을 것이며, 이런 기록의 연속성을 지키는 것이 바로 클라이언트가 갖는 그 기관과 사회복지사로의 신뢰로 이어지는 것이기 때문이다. 그 신뢰과정에 실습생이 부정적인 영향을 미쳐서는 안될 것이다.

다섯 번째, 클라이언트와 이중적인 관계를 맺어서는 안 된다. 이런저런 측은지심이 든다고 해서, 또는 다른 생각이 든다고 해서 실습기관과의 공식적인 관계 외에 또 다른 관계를 맺는 것은 매우 위험한 결과를 초래할 가능성이 있다. 공식적인 기관에서의 공식적인 절차 외에 또 다른 관계를 갖는 이중관계는 기관과 클라이언트 모두에게 바람직하지 않고 행여나 발생될 어떤 문제상황 시 치명적인 윤리적 책임을 물을 수 있다. 안전하고 분명히 도움이 된다고 생각되는 역할이 있다면 이 역시 실습기관과 충분히 협의해서 봉사자나 후원자 등 공식적인 방법으로 진행되어야 책임이 있는 실습기관의 모니터링 속에서 공식적으로 진행될 수 있다.

여섯 번째, 성적행위나 추행의 금지이다. 있을 수도 있어서도 안되는 일이지만 어떠한 사례관리나 프로그램 과정에서 이러한 행위는 당연히 금지되는 행위이고 윤리적 문제뿐만 아니라 법적인 문제로 바로 이어질 것이기에 늘 경계하고 조심해야 한다. 심지어 클라이언트의 비정상적인 요구나 인간적인 요구가 있더라도 더욱 더 그러하다.

일곱 번째, 자기인식과 모니터링이 필요하다. 실천학문으로써, 사람을 대하는 기술로써 사회복지사는 자기인식과 자기에 대한 지속적이고 정기적인 모니터링이 중요하다. 그러한 성찰과정 없이 기계적으로 혹은 행정적으로 서비스를 제공하는 건 타당하지 않을 뿐만 아니라 제대로의 실천이 될 수가 없다. 실습생뿐만 아니라 모든 사회복지사가 그러해야 하듯이 끊임없이 성찰하고 발전하면서 사회복지현장의 윤리성과 전문성은 계속 강조되어야 한다.

마지막으로, 슈퍼바이저와의 의견 교환을 강화하여 필요시마다 윤리토의를 하여야 한다. 사회복지현장은 매우 다이나믹하고 일일이 매뉴얼화 할 수 없을 정도로 수많은 상황들이 생겨난다. 그렇다 보니 각 상황에 대한 윤리적 대처가 무엇인지 모두 나열하는 게 불가능하다. 따라서 기본적인 윤리적 가치체계를 공고히 하는 게 중요하고 아울러 늘 슈퍼바이지와 윤리적 결정이 무엇인지, 윤리적 딜레마 상황에서 본인이 겪은 혼란에 대해 논의하고 방향성을 잡아 가는 노력을 지속하는 것이 바람직하다.

2) 심리적 자세

- 실습의 목적과 중요성을 충분히 이해하고 실습계약사항을 이행하기 위하여 최선의 자세로 실습에 임한다.
- 실습은 대학에서 학습된 이론을 구체적으로 적용하는 과정임을 인식하여 이에 최선을 다한다.
- 실습교육기관의 구성원이라는 생각으로 타 구성원과 협력하며 친화적인 태도를 취한다.
- 기관의 정책을 이해하고 수용하며 실습과정에서 준수하도록 한다.
- 기관을 대표한다는 자세로 실습교육기관의 직원들과 동일한 업무태도와 자세를 취한다.

3) 실습근무 자세

- 근무시간은 기관의 규정에 준하며 직원과 동일한 자세로 근무시간에 임하도록 한다.
- 실습시간 최소 10분 전에 출근하여 업무에 관계된 사항을 사전에 준비하도록 한다.
- 결근, 조퇴, 지각 등 근태와 관련된 사항은 반드시 실습지도자에게 사전에 보고하여 허락을 받도록 한다.

- 실습지도자의 지시뿐 아니라 타 직원의 지도를 잘 이행하여 실습 효과를 최대화하도록 한다.
- 기관의 직원, 클라이언트 등에 대해 예의를 지킨다.
- 복장, 소지품은 실습기관의 특성과 상황에 맞게 취하되 가능한 한 화려한 것을 피하고 검소하며 단정한 것으로 착용하도록 한다.
- 안전사고에 만반을 기하도록 하며 안전사고와 관련된 기관의 규정을 사전에 숙지하여 그에 준해 처리하도록 한다.
- 실습과정 중 어떤 경우라도 사례금 등의 금품을 절대 주거나 받지 않는다.
- 기관의 명칭을 사적으로 활용하지 않으며 실습생의 신분을 지킨다.

4) 준전문가로서의 자세

- 직무에 강한 책임감과 열의를 가지고 적극적으로 임하며 타인에게 책임을 전가하거나 태만하게 행동하지 않는다.
- 실습으로 인하여 알게 된 클라이언트의 사적인 정보를 교육적 목적(대학실습지도 등) 이외에는 절대 발설하지 않으며, 교육적 목적이라 하더라도 가명을 사용하여 개인의 비밀이 침해되지 않도록 한다. 실습종료 후 실습 관련 내용을 학회지 등에 게재하고자 할 때는 반드시 실습지도자와 상의하여 허락을 받아야 한다.
- 실습지도자의 지도 혹은 타 실습생의 실습을 견학, 관찰할 경우에는 배우는 자세로 진지한 태도를 취한다.
- 실습일지를 비롯한 각종 실습기록은 사실에 근거하여 정확하고 구체적으로 정리하여 실습 시 실습지도자와 실습지도교수의 슈퍼비전을 받는다.
- 과제에 관하여 연구하고 그 결과물에 대해 실습지도자의 슈퍼비전을 받는다.
- 과제물은 정해진 기일에 제출하고 출근 전에 작성을 마친다.

3. 실습과정

실습생이 처음 실습을 접하게 되면 실습기관의 실습방식에 따라 다양한 방식으로 실습에 임하게 된다. 모든 실습기관들은 실습계획서를 가지고 있다. 그 실습계획서에 실습방식에 대한 내용이 있을 것인데, 그 방식이 시설의 유형, 내부조직의 구성, 실습지도자의 위치 등에 따라 다양하게 나타난다. 그렇게 정형화되어 있는 실습방식에 대해 실습생은 충분히 이해하고 그 패턴에 맞게 실습에 임하면 보다 혼란을 줄일 수 있을 것이다.

규모가 큰 시설일수록, 다양하게 내부조직이 되어 있을수록 실습방식은 각 분야별로 순환방식으로 실습생을 배치하고 운용할 가능성이 있다. 즉, 160시간 동안 한 가지 분야만 계속하면서 심화하고 반복하는 방식으로 실습이 진행될 수도 있지만, 규모가 큰 시설에서는 1~2주 간격으로 여러 팀을 순환하면서 운영할 수도 있다. 종합사회복지관을 예로 들면, 통상 사례관리팀, 지역조직화팀, 서비스제공팀으로 분류된다. 이때 15명의 실습생을 각각 3개 팀에 고정배치하여(물론 각 실습생의 의견을 수렴하여 배치하면 더 좋겠지만) 160시간을 진행하는 경우도 있고, 일정주기로 순환해서 3개 팀의 과업을 모두 경험해 보는 방식도 있을 수 있다. 심도 있는 실습과 다양한 실습이라는 각각의 특성이 있지만 가급적 실습기관이 판단한 방식에 근거가 있을 것이므로 준수하되 필요시 실습지도자와 충분한 소통을 통해 실습기관과 실습생이 모두 만족하는 방식이 적용되는 유연성도 가미되면 이상적이라 할 수 있다.

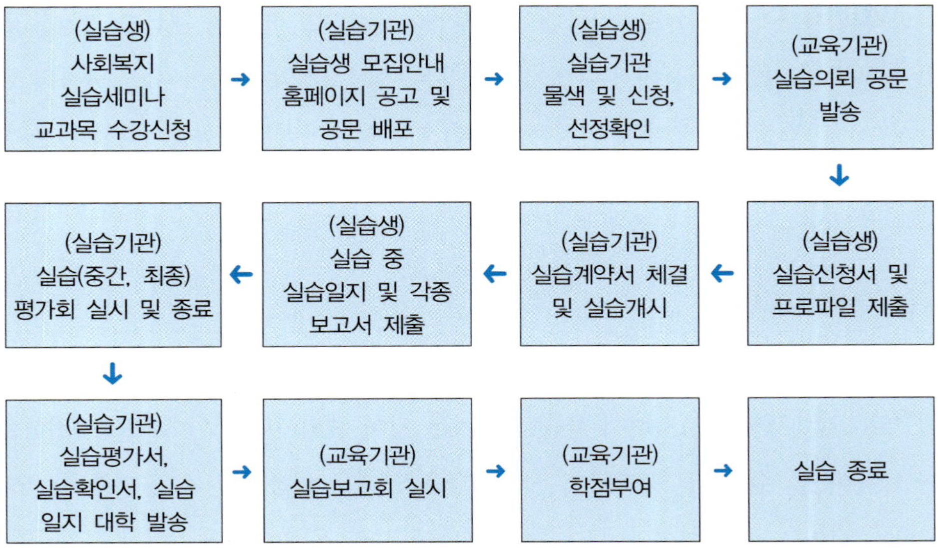

[실습생이 숙지해야 할 통상적인 실습진행과정]

실습이 시작되면 처음부터 끝까지 각종 서류양식을 통한 기록을 병행한다. 그 서류들은 실습기관에 비치되는 서류도 있고, 실습생이 잘 챙겨서 학교에 제출 혹은 본인이 보관해야 하는 서류들도 있다. 이 모든 서류들을 잘 챙기고 필요시 복사본을 보관하는 등 철저한 관리가 필요하다. 간혹 중요서류를 분실하거나 훼손하여 실습기관, 대학, 본인에게 중대한 피해를 끼치는 일이 발생하기 때문이다.

1) 오리엔테이션

실습기관이 결정되면 가장 먼저 오리엔테이션을 받게 될 것이다. 어떤 기관은 실질적인 실습이 시작되기 전에 사전에 한번 모이는 방식으로 제대로 오리엔테이션을 실시하는 곳도 있고, 어떤 기관은 실습 첫날 일정을 오리엔테이션으로 배정하여 실시하기도 한다.

각각의 사회복지시설들은 나름대로의 다양한 실습지도 방식과 내용을 가지고 있기 때문에 오리엔테이션에서 다뤄지는 내용은 시설소개와 더불어 시설 나름의 현장실습지도 진행과정에 대해 설명하는 것이 기본이다. (첨부1. 실습계획서 견본 참조)

(1) 사전 조사

우선 시설유형에 대한 이해가 필요하다. 오리엔테이션에서도 설명이 있겠지만 이 부분만은 사전에 조사하여 학습하고 가는 것이 예의이며 본인에게도 사전학습이 도움이 될 수 있다. 사회복지 시설유형은 크게는 이용시설 혹은 거주시설 중 하나일 것이다. 이용시설이냐 거주시설이냐에 따라 운영하는 방식이나 조직구성, 과업내용, 근무시간대, 이용자 혹은 거주자들의 모습 등 매우 다른 측면이 많다. 게다가 똑같은 거주시설이라도 장애인거주시설과 노인거주시설 또한 각각의 특성의 차이가 클 것이다.

그래서 실습을 시작하기 전에 본인이 실습을 할 시설유형이나 해당 시설에 대해 홈페이지나 인터넷 등으로 전반적인 개요를 살펴보고 가는 것을 권한다. 그래야 시설에서 실제 현장실습 오리엔테이션을 할 때 시설에 대한 소개가 쉽게 이해될 수 있을 것이다. 사실 시설의 사회복지사들은 실습생들이 사전에 시설에 대한 이해는 하고 있을 거라는 생각을 하는 경우가 많기 때문에 시설 자체에 대한 설명을 충분히 안하는 경우가 많다.

(2) 시설 소개

다음으로 실습 시에는 지역사회에서 전개되는 활동도 종종 있겠지만, 대부분 시설 내에서 실습이 진행되기 때문에 시설의 소개와 더불어 시설 견학을 통한 내부구조나 각 공간별로의 기능들이 설명될 것이다. 실습생에게 문서철 복사와 재편철작업이라는 과업을 설명과 함께 부여했는데 복사기가 어디 있는지, 복사용지가 어디에 있는지 등을 모르면 계속 헤매게 될 것이다. 예전에 미생이라는 드라마처럼 말이다.

(3) 조직체계 이해

다음으로 이해해야 할 부분이 조직도, 즉 조직구성일 것이다. 조직구성을 알아야 특정 업무와 관련해서 어떤 부서의 사회복지사에게 문의하거나 협력의 상대가 될지를 알고 신속하게 대응할 수 있을 것이다. 그렇지 않으면 과업을 수행할 때마다 물어봐야 하는 번거로운 일이 반복될 수 있다.

대부분의 사회복지시설들은 팀제로 구성이 되어 있다. 예를 들어, 복지관의 경우 사례관리팀, 서비스제공팀, 지역사회조직화팀, 총무팀 4개의 팀으로 구성된다. 따라서 팀장급 이하 사회복지사들은 복지관 유형의 세 가지 기능, 즉 사례관리, 서비스제공, 지역사회조직이라는 이 세 가지 팀에 소속되어 활동하고 있다. 거주시설 등 다른 시설 유형에도 그들만의 팀제가 구성되어 있을 것이고 각 팀마다 팀장과 팀원들로 배치되어 있을 것이다.

(4) 실습생 배치

이런 조직구성하에서 실습생의 인원수가 어느 정도 되느냐에 따라 팀별로 나눠서 배치를 하게 된다. 만약에 실습생 인원수가 아주 소수라면 팀배치 없이 진행하는 경우도 있을 수는 있겠지만 대부분은 각 팀의 특성과 경험을 제대로 제공하기 위하여 팀별로 배치하는 경우가 많다.

예를 들어, 복지관에서 사례관리팀에 배치가 된다고 한다면, 담당할 사례관리세대를 배정받기까지 한다. 물론 실습생에게 모든 걸 맡기지는 않고 기존 사회복지사가 동행하더라도 기본적으로 케이스 담당이라는 개념으로 매칭을 한다. 그러면 실습생은 실제로 클라이언트를 만나고 상담을 하고 사례관리 계획도 세우고 어떤 경우는 실제 서비스를 제공하고 종결, 평가단계까지 진행하는 경우도 있을 수 있다.

또 다른 실습생은 서비스제공팀이나 지역사회조직팀에 배치되고 같은 방식으로 나름의 과업을 부여받고 슈퍼비전을 받으며 수행하게 되는 것이다. 단, 일부 복지관에서 사례관리의 영역은 사회복지사의 기본이자 꽃이라는 생각으로 위 세 가지 팀으로 나눠서 배치하더라도 모든 실습생에게 최소한의 케이스는 경험해 볼 수 있도록 매칭하는 경우도 있다.

즉, 오리엔테이션은 시설에 대한 이해와 현황소개, 시설과 조직에 대한 이해, 실습일정과 팀분배, 그리고 과제와 주요 과업 등에 대한 설명과 질의응답의 시간이 될 것이다.

2) 실습계약 및 기록

(1) 실습계약

우선 실습을 시작하면 실습생 서약서와 실습계약서를 작성하게 된다. 이는 실습과정에서 윤리적인 지침을 잘 지키겠다는 약속을 함과 동시에 실습과정에 대한 전반적인 계약을 통해 상호 간에 지켜야 할 부분들에 대하여 문서상의 약속을 하는 것이고 양측 모두 잘 준수해야 한다. 이러한 양측의 서류들은 작성 후 실습기관에 제출하는 경우 나중에 본인이 필요한 상황이 생길 수 있다. 따라서 늘 실습생은 실습지도자의 허락하에 모든 서류의 사본을 한 부씩 가지고 있기를 권한다. (첨부2. 실습계약서 양식 참조)

(2) 실습일지 작성

실습생이 기록해야 할 내용 중 핵심 중의 핵심이 바로 실습일지이다. 매일의 일지를 절대 지연하지 말고 당일 꼭 기록하는 습관을 가지는 것이 바람직하다. 실습기관에서 제시한 실습일정과 실습생의 역할이 있을 것이고 그 과정상의 내용과 관찰한 것들, 그리고 배운 점, 느낀 점, 의문사항, 건의사항 등등 모두 일지에 기록할 수 있을 것이고 그 모두가 매우 귀한 내용들일 것이다. 그렇게 상세하게 기록한 질적으로 우수한 일지일수록 슈퍼바이저는 피드백을 정성 들여 제공하게 될 것이다. 수기로 적거나 혹은 컴퓨터로 작업하는 일지 무엇이라도 그 내용의 충실성, 성실성이 기록되는 것은 실습생에게 의미 있는 자료가 된다. 덧붙여서 실습일지는 학교에 제출한 후 돌려받을 수 있는지 확인하여야 하며 그렇지 않을 경우 제출 전에 분량이 많더라도 꼭 복사본을 보유하는 것이 좋다. 나중에 사회복지사로 활동할 때 소중한 기억과 자료로 간직하는 것도 의미가 있을 것이기 때문이다. (첨부3. 실습일지 양식 및 견본 참조)

(3) 보고서 작성

실습수행 중에 실습기관의 계획서에 의거한 각종 활동에 대한 과제가 제시되기도 한다. 실습생은 제시된 양식을 토대로 실습기관 분석보고서, 사례관리보고서, 프로그램 계획서 등을 상세하게 작성하고, 이를 제출할 뿐만 아니라 실습생이 자료화하여 보관하는 것이 좋다. 물론 과제 중에 특정 양식 없이 주어지는 경우에는 다른 양식을 기준으로 변형하여 사용할 수 있다.

3) 실습내용

(1) 오전 일정

본격적으로 실습의 일상이 시작되면 일반적으로 오전 시간에는 일일조회에 이어 이론교육을 하는 경우가 많다. 이론교육은 그 기관에 소속되어 있는 선배 사회복지사들이 매일 정해진 주제, 즉 자신의 담당사업과 관련된 주제를 가지고 실습생들에게 사업을 소개하고 어떻게 진행되며 실습생들과 함께 수행할 과업들을 설명하는 시간이 될 것이다. 이 이론교육에 대하여 처음에는 실습생들 입장에서 '왜 실습까지 와서 이런 이론교육을 하는 것인가?'라는 의구심을 갖곤 한다. 실습생 입장에서는 충분히 그렇게 생각할 수 있겠지만, 시설 입장에서는 학교에서 배우는 것과 현장에서 실제 이뤄지는 모습이나 양상들이 차이가 많이 나는 관계로 사전설명이 필요한 경우가 많은 게 사실이다.

그래서 예를 들면, 사례관리 담당자가 사례관리에 대해서 설명을 하더라도 학교에서 배운 그 내용이나 양식과는 다른 해당 시설만의 특수한 부분이 많고, 그 지역사회 주민들의 성향이나 과거 사례관리상의 특별한 이력 등에 대한 설명은 불가피할 것이다. 또한 한편으로 실습생 입장에서는 학교에서 듣고 공부하던 사례관리와 현장에서의 현장감 있는 사례관리의 살아 있는 내용에 대한 설명으로 새로운 경험을 하면서 완전히 실무를 습득하는 기회가 될 것이다.

(2) 오후 일정

오후에는 실습생이 속한 팀에서 여러 가지 과업을 부여받게 된다. 예를 들어, 과제에 대한 사전준비 시간이 제공될 수도 있고, 사회복지사와 같이 다양한 과업을 수행하는 등 실제로 발로 움직이면서 여러 가지 활동에 참여하게 된다. 그 일이 어떤 것이던 최선을 다하고 의미를 생각하되 실습생답게 최대한 역동적으로 움직이는 시간이 되어야 할 것이다.

실습 전반이 그런 면이 있지만, 특히 실제 움직이는 실습시간대에는 당초 계획된 일정대로, 정례화된 패턴으로 진행되지 않는 경우가 종종 있다. 사회복지실천현장의 특성상 똑같은 패턴으로 운영되는 시간보다는 갑작스러운 일이 생기거나 유연하게 순서를 조정하는 등의 변동이 많은 동적인 패턴이 더 많다. 이때에도 통상 실습생들은 계획대로 진행되지 않는 상황에 대한 어려움이나 불만을 호소하는 경우가 있다. 예를 들면, 내가 받은 과업을 해야 하는데, 다른 선생님이 급이 해야 할 일이 생겼으니 같이 하자고 요구할 수 있다. 예를 들면, 오늘 오후에 우리 팀의 사회복지사와 실습생들이 과제로 준비해야 할 프로포절에 대한 사전회의를 하기로 되어 있었는데 갑자기 엄청난 양의 후원물품이 도착했다. 그런데 그 물품이 보관 후 시간을 두고 천천히 배분할 수 있는 종류가 아니라면 신속하게 필요한 지역주민을 찾아서 전달하는 과업에 모두가 투입될 수도 있을 것이다. 이러한 일들은 자주 일어날 수 있다.

(3) 이론교육

실습 현장에서 이론교육을 통해 얻을 수 있는 장점을 설명하면, 해당 시설 내에서 각자 맡은 다양한 과업을 가진 사회복지사들이 차례로 들어와서 들려주는 이야기에서는 그 이야기 자체 외에 또 다른 배움도 있다. 사회복지사 중에는 아주 경력이 많은 분도 있고, 신입인 사회복지사도 있을 수 있다. 또한 남성 사회복지사와 여성 사회복지사, 각자가 속한 팀들의 문화, 기혼자와 미혼자 등 다양한 선배 사회복지사들을 만나게 된다. 각자의 담당업무도 다르거니와 각자의 성향, 해당 시설에서 그가 맡아서 하고 있는 특기나 장기, 현장에서의 다른 경험 등이 조직 안에서 어떻게 융화되고 통합되면서 전체 조직의 과업이 이뤄지고 있는가를 보는 것은 의미 있다고 할 수 있다. 결국 사회복지는 사람이 하는 것이고, 조직이 하는 것이기도 하기에 이 두 가지의 특성이 잘 융합되는 조직이 가장 안정된 시설이라고 할 수 있고, 그런 시설에서의 업무는 단순한 합 이상의 역량을 발휘하게 한다. 이러한 현장의 문화나 배경적인 면들도 같이 보고 느끼는 이론교육도 경험할 수 있다.

(4) 상황적 업무

객관적으로 시급히 지원해야 하는 상황을 포함하여 다소 불편한 상황이 종종 생긴다면 그 역시 현장의 업무를 배우는 과정으로 이해할 필요가 있다. 그러한 갑작스러운 과업의 변화를 불편해하기보다는 이러한 상황의 일들이 빈번하게 발생하고,

사회복지사들은 어떻게 협력을 이뤄 가는지, 장차 내가 이런 상황에 놓였을 때 어떻게 처리해 나갈 것인지 등을 생각해 보는 기회로 만들 수 있다. 물론 타당하지 않거나 정도가 지나쳐 실습생 본인의 과제조차도 할 시간적 여유가 없는 수준이라면 슈퍼바이저에게 예의를 갖춰 조정을 요청하는 지혜도 필요할 것이며, 앞으로 현장에서 일할 때에는 어떻게 예방하고 예측하고 대응할 것인지도 고민하는 기회가 될 수 있다.

4) 실습평가

(1) 중간평가회

실습이 2주 정도의 기간이 지날 즈음에 실습 중간평가회를 하게 된다. 실습생과 사회복지사가 함께 혹은 실습생과 슈퍼바이저가 함께 중간평가를 함으로써 각자의 입장에서 충분히 소통하는 시간으로서의 업무 수행 정도를 공유하는 시간을 갖는다. 이 중간평가회 역시 각 시설마다 다른 가치와 그에 따른 방식으로 다양하게 진행된다. 어떤 시설은 중간평가회 토의를 통해 나머지 남은 반의 실습기간을 좀 더 의미 있게 진행하기 위한 목적에서 평가서를 작성하기도 하고 실제로 토론회처럼 중간평가회를 진행하기도 한다. 또 어떤 시설은 중간평가회로 참여가 가능한 일부 사회복지사와 실습생들이 다 같이 등산을 하기도 한다. 이런 활동을 통해 평가자체보다는 실습생과 사회복지사 간, 실습생 간의 관계성을 더 높이기 위한 목적에서이다. 물론 이 두 가지를 함께 추구하고자 등산을 하고 정상에서 간략 방식의 재미있는 토론회를 갖기도 한다. 이렇듯 각 시설마다 고유의 전통이나 가치가 있고 그에 따른 방식으로 준비될 것이니 참여하는 시설의 계획에 맞게 함께 참여하며 의견을 개진하거나 활동에 참여하면 될 것이다.

(2) 최종평가회

최종평가회는 전체적으로 실습기간 전체를 마치면서 마지막으로 모든 절차와 과정에 대한 논의를 주고받는 시간을 갖고, 그와 함께 대부분 그동안의 과제에 대해서 발표하고 피드백을 받는 시간으로 진행된다. 예를 들면, 프로포절 과제가 실습기간 내에 있었다면 실습 중간중간에 어떻게 슈퍼비전을 받았는지를 포함하여 최종 프로그램 계획서를 발표한다든가, 사례관리팀에서 특정 클라이언트 케이스를 부여받았다면 그 케이스를 만나고 상담하고 지원하면서 초기 라포형성과 인테이크를 어떻게 진행했고, 어떤 과정을 거쳐서 어떤 서비스를 제공했다는 등 케이스 컨퍼런스 같은 발표가 되기도 할 것이다. 이런 과제발표와 실습소감 등의 발표, 그리고 기존 사회복지사 선생님들의 피드백이 오가면서 전체적 실습일정을 마무리하게 된다.

[첨부1] 실습계획서 예시

사회복지현장실습 세부계획서

1. 실습교육의 의의

사회복지기관 현장실습을 통하여 이론과 실제를 비교하여 적응하며 사회제도 안에서 발생하는 여러 가지 문제를 직접 체험함으로써 사회복지 현실을 인지하고 나아가 전문사회사업가로서의 자질을 육성하는 데 그 의의가 있다.

2. 실습교육의 목적

가. 학교에서 배운 지식을 실천에 옮기는 기회가 된다.

나. 새로운 실천기술을 익히는 기회가 된다.

다. 지역사회의 사회사업 실천현장에 대한 지식, 자원에 대한 지식, 사회복지 기관에 대한 지식 등을 습득하는 기회가 된다.

라. 사회복지전문가로 성장하는 기회가 된다.

1) 현장의 스트레스, 갈등, 편견, 불안 등 해결과정에서 생기는 자아 인식 발달

2) 자기능력과 한계에 대한 통찰력

3) 사회복지전문직을 택한 동기에 대해 제고하고 확신하는 과정

4) 실습지도를 받으면서 전문가로서 가져야 할 사회복지전문직에 대한 인식

마. 전체적인 사회복지 실천과정을 습득한다.

바. 실습하는 시설유형 및 전반적인 사회복지시설에 대한 이해를 갖는다.

3. 실습기간 및 인원

1. 실습기간: 20**년 *월 *일 ~ 20**년 *월 **일(4주간/160시간)
2. 실습인원: **명(실습지도자 1명당 5명 이내)

4. 실습생 준수사항

가. 본 시설의 실습생은 실습지도자의 지시에 성실히 따라야 한다.

나. 실습생은 실습기간 동안 과제물 제출의무 및 지시된 교육시간을 엄수하여야 한다.

다. 실습생들은 항상 기관 이용자들에게 친절하고 예절과 규율을 존중하여 시설의 명예를 훼손시키는 일이 없도록 하여야 한다.

라. 실습생이 교육시간을 이탈하거나 무단결석하는 경우에는 학교에 통보하며, 실습생의 자격을 인정하지 아니할 수 있다.

마. 본 복지관에서 실시하는 각종 행사와 프로그램에 참여할 의무가 있다.

바. 실습기간 중 많은 것을 배울 수 있도록 실습생 각자 노력을 하여야 한다.

5. 담당 지도자 준수사항

가. 실습일정에 따라 실습지도자는 책임지도 하여야 한다.
(실습지도자: *** 팀장, *** 사회복지사)

나. 실습기간 중 학생들이 많은 것을 경험하고 접할 수 있는 기회를 제공한다.

다. 본 시설의 실습지도 프로그램에 따른 과제물을 학생에게 요구하여 자료를 보관하여야 하며, 과제물은 전체 실습생이 발표하고 토의할 시간을 갖게 한다.

라. 일일 실습일지에 슈퍼비전을 제공한다.

6. **노인복지관의 역할

영역	내용	세부내용
행정 능력	실습지도계획	실습의 목적, 내용, 일정표 결정
	보 고 서	보고서 주제, 슈퍼바이저 면담, 평가과정 결정
	학습내용 준비	1. 시설의 역사 및 설립 목적 2. 시설의 조직 및 직원의 업무 3. 지역사회와 주민에 대한 이해 4. 각 파트별 사업이해
평가 능력	초기면담	자원봉사 경험, 사회복지를 택한 동기, 자원에 대한 지식 등
	중간평가	실습의 목적과 내용 재검토, 학생의 현 위치 평가
	최종평가	실습생 전원 평가회, 슈퍼바이저 면담
	최종보고	실습생 전원 실습결과 보고(평가회)

7. 일일일정표

시간	일정	비고
09:00~09:30	출근 및 정화활동, 전일 실습일지 기록	자원봉사자실
09:30~10:00	과제물 수행 등 자율시간	자원봉사자실
10:00~12:00	실습교육	팀별 배정
12:00~13:30	점심식사 및 휴식시간	경로식당
13:30~17:00	실습교육/이론교육	팀별 배정
17:00~18:00	평가 및 실습일지 입력	자원봉사자실

8. 주간 일정표

가. 1주차

<table>
<tr><th rowspan="2">월/일</th><th colspan="4">실습내용</th></tr>
<tr><th>오전(09:00~12:30)</th><th>담당</th><th>오후(13:30~18:00)</th><th>담당</th></tr>
<tr><td rowspan="2">1일차</td><td rowspan="2">• 실습안내
– 실습일정 안내, 실습에 임하는 자세, 생활수칙, 서약서 작성

• 자기소개하기
– 자기소개하기(마인드맵)
– 나는 이런 사회복지사가 되고 싶다
(self–so 찾기)
– 실습에 기대하는 소감나누기</td><td rowspan="2">실습 지도자</td><td>• 실습기초
– 예비직장인의 꼭 알아야 하는 직장 및 실습예절</td><td>시설장</td></tr>
<tr><td>• 복지관 둘러보기
– 직원상견례, 복지관 라운딩</td><td>실무 책임자</td></tr>
<tr><td rowspan="2">2일차</td><td rowspan="2">• 노인종합복지관의 이해
– 노인종합복지관의 역할과 기능
– 노인종합복지관의 운영계획
– 경산시어르신복지센터 사업소개</td><td rowspan="2">실무 책임자</td><td>• 시설의 운영계획 및 비전</td><td>시설장</td></tr>
<tr><td>• 평생교육지원사업
– 교육프로그램
– 취미여가, 건강증진프로그램</td><td>담당자</td></tr>
<tr><td rowspan="2">3일차</td><td rowspan="2">• 팀별 실습교육
– A조: 여가서비스팀
– B조: 복지서비스팀</td><td rowspan="2">각 팀장</td><td>• 팀별 실습교육
– A조: 여가서비스팀
– B조: 복지서비스팀</td><td>각 팀장</td></tr>
<tr><td>• 고용지원사업
– 시니어카페 운영
– 고령자취업알선사업</td><td>담당자</td></tr>
<tr><td>4일차</td><td>• 법인 연합교육 1
– 가톨릭사회복지의 이해</td><td>법인 사무국</td><td>• 법인 연합교육 1
– 사회복지사의 윤리와 가치
– 법인라운딩, 법인사업 소개</td><td>법인 사무국</td></tr>
<tr><td rowspan="2">5일차</td><td rowspan="2">• 팀별 실습교육
– A조: 여가서비스팀
– B조: 복지서비스팀</td><td rowspan="2">각 팀장</td><td>• 팀별 실습교육
– A조: 여가서비스팀
– B조: 복지서비스팀</td><td>각 팀장</td></tr>
<tr><td>• 프로그램 개발 및 평가
– 프로포절 양식, 작성요령
– 예산수립방법, 평가방법</td><td>담당자</td></tr>
<tr><td>주간 과제</td><td colspan="4">self–so에 대한 자신의 사명선언문 제출</td></tr>
</table>

나. 2주차

<table>
<tr><th rowspan="2">월/일</th><th colspan="4">실습내용</th></tr>
<tr><th>오전(09:00~12:30)</th><th>담당</th><th>오후(13:30~18:00)</th><th>담당</th></tr>
<tr><td>1일차</td><td>• 팀별 실습교육
– A조: 여가서비스팀
– B조: 복지서비스팀</td><td>각 팀장</td><td>• 현장 속의 실천이야기–
외부강사 교육 1회차</td><td>○○○</td></tr>
<tr><td rowspan="2">2일차</td><td rowspan="2">• 팀별 실습교육
– A조: 여가서비스팀
– B조: 복지서비스팀</td><td rowspan="2">각 팀장</td><td>• 팀별 실습교육
– A조: 여가서비스팀
– B조: 복지서비스팀</td><td>각 팀장</td></tr>
<tr><td>• 문서작성실무</td><td>실무
책임자</td></tr>
<tr><td rowspan="2">3일차</td><td rowspan="2">• 팀별 실습교육
– A조: 여가서비스팀
– B조: 복지서비스팀</td><td rowspan="2">각 팀장</td><td>• 팀별 실습교육
– A조: 여가서비스팀
– B조: 복지서비스팀</td><td>각 팀장</td></tr>
<tr><td>• 사례관리의 적용과 실천
– 사례관리의 개념
– 사례관리 양식
– 초기면접 및 상담기법
– 사례관리자가 가져야 할 자세
– 지역현황 안내</td><td>담당자</td></tr>
<tr><td rowspan="2">4일차</td><td rowspan="2">• 팀별 실습교육
– A조: 여가서비스팀
– B조: 복지서비스팀</td><td rowspan="2">각 팀장</td><td>• 팀별 실습교육
– A조: 여가서비스팀
– B조: 복지서비스팀</td><td>각 팀장</td></tr>
<tr><td>• 사회참여지원사업
– 어르신자원봉사단 운영
– 동아리활동지원</td><td>담당자</td></tr>
<tr><td>5일차</td><td>• 팀별 실습교육
– A조: 여가서비스팀
– B조: 복지서비스팀</td><td>각 팀장</td><td>• 실습 중간평가회</td><td>실습
지도자

전 직원</td></tr>
<tr><td>주간
과제</td><td colspan="4">중간평가회 발표준비(잘된 점, 개선이 필요한 점)</td></tr>
</table>

다. 3주차

<table>
<tr><th rowspan="2">월/일</th><th colspan="4">실습내용.</th></tr>
<tr><th>오전(09:00~12:30)</th><th>담당</th><th>오후(13:30~18:00)</th><th>담당</th></tr>
<tr><td rowspan="2">1일차</td><td rowspan="2">• 팀별 실습교육
– A조: 복지서비스팀
– B조: 여가서비스팀</td><td rowspan="2">각 팀장</td><td>• 팀별 실습교육
– A조: 복지서비스팀
– B조: 여가서비스팀</td><td>각 팀장</td></tr>
<tr><td>• 홍보사업
• 복지후생지원사업</td><td>담당자</td></tr>
<tr><td>2일차</td><td>• 법인연합교육 2
– 사회복지현장에서의 인권</td><td>인권 강사</td><td>• 법인연합교육 2
– 실습생 연합 공동체활동</td><td>실습 지도자</td></tr>
<tr><td>3일차</td><td>• 타 기관 방문
– 실습생 욕구파악 후 결정</td><td>실습 지도자</td><td>• 타 기관 방문 소감나누기
(16:00~18:00)</td><td>실습 지도자</td></tr>
<tr><td rowspan="2">4일차</td><td rowspan="2">• 팀별 실습교육
– A조: 복지서비스팀
– B조: 여가서비스팀</td><td rowspan="2">각 팀장</td><td>• 팀별 실습교육
– A조: 복지서비스팀
– B조: 여가서비스팀</td><td>각 팀장</td></tr>
<tr><td>• 현장의 문서관리사례
(전산, 재무회계)</td><td>사무원</td></tr>
<tr><td rowspan="2">5일차</td><td rowspan="2">• 팀별 실습교육
– A조: 복지서비스팀
– B조: 여가서비스팀</td><td rowspan="2">각 팀장</td><td>• 팀별 실습교육
– A조: 복지서비스팀
– B조: 여가서비스팀</td><td>각 팀장</td></tr>
<tr><td>• 지역자원개발사업
– 자원봉사자 발굴, 관리
– 후원자개발 등</td><td>담당자</td></tr>
<tr><td>주간 과제</td><td colspan="4">실습일지, 과제물, 평가서, 설문지 제출</td></tr>
</table>

라. 4주차

<table>
<tr><th rowspan="2">월/일</th><th colspan="4">실습내용</th></tr>
<tr><th>오전(09:00~12:30)</th><th>담당</th><th>오후(13:30~18:00)</th><th>담당</th></tr>
<tr><td rowspan="2">1일차</td><td rowspan="2">• 팀별 실습교육
– A조: 복지서비5스팀
– B조: 여가서비스팀</td><td rowspan="2">각 팀장</td><td>• 현장 속의 실천이야기–
외부강사 교육 2회차</td><td>○○○</td></tr>
<tr><td>• 경로식당운영사업
– 사업설명
– 참가실습에 따른 유의사항 안내</td><td>영양사</td></tr>
<tr><td rowspan="2">2일차</td><td rowspan="2">• 팀별 실습교육
– A조: 복지서비스팀
– B조: 여가서비스팀</td><td rowspan="2">각 팀장</td><td>• 팀별 실습교육
– A조: 복지서비스팀
– B조: 여가서비스팀</td><td>각 팀장</td></tr>
<tr><td>• 건강증진 및 기능회복지원사업</td><td>물리
치료사</td></tr>
<tr><td rowspan="2">3일차</td><td rowspan="2">• 팀별 실습교육
– A조: 복지서비스팀
– B조: 여가서비스팀</td><td rowspan="2">각 팀장</td><td>• 팀별 실습교육
– A조: 복지서비스팀
– B조: 여가서비스팀</td><td>각 팀장</td></tr>
<tr><td>• 정서생활지원사업</td><td>담당자</td></tr>
<tr><td rowspan="2">4일차</td><td rowspan="2">• 팀별 실습교육
– A조: 복지서비스팀
– B조: 여가서비스팀</td><td rowspan="2">각 팀장</td><td>• 팀별 실습교육
– A조: 복지서비스팀
– B조: 여가서비스팀</td><td>각 팀장</td></tr>
<tr><td>• 멘토와의 대화(티타임)</td><td>시설장</td></tr>
<tr><td rowspan="2">5일차</td><td rowspan="2">• 팀별 실습교육
– A조: 복지서비스팀
– B조: 여가서비스팀</td><td rowspan="2">각 팀장</td><td>• 프로포절, UCC 발표</td><td>실습
지도자</td></tr>
<tr><td>• 최종평가회</td><td>전 직원</td></tr>
<tr><th>주간
과제</th><th colspan="4">실습 UCC(공동작업) 및 프로포절(개인별) 발표</th></tr>
</table>

[첨부2] 실습계약서 예시

실습계약서

실습생명	***	소속 학교	**대학교 **학과
기관명	***시설	주소/전화번호	대구시... / 053-...
실습지도자	○○○	실습지도교수	○○○

1. 일반적 사항

(1) 실습기간: 20** 년 ** 월 ** 일부터

20** 년 ** 월 ** 일까지 총 10 일

(2) 업무시간: 주 4일 근무, 09 시부터 18 시까지

(3) 대학 실습세미나 시간: ______요일, ______시부터 ______시까지

(4) 결석에 대한 조치

2. 실습의 목적과 목표

(1) 목적

- 학습한 사회복지실천의 가치 및 윤리, 지식 등을 실천 현장에 실제로 적용하는 과정을 통해 사명감과 실천능력을 겸비한 사회복지사로 양성하고자 함

(2) 목표

- 사회복지시설, 조직의 사명, 정책 및 행정에 대한 이해
- 현장의 사회복지정책 및 전달체계를 분석하고 실천에 적용
- 실천현장에서 사회복지 가치 및 윤리강령의 내용, 지식 및 기술을 적용할 수 있는 능력 향상

3. 실습생의 의무와 책임

- 사회복지 실습생으로서 사회복지사 윤리강령을 준수하고 최선의 자세로 실습에 임한다.

4. 실습지도자의 의무와 책임

- 실습생이 이론을 현장에서 접목하고 습득해 나갈 수 있도록 하며, 전문적 교육을 제공한다.

5. 실습지도교수의 의무와 책임

상기 사항을 성실하게 이행하여 실습을 진행하도록 하겠습니다.

년 월 일

실 습 생 ______________ 인

실습지도자 ______________ 인

실습지도교수 ______________ 인

[첨부3] 실습일지 양식 및 예시

실 습 일 지

1. 실습생명:
2. 실 습 일:
3. 오늘의 목표:

4. 진행내용(시간, 내용 등을 중심으로 기록)

5. 실습생 의견(배운 점, 의문사항, 건의 등 포함)

6. 실습지도자 의견

<table>
<tr><td colspan="2">실 습 일 지
(샘플)</td></tr>
<tr><td colspan="2">년 월 일 (요일)</td></tr>
<tr><td>실습목표</td><td>- 행정업무 이해
- 아동상담 진행
- 아동복지 프로그램 운영지원</td></tr>
<tr><td>실습진행 내용</td><td>09:00 ~ 09:30 출석체크, 지시사항 전달
09:30 ~ 11:00 행정업무 보조
11:00 ~ 12:00 아동상담
12:00 ~ 13:00 점심시간
13:00 ~ 14:00 학교숙제 지도
14:00 ~ 15:00 실내활동 (놀이) 지도
15:00 ~ 16:00 약물남용 예방교육 운영지원
16:00 ~ 17:00 공예교실 활동지원
17:00 ~ 17:30 학생귀가지도
17:30 ~ 18:00 실습일지 작성 및 피드백</td></tr>
<tr><td>실습활동 사진</td><td>– 매회 1장 활동사진 첨부
– 본인 얼굴이 나오는 사진이 전체 사진의 1/3 이상 되도록
(예: 20회 실습의 경우 본인 얼굴이 나오는 사진을 7회 이상 첨부)
– 기관 이용자의 얼굴은 모자이크 처리하거나 스티커를 붙여 나오지 않도록 처리</td></tr>
</table>

실습생 의견	- 행정업무 보조: 당월 운영 집행금액에 대한 지출결의서 작성 및 다음 달 운영비와 급식비 예상 집행 내역을 정리하는 업무를 진행하였다. 행정업무 절차에 대한 전반적인 흐름을 이해할 수 있었고 추후 실전업무에 활용할 수 있는 부분이라 많은 도움이 되었다고 생각한다. - 아동상담: 개별 상담 자리를 마련하여 교우관계에 대한 초등학교 아동의 고민을 상담하였다. 상담자와 내담자 간의 친근한 공감대 형성(라포 형성)이 원활한 상담에 아주 중요한 요소라고 생각되었다. - 학교숙제 지도: 초등학교 1학년 아동의 문제 풀이를 지도하면서 한글 읽기를 수정하고 쓰기를 지도하였다. 아동의 의욕이 낮고 문제해결능력이 부족하여 문제 풀이를 지도함으로써 문제해결능력을 키우는 데 도움을 주었다. - 실내활동 (놀이) 지도: 아동들이 자유놀이를 하며 즐거운 시간을 보냈다. 젠가를 하거나 보드블록을 이용하여 도미노게임을 하였는데 아이들이 포기하지 않고 인내심을 가지면서 도미노를 하는 모습이 인상적이었다. - 약물남용 예방교육 운영지원: 전문강사가 그림 및 시청각 자료를 활용하여 약물이란 잘 쓰면 좋은 약물이지만, 남용하면 나쁜 약물이 된다는 점을 강조했고 아동들이 이해했는지 퀴즈형태로 교육을 진행하였다. 어려운 주제라도 아동들의 눈높이에 맞추어 교육을 진행하면 충분히 쉽게 이해시킬 수 있다는 것을 알게 되었다. - 공예교실 활동지원: 좋아하는 캐릭터를 정하고 비즈를 끼워 나가는 과정에서 아이들의 집중력과 참을성을 키울 수 있는 시간이었다. 짧은 시간에 노력의 결과물을 바로 얻을 수 있어서 효과가 기대 이상으로 큰 시간이었다. - 학생 귀가지도: 내부 매뉴얼에 따라 안전에 유의하여 순차적으로 귀가 조치 하였다.
실습지도자 의견	

Chapter

03

사회복지시설

Chapter

03

사회복지시설

이번 장에서는 「사회복지사업법」상 사회복지시설로 규정되어 있으면서 사회복지사들이 근무하고 있고, 실습생들이 실습기관으로 신청하게 되는 사회복지시설 유형들에 대해서 알아보고, 모든 사회복지시설에서 공통으로 적용받고 있는 기본적인 지침에 대해서도 살펴보고자 한다. '사회복지시설관리안내'라는 공통지침은 각 시설유형에 공통으로 적용되는 가장 기본적인 지침이기 때문에 어디에서 실습을 하게 되든, 또 훗날 사회복지사로 어떤 유형의 사회복지시설에 취업을 하든 동일하게 수행해야 하는 부분인 만큼 미리 한번 학습해 두면 사회복지시설의 운영방식을 이해하는 데 큰 도움이 될 것이다.

1. 사회복지시설의 정의

통상 사회복지시설을 '사회복지기관', '복지기관', '사회복지시설단체' 등 여러 가지 용어로 혼용해서 사용하는 경향이 있다. 물론 상황과 필요에 따라 다르게 사용할 수도 있고 의미를 이해함에도 큰 문제는 없겠지만 기본적으로 법적으로나 각종 지침상의 공식적 용어는 '사회복지시설'이다. 따라서 물리적인 시설을 갖추지 않은 상태로 여러 사회복지활동을 하는 여러 가지 비영리 단체 등을 제외하고는 모두 법적 설치요건을 갖추고 법적 근거에 의해 사회복지시설로 공식적으로 지자체에 신고가 되어 있고 그 해당 법령 안에서 지원되는 보조금 등으로 운영되며, 지도감독을 받는 모든 시설들은 공식적으로 '사회복지시설'로 사용함이 타당하다.

「사회복지사업법」상 사회복지시설이 어떻게 정의되고 있는지를 살펴보면, 사회복지시설이라 함은 「사회복지사업법」상 각각의 해당 법령에 의해 '사회복지사업'을 수행하는 시설을 말한다. 사회복지 관련 수많은 법령이 있지만 그중 가장 대표적인 법령이 바로 「사회복지사업법」이다. 따라서 사회복지영역에서 가장 많이 접하고 수시로 살펴보게 되는 법이 「사회복지사업법」인 것이다. 이 「사회복지사업법」 2조에 사회복지 사업을 할 목적으로 설치된 시설이 사회복지시설임을 다음과 같이 설명하고 있다.

「사회복지사업법」

제2조(정의) 이 법에서 사용하는 용어의 뜻은 다음과 같다.

1. "사회복지사업"이란 다음 각 목의 법률에 따른 보호 · 선도(善導) 또는 복지에 관한 사업과 사회복지상담, 직업지원, 무료 숙박, 지역사회복지, 의료복지, 재가복지

(在家福祉), 사회복지관 운영, 정신질환자 및 한센병력자의 사회복귀에 관한 사업 등 각종 복지사업과 이와 관련된 자원봉사활동 및 복지시설의 운영 또는 지원을 목적으로 하는 사업을 말한다.

가. 「국민기초생활 보장법」
나. 「아동복지법」
다. 「노인복지법」
라. 「장애인복지법」
마. 「한부모가족지원법」
바. 「영유아보육법」
사. 「성매매방지 및 피해자보호 등에 관한 법률」
아. 「정신건강증진 및 정신질환자 복지서비스 지원에 관한 법률」
자. 「성폭력방지 및 피해자보호 등에 관한 법률」
차. 「입양특례법」
카. 「일제하 일본군위안부 피해자에 대한 생활안정지원 및 기념사업 등에 관한 법률」
타. 「사회복지공동모금회법」
파. 「장애인 · 노인 · 임산부 등의 편의증진 보장에 관한 법률」
하. 「가정폭력방지 및 피해자보호 등에 관한 법률」
거. 「농어촌주민의 보건복지증진을 위한 특별법」
너. 「식품등 기부 활성화에 관한 법률」
더. 「의료급여법」
러. 「기초연금법」
머. 「긴급복지지원법」
버. 「다문화가족지원법」
서. 「장애인연금법」
어. 「장애인활동 지원에 관한 법률」
저. 「노숙인 등의 복지 및 자립지원에 관한 법률」
처. 「보호관찰 등에 관한 법률」
커. 「장애아동 복지지원법」
터. 「발달장애인 권리보장 및 지원에 관한 법률」
퍼. 「청소년복지 지원법」
허. 그 밖에 대통령령으로 정하는 법률

2. "지역사회복지"란 주민의 복지증진과 삶의 질 향상을 위하여 지역사회 차원에서 전개하는 사회복지를 말한다.
3. "사회복지법인"이란 사회복지사업을 할 목적으로 설립된 법인을 말한다.
4. "사회복지시설"이란 사회복지사업을 할 목적으로 설치된 시설을 말한다.
5. "사회복지관"이란 지역사회를 기반으로 일정한 시설과 전문인력을 갖추고 지역주민의 참여와 협력을 통하여 지역사회의 복지문제를 예방하고 해결하기 위하여 종합적인 복지서비스를 제공하는 시설을 말한다.
6. "사회복지서비스"란 국가 · 지방자치단체 및 민간부문의 도움을 필요로 하는 모든 국민에게 「사회보장기본법」 제3조제4호에 따른 사회서비스 중 사회복지사업을 통한 서비스를 제공하여 삶의 질이 향상되도록 제도적으로 지원하는 것을 말한다.
7. "보건의료서비스"란 국민의 건강을 보호 · 증진하기 위하여 보건의료인이 하는 모든 활동을 말한다.

예를 들면, 「국민기초생활보장법」의 경우는 기초생활수급권에 관한 내용이겠지만, 나머지 「아동복지법」은 아동과 관련된 사회복지영역과 아동복지시설에 대한 내용, 「노인복지법」은 노인복지시설에 대한 내용, 「장애인복지법」은 장애인복지시설에 대한 내용을 찾아볼 수 있다.

즉, 사회복지시설 전반에 대해서는 「사회복지사업법」에서 총괄적으로 다루고, 각각의 시설유형에 대해서는 각각의 개별 법령에서 세부적으로 규정하고 있다. 따라서 실습생이 향후 진로나 취업에 관심 있는 실습기관을 물색하고 있다면 그와 관련된 개별 법령까지 미리 한번 보는 것이 도움이 될 수 있다.

특정 시설이 실제 사회복지시설에 포함되는지 여부는 그 시설의 운영자가 주관적으로 판단하는 것이 아니라 실제 법령에서 정한 사회복지사업을 수행하는지에 따라 관할 지방자치단체에서 판단하는 것이고, 그에 따라 사회복지시설 설치 신고를 수리하고 시설신고증을 교부한다. 법령에 의해 사회복지시설로 규정되지 않았음에도 시설운영자가 사회복지적인 마인드로 독자적으로 시설을 만들고 사업을 전개하는 경우에는 미신고 시설로서 법적 제재를 받게 된다. 이는 미신고 시설에서 발생하는 인권침해, 노동력 착취, 후원금 착복, 영리추구, 최소한의 시설요건을 갖추지 않은 상태로 서비스를 제공하는 행태 등의 여러 가지 잘못된 사례가 발생할 경우, 공공재 성격인 사회복지사업이 국민으로부터 신뢰를 상실하게 되기 때문에 정부와 지자체는 모든 사회복지시설은 법적으로 신고 절차를 거치게 하고 있다.

2. 사회복지시설의 종류

1) 시설의 구분

사회복지시설은 대상자의 유형이나 목적 사업의 종류 등을 근거로 주관부서가 정해지며 관련법에 근거하여 시설의 종류가 정해지며 관련법령의 적용을 받으면서 주관부서의 지도감독을 받게 된다. 보건복지부에서 매년 발행하는 '사회복지시설관리안내'에서는 다음의 표처럼 그 내용들을 구체적으로 구분하여 나열하고 있다.

소관 부처	시설종류	세부종류		관련법
		생활시설	이용시설	
보건복지부	노인복지시설	• 노인주거복지시설 • 노인의료복지시설 • 학대피해노인전용쉼터	• 재가노인복지시설 • 노인여가복지시설 • 노인보호전문기관 • 노인일자리지원기관	「노인복지법」
	복합노인 복지시설	• 농어촌 지역에 한해 「노인복지법」 제31조 노인복지시설을 종합적으로 배치한 복합노인복지시설을 설치 · 운영 가능		「농어촌주민의 보건복지 증진을 위한 특별법」
	아동복지시설	• 아동양육시설 • 아동일시보호시설 • 아동보호치료시설	• 아동상담소 • 아동전용시설 • 지역아동센터	「아동복지법」

소관부처	시설종류	세부종류		관련법
		생활시설	이용시설	
		• 자립지원시설 • 공동생활가정	• 아동보호전문기관 • 가정위탁지원센터	
	장애인복지시설	• 장애유형별 거주시설 • 중증장애인 거주시설 • 장애영유아 거주시설 • 장애인단기 거주시설 • 장애인공동생활가정 • 피해장애인쉼터	• 장애인지역사회재활시설 • 장애인직업재활시설 • 장애인의료재활시설 • 장애인생산품판매시설	「장애인복지법」
	어린이집		• 어린이집	「영유아보육법」
	정신보건시설	• 정신요양시설 • 정신재활시설 중 생활시설	• 정신재활시설 중 이용시설	「정신건강증진 및 정신질환자 복지서비스 지원에 관한 법률」
	노숙인시설	• 노숙인자활시설 • 노숙인재활시설 • 노숙인요양시설	• 노숙인종합지원세터 • 노숙인일시보호시설 • 노숙인급식시설 • 노숙인진료시설 • 쪽방상담소	「노숙인 등의 복지 및 자립지원에 관한 법률」
	사회복지관 결핵 · 한센시설	• 결핵 · 한센시설	• 사회복지관	「사회복지사업법」
	지역자활센터		• 지역자활센터	「국민기초생활보장법」
	다함께돌봄센터		• 다함께돌봄센터	「아동복지법」
여성가족부	성매매피해지원시설	• 일반지원시설 • 청소년지원시설 • 외국인지원시설 • 자립지원공동생활시설	• 자활지원센터 • 성매매피해상담소	「성매매방지 및 피해자 보호 등에 관한 법률」
	성폭력피해보호시설	• 성폭력피해자보호시설	• 성폭력피해상담소	「성폭력방지 및 피해자 보호 등에 관한 법률」
	가정폭력보호시설	• 가정폭력피해자보호시설	• 가정폭력상담소 • 긴급전화센터	「가정폭력 방지 및 피해자보호 등에 관한 법률」
	한부모가족복지시설	• 모자가족복지시설(기본, 공동, 자립) • 부자가족복지시설(기본, 공동, 자립)	• 한부모가족복지상담소	「한부모가족지원법」

소관부처	시설종류	세부종류		관련법
		생활시설	이용시설	
		• 미혼모자가족복지시설(기본, 공동) • 일시지원복지시설		
	다문화가족지원센터		• 다문화가족지원센터	「다문화가족지원법」
	건강가정지원센터		• 건강가정지원센터	「건강가정기본법」
	청소년복지시설	• 청소년쉼터 • 청소년자립지원관 • 청소년치료재활센터 • 청소년회복지원시설		「청소년복지 지원법」

첫 번째 분류방식을 보면, 좌측의 '소관부처'라는 항목을 보면 보건복지부와 여성가족부로 구분되어 있다. 이는 보건복지부 소관으로 구분되는 사회복지시설이 있고, 여성가족부 소관으로 구분되는 사회복지시설이 있음을 의미한다. 과거에는 대부분의 사회복지시설이 보건복지부 소관이었으나 여성가족부가 출범하면서 이원화되었다.

이러한 중앙부처의 변화는 광역자치단체 및 기초자치단체에도 이원화되는 영향으로 연결되어지면서 각 광역 및 기초자치단체의 부서도 기존의 '사회복지과'에서 '여성가족과'나 '가족복지과' 등으로 나눠지는 조직구조로 나타났다. 따라서 전국의 25,000여 개의 각 사회복지시설은 시설의 종류에 따라 지방자치단체부터 중앙부처까지 보건복지부 소관과 여성가족부 소관으로 나누어져 지도감독을 받으며 여러 가지 협력관계를 유지하게 된다.

사업의 영역으로 구분하면 보건복지부 소관 시설은 전통적인 사회복지 영역을 모두 포함한다고 볼 수 있으며, 여성가족부 소관 시설은 모든 사회복지 영역 중에서 여성, 가족, 청소년 등을 주된 이용층으로 운영되는 시설들을 따로 분리해 낸 개념이라고 볼 수 있다.

두 번째 분류방식을 보면, '세부종류'라는 부분에 생활시설과 이용시설로 구분되어 있음을 볼 수 있다. 쉽게 설명하자면 생활시설이라 함은 클라이언트가 해당 시설에서 숙식을 포함하여 거주를 하는 형태의 시설을 말하며 최근에는 거주시설이라고 표현하기도 한다. 즉, 생활시설은 도움을 받는 사람들이 상시적으로 시설에 거주하면서 서비스를 받는 사회복지시설 유형을 의미한다.

일반적으로 보육원, 재활원, 요양원, 양로원, 모자복지원, 공동생활가정 등의 시설이 여기에 해당된다. 생활시설은 노인, 장애인, 아동 등 요보호계층이 재가복지서비스로는 일상생활이 불가능할 경우 시설입소를 통해 주거를 포함한 복지서비스를 24시간 제공받는 방식이다. 이러한 시설은 시설규모에 따라 정원이나 입소자격 등이 제시되어 있고, 종사자 역시 그 입소자 수에 따라 직종별 정원수가 정해져 있다. 종사자도 생활시설인 만큼 24시간 교대방식으로 근무하면서 서비스를 제공하고 있으므로 시설에 따라 실습생 지도도 다양하게 운영되겠지만 주간, 야간 등으로 출퇴근제를 적용할 수 있고, 주야간 교대방식을 체험해 보는 방식으로 운영하는 곳도 있을 것이다.

반면 이용시설은 24시간 거주하지 않는 형태이면서 사회복지서비스가 제공되는, 즉 상시로 통근하면서 이용할 수 있는 시설의 형태이다. 어떤 시설의 유형이던 표 가장 우측에 있는 관련법령과 유형별 지침에서 해당 시설에 대한 보다 세부적인 내용을 확인할 수 있다. 이용시설에는 재가복지시설, 사회복지관, 여가복지시설, 지역자활센터 등이 있다. 이 역시 노인, 장애인, 아동, 그리고 지역주민이 살고 있는 지역사회 내에서 본인이 거주하는 가정에서 생활하며 필요한 도움을 지원받을 수 있다. 만약 특정 어르신이 집안에서 생활은 가능하지만 식사문제가 해결이 되지 않는다면 관련사업을 하는 사회복지시설에서 도시락서비스를 제공할 수 있을 것이고, 장기요양등급을 받지 못하였지만 가사활동에 어려움이 있는 사각지대 어르신이라면 노인돌보미 인력을 파견받아 가사돌봄서비스를 지원받을 수도 있는 등의 방식이다.

이처럼 사회복지시설을 이해하고자 할 때 특정한 시설유형에 대해서 어느 부서의 소관인지, 생활시설인지 이용시설인지를 먼저 파악하고, 관련법령 및 지침의 세부적인 내용을 숙지한다면 어느 정도 각 사회복지시설의 기본적인 시스템은 이해할 수 있다.

그 외에 일반적인 생활시설 혹은 거주시설 외에 특별한 형태로 학대 등의 피해자를 보호하기 위한 시설유형들이 있다. 가정 내에서 발생하는 폭력으로부터 피해자를 일시적으로 혹은 장기적으로 분리하여 보호하기 위한 시설이다. 가정 내 폭력으로부터 피해자를 보호하기 위한 아동이나 노인보호전문기관에서는 학대에 대한 정황이 있을 때 신고의무자나 주변인들로부터 신고를 받고 경찰과 함께 협력하여 피해자에게 필요한 보호나 분리, 법적인 조치와 일시보호, 안전한 지역사회로의 복귀를 지원하는 이용시설로 운영되며 이용시설임에도 주야간 교대근무 형태로 운영되며, 피해자들의 상황이 너무나 다양하여 특정 상황과 연계, 관련자의 반응 등으로 신속하고 합리적인 판단을 내려야 하는 경험적 역량이 필요한 특성을 가지고 있다고 볼 수 있다.

같은 학대 관련 시설인 '학대피해노인(혹은 학대피해 여아/남아/여성 등)전용쉼터'의 경우 학대를 받는 피해자가 발견되었을 때 그 집에서 보호조치를 할 경우 또다시 재발의 위험이 있으므로 분리가 필요하다는 판단을 하게 되고, 학대받고 있는 피해자를 전용쉼터로 옮겨 와서 일정기간 동안 쉼터의 사회복지사 등의 인력들이 당사자의 건강 회복, 정서적 회복 등을 지원하면서 일상생활로 돌아갈 수 있도록 돕고, 더 이상의 학대가 발생하지 않도록 경찰이나 법원 등의 관련기관과 협력해서 지역사회로 돌아갈 수 있는 준비까지 지원하는 생활시설형태의 전용쉼터라고 볼 수 있다.

2) 대상자 유형별 시설

많은 종류의 사회복지시설들은 소관부처나 생활/이용시설의 기준으로 구분해 볼 수도 있지만, 그 시설을 이용하는 당사자를 기준으로 구분해 볼 수도 있다. 다음 표는 보건복지부 소관의 사회복지시설들을 대상자 유형별로 구분해서 더욱 세분화한 도표이다. 이처럼 중앙부처에서 발행하는 공통지침서격인 '사회복지시설관리안내'에는 전체적인 구분과 더불어 각 소관부서별로 세부적인 시설분류까지 제공하고 있으므로 사회복지사나 실습을 준비하는 실습생에게는 매년 발행되는 사회복지시설안내라는 지침서를 통해 가장 정확하고 최신의 사회복지시설의 종류를 파악해 볼 수 있다.

[보건복지부 소관 사회복지시설의 세부 분류]

<table>
<tr><th>대상자별</th><th>형태</th><th colspan="2">시설종류</th><th>소관부서</th><th>관련법령</th></tr>
<tr><td rowspan="10">노인</td><td rowspan="5">생활</td><td rowspan="2">• 의료</td><td>– 노인요양시설</td><td rowspan="2">요양보험운영과</td><td rowspan="9">「노인복지법」 제31조</td></tr>
<tr><td>– 노인요양공동생활가정</td></tr>
<tr><td rowspan="2">• 주거</td><td>– 양로시설, 노인 공동생활가정</td><td rowspan="3">노인정책과</td></tr>
<tr><td>– 노인복지주택</td></tr>
<tr><td colspan="2">• 학대피해노인전용쉼터</td></tr>
<tr><td rowspan="5">이용</td><td>• 재가</td><td>– 재가노인복지시설(방문요양, 주 · 야간보호, 단기보호, 방문목욕, 재가노인지원, 방문간호)</td><td>요양보험운영과</td></tr>
<tr><td rowspan="2">• 여가</td><td>– 노인복지관</td><td rowspan="2">노인지원과</td></tr>
<tr><td>– 경로당, 노인교실</td></tr>
<tr><td colspan="2">• 노인보호전문기관</td><td>노인정책과</td></tr>
<tr><td colspan="2">• 노인일자리지원기관</td><td>노인지원과</td><td></td></tr>
<tr><td rowspan="4">아동</td><td rowspan="4">생활</td><td colspan="2">• 아동양육시설, 공동생활가정</td><td rowspan="4">아동권리과</td><td rowspan="4">「아동복지법」 제52조</td></tr>
<tr><td colspan="2">• 아동일시보호시설</td></tr>
<tr><td colspan="2">• 아동보호치료시설</td></tr>
<tr><td colspan="2">• 자립지원시설</td></tr>
</table>

대상자별	형태	시설종류		소관부서	관련법령
		• 공동생활과정(학대피해아동 쉼터로 지정된 곳에 한함)		아동학대대응과	
	이용	• 아동상담소, 아동전용시설, 가정위탁지원센터		아동권리과	
		• 지역아동센터		인구정책총괄과	
		• 아동보호전문기관		아동학대대응과	
		• 다함께돌봄센터		인구정책총괄과	「아동복지법」 제44조의2
장애인	생활	• 생활시설	– 장애유형별 거주시설	장애인권익 지원과	「장애인복지법」 제58조
			– 중증장애인 거주시설		
			– 장애영유아 거주시설		
			– 장애인단기 거주시설		
			– 장애인공동생활가정		
			– 피해장애인쉼터		
	이용	• 지역사회 재활시설	– 장애인복지관		
			– 장애인주간보호시설		
			– 장애인체육시설, 장애인수련시설, 장애인생활이동지원센터		
			– 수어통역센터, 점자도서관, 점서 및 녹음서 출판시설		
		• 장애인의료재활시설		장애인정책과	
		• 직업재활 시설	– 장애인보호작업장, 장애인근로사업장, 장애인직업적응훈련시설	장애인자립 기반과	
		• 장애인생산품판매시설			
영유아	이용	• 어린이집	국공립, 법인, 직장, 가정, 부모협동, 민간	보육기반과	「영유아보육법」 제10조
정신 질환자	생활	• 정신요양시설, 정신재활시설 중 생활시설		정신건강 정책과	「정신건강증진 및 정신질환자 복지서비스 지원에 관한 법률」 제22조 및 제 26조
	이용	• 정신재활시설 중 이용시설			

대상자별	형태	시설종류	소관부서	관련법령
노숙인 등	생활	• 노숙인자활시설 • 노숙인재활시설 • 노숙인요양시설	자립지원과	「노숙인 등의 복지 및 자립지원에 관한 법률」
	이용	• 노숙인종합지원센터 • 노숙인일시보호시설 • 노숙인급식시설 • 노숙인진료시설 • 쪽방상담소		
지역 주민	이용	• 사회복지관	사회서비스 자원과	「사회복지 사업법」
기타 시설	복합	• 결핵 · 한센시설	질병관리본부 (결핵 · 에이즈 관리과)	「사회복지 사업법」
	이용	• 지역자활센터	자립지원과	「국민기초생활 보장법」

3. 사회복지시설 관리

보건복지부에서 매년 발행되는 지침인 '사회복지시설관리안내'는 모든 사회복지 시설유형에 공통으로 적용되는 가장 기본적인 지침이다. 따라서 어느 시설 유형에서 실습을 하더라도 기본적으로 숙지를 해야 하는 부분이므로 여기서 핵심적인 내용을 살펴보고자 한다. 사회복지시설의 설치부터 종사자 관리, 재무회계의 규칙, 예산집행의 기본, 시설관리 등 기본적인 내용이 순차적으로 나오므로 이 역시 현장에서는 늘 활용하고 참고하는 가장 중요한 지침이라고 할 수 있다.

1) 사회복지시설의 설치 및 운영

사회복지시설을 설치 운영하고자 하는 자는 설치 신고를 통하여 지자체로부터 시설신고증을 수령함으로써 설치가 완료되고 운영을 개시할 수 있다. 사회복지시설의 존재를 인정하는 공식적인 근거서류이기 때문에 대부분의 시설들은 시설신고증을 교부받은 후에 액자에 넣어 벽면에 비치하고 있다.

사회복지시설을 운영하고자 하는 자가 지방자치단체장에게 설치 신고를 하게 되면 시 · 군 · 구 담당자는 각 시설유형마다 갖춰야 되는 법적 기준을 갖추었는지를 확인하는 절차를 가진다. 예를 들면, 상담실이 몇 평 이상 있어야 하거나, 시설거주자 1명당 몇 평의 면적이 확보되어야 된다든지 또는 거주자 몇 명당 1명의 사회복지사가 확보되었는지 여부 등의 검토를 하게 되는 것이다. 그런 법적 제반요건이 충족되었는지를 확인한 후에 시설신고증을 발급한다.

(1) 시설 설치 신고

시설의 운영주체는 개인도 운영할 수가 있고 법인이 운영할 수도 있으며 지자체가 직접 운영하는 경우도 있다. 하지만 개인이나 법인이 사회복지시설을 운영하고자 하고 해당 시설의 요건을 모두 갖추었다고 하더라도 지자체에서는 모든 시설에 대해 무조건 신고를 받아 주기 어려운 경우도 있다. 예를 들면, 어떤 개인 혹은 법인이 사회복지관을 설치 · 운영하고 싶다고 해서 이미 해당지역에 복지관이 설치되어 있고 1개 복지관당 통상적인 인구(약 10만 명 수준)를 감당하고 있는 상황에서 추가적으로 설치를 인정해 주고 매년 보조금을 지급하기는 어려울 것이다. 즉, 해당 지역에 해당 시설유형이 필요한 상황이면서 제반 여건들이 모두 갖춰졌을 때 신고증이 교부된다고 보는 게 타당하다.

(2) 민간위탁 운영

민간위탁을 통하여 사회복지시설을 운영할 수 있다. 민간위탁은 특정 사회복지시설을 개인이나 법인이 설치운영하는 것이 아니라 국가나 지방자치단체가 사회복지시설을 지역사회 내에 먼저 설치하고 전문성이 있는 민간 사회복지법인 등에 운영을 위탁하는 방식이다. 대표적인 민간위탁시설이 종합사회복지관이나 가족센터(구 건강가정다문화지원센터) 등이다.

민간위탁이 이뤄지는 과정을 살펴보면, 시설에 설치될 부지의 확보, 건물의 신축, 건물 내부의 법적요건 구비 등까지 지방자치단체 혹은 국가가 모두 설치를 완료한 상황에서 오로지 실제운영만을 맡기기 위해 수탁기관 공개모집 공고를 내게 된다. 그러면 해당되는 지역에 있으면서 위탁운영을 희망하는 여러 사회복지법인이나 비영리법인들이 어떠한 목표와 계획을 가지고 어떤 사업을 어떻게 운영할지를 담은 위탁운영 신청서를 제출하고, 지자체에서는 투명성과 공정성을 위해서 주로 외부인사로 구성된 수탁법인 선정심의위원회를 구성하여 공신력, 사회복지시설 운영경험, 재정능력, 운영계획의 타당성 등을 심사하여 최종 운영법인을 선정한다.

수탁법인 선정심의위원회에 참여하는 위원은 지역사회 내 사회복지관련 이해도가 높은 사회복지시설의 장, 복지관련 위원회 소속의 지방의회 의원, 사회복지학계 교수 등으로 구성되며, 이 위원회에서 서류심사, 민간 수탁 신청 기관의 대표자 브리핑 등을 거쳐서 최종 법인을 선정하고 위 · 수탁계약을 체결하는 절차이다. 최근에는 이러한 절차과정에서도 보다 더 투명성을 기하기 위해서 모든 심사과정을 무기명 점수 부여, 관련되는 법인이나 동종시설의 장 배제 등의 노력이 추가되는 흐름을 보이고 있다.

이러한 민간위탁 시스템은 선정된 특정법인에 영구적으로 운영을 맡기는 것이 아니라 대부분 5년 주기로(간혹 3년 주기인 경우도 있음) 위 · 수탁계약을 갱신하게 된다. 즉, 주기별로 수탁법인 선정과정을 다시 진행하여 기존에 운영하던 법인의 실적과 평가를 포함하여 새롭게 운영을 희망하는 법인까지 모두 심사를 통해 재위탁계약을 체결하게 된다. 따라서 민간위탁 개념의 시설은 수탁받은 기간 동안 보다 분명한 실적과 운영을 위해 더욱 노력해야 하는 부담도 가지고 있다고 볼 수 있다.

그 외에 일정주기로 재위탁을 반복하는 민간위탁 시스템은 아니지만 지방자치단체에서 설치해서 심사를 통해 특정 운영법인을 선정하고 이후로는 특별한 문제가 없는 한 운영을 지속적으로 맡기면서 지도감독하는 방식의 '시설지정' 방식도 있다. 지역자활센터나 시니어클럽 등이 대표적인 예가 될 수 있다.

이렇듯 다양한 방식을 통해서 사회복지시설이 설치되고 운영되고 있다. 실습생은 본인이 어떤 시설유형에 실습을 희망하는지, 운영하는 법인은 어떤 법인인지, 그리고 이 시설은 어떤 계획을 가지고 운영되고 있는지 등을 대략적으로 살펴보는 것도 해당 시설 전체를 이해하고 활동하는 데 도움이 될 것이다.

2) 사회복지시설의 인력

사회복지시설에는 시설장 및 종사자의 자격기준이 제시되어 있다. 여러 가지 사회복지시설 유형별로 「사회복지사업법」에 규정된 해당 법령과 지침에 의거해서 대부분 시설장이나 종사자의 자격 기준에 대한 규정을 제시하고 있다. 예를 들어, 시설장은 '사회복지사 1급 소지자로서 사회복지사업의 10년 이상 재직한 경력이 있는 자'와 같은 표현으로 되어 있다.

시설유형의 특성에 따라 일반적인 자격기준 외에 특별한 자격기준을 추가해서 다양화를 꾀하기도 함으로써 대학교수가 시설장의 자격이 되는 시설도 있고, 의료인이 시설장이 될 수 있는 시설유형이 있는 등 시설의 특성에 맞게 조금씩 차이가 있음을 알 수 있다. 반면 특별하게 세부적인 자격기준을 제한하지 않는 시설유형도 있는 등 시설장과 종사자의 자격기준은 그야말로 각각의 시설유형마다 개별적으로 확인해야 할 부분이다. 대표적인 시설장 자격기준에 대한 예시는 다음과 같다.

장애인복지시설의 장 자격기준(「장애인복지법 시행규칙」 별표 5)

(1) 의사(한의사 · 치과의사를 포함한다)로서 장애 관련 분야에서 3년 이상 진료한 경력이 있는 사람
(2) 특수학교의 교장 또는 교감이었던 사람 및 「초 · 중등교육법」에 따른 특수학교교사(교사자격증 소지자)로서 해당 시설 입소 대상 장애인의 교육에 3년 이상 종사한 경력이 있는 사람
(3) 「사회복지사업법」에 따른 사회복지사 자격증을 취득한 후 사회복지사업에 3년 이상 종사한 경력이 있는 사람
(4) 위 각 호에 준하는 학식과 경력이 있다고 인정되는 사람

장애인복지관 관장 자격기준

① 6급 이상의 공무원으로 사회복지 분야에 5년 이상 재직한 경력이 있는 사람
② 사회복지사 · 특수학교교사 · 치료사 등 장애인재활 관련 자격증을 취득한 후 사회복지 분야에서 8년 이상 근무한 경력이 있는 사람
③ 「고등교육법」 제2조제1호부터 제6호까지에 따른 대학을 졸업한 후 또는 법령에 따라 이와 같은 수준으로 인정되는 학력을 갖춘 후 장애인복지 분야에서 10년 이상 근무한 경력이 있는 사람
④ 장애인복지 분야 박사학위 취득자 또는 대학에서 전임강사 이상으로 2년 이상 재직한 경력이 있는 사람
⑤ 그 밖에 위와 동등 이상의 자격이 있다고 「사회복지사업법」 제36조에 따른 운영위원회(이하 "운영위원회"라 한다)에서 인정한 사람

아동양육시설 시설장 자격기준(「아동복지법 시행령」 별표 15)

1. 「사회복지사업법」에 따른 사회복지사 2급 이상의 자격 취득 후 아동과 관련된 사회복지사업에 3년 이상 또는 사회복지사업에 5년 이상 종사한 경력이 있는 사람
2. 학대아동보호사업과 관련된 기관에서 3년 이상 근무한 경력이 있는 사람
3. 7급 이상 공무원으로서 국가나 지방자치단체에서 사회복지사업에 관한 행정업무에 5년 이상 종사한 경력이 있는 사람
4. 「의료법」에 따른 의사 · 한의사 또는 치과의사 면허 취득 후 3년 이상 진료 경력이 있는 사람
5. 「정신보건법」에 따른 정신보건전문요원 자격 취득 후 사회복지사업에 5년 이상 종사한 경력이 있는 사람
6. 「영유아보육법」에 따른 보육교사 1급 자격 취득 후 사회복지사업에 5년 이상 종사한 경력이 있는 사람
7. 유치원, 초등학교 또는 중등학교 교사 자격증 취득 후 사회복지사업에 5년 이상 종사한 경력이 있는 사람
8. 직업훈련교사, 간호사, 영양사 자격 취득 후 사회복지사업에 5년 이상 종사한 경력이 있는 사람

또한 종사자의 배치기준도 개별 시설유형에 따라 직종별 종사자의 수를 제시하고 있다. 사회복지시설에 배치되는 인력의 직종은 시설유형에 따라 매우 다양하다. 사회복지사뿐만 아니라 간호사, 물리치료사, 관리기사, 영양사, 조리사, 회계담당 사무원 등 시설운영에 필요한 필수인력을 직종과 인원수를 규정하여 제시되어 있다.

이처럼 각 시설유형에서 제시되고 있는 필수인력의 배치기준에 따라 공개채용을 통해 채용되는 모든 인력은 직종에 상관없이 성범죄이력이 없는지, 제반 자격과 경력이 정확한지 등의 검토를 거쳐 지자체로의 종사자 임면보고 과정을 거치게 된 후 해당 시설의 종사자로 활동하게 되는 것이다.

이러한 배치기준에 따라 공석이 생길 경우 사회복지시설은 직원 충원을 진행하게 된다. 현재 사회복지시설로 입사하는 방법은 공개모집이 원칙이다. 어떤 직종이

나 어떤 직급을 채용하더라도 공개모집은 가장 우선적인 원칙이다. 따라서 사회복지시설로의 취업을 희망하는 자는 해당 시설의 홈페이지나 워크넷, 사회복지 관련 협회 게시판, 사회복지시설정보시스템의 구인게시판 등을 정기적으로 모니터링하여야 한다. 지침상 사회복지시설이 구인절차를 할 때에는 15일 이상 2개 이상의 게시가 기본원칙이지만 긴급한 사안일 경우(갑작스러운 사직이 발생했거나 정원이 갑자기 늘어난 경우 등) 7일로 줄여서 긴급공고하고 채용하는 것까지는 허용하고 있다. 따라서 1주일 간격으로 구인게시판을 살펴보는 노력이 필요하다.

직원채용과 관련해서 참고할 수 있는 사항으로는 해당 시설의 게시판이나 공지사항 등을 전체적으로 한번 볼 필요가 있다. 직원채용이 지나치게 자주 있는 시설의 경우 그만큼 직원의 퇴사율이 높다는 의미일 수가 있기 때문이다. 정원이 늘어나는 과정이거나 불가피한 사유로 발생하는 간헐적인 퇴사는 당연한 것이지만 매월 계속 직원 채용공고가 게시된다면 어떤 특별한 이유가 있는지를 알아볼 필요가 있다. 또한 최근에는 블라인드 채용의 비중이 높아지면서 학력이나 다른 요소들보다 사회복지사 자체로서의 역량과 열정으로만으로 평가하는 경우가 많다. 따라서 외부적이고 일반적인 요건보다는 본인 스스로 많은 노력을 기울인 부분이 많을수록 유리하다고 할 것이다.

이전 경력과 관련하여 만약 다른 시설에서에서 근무한 경력이 있다면 대부분 이전 경력을 호봉으로 인정해 주지만, 과거에는 이전 경력이 있더라도 신규입사하는 시설의 내규나 예산사정에 의하여 1호봉부터 다시 시작하는 경우가 종종 있었다. 이전 경력상의 호봉은 인정받지 못하였지만 그 경력을 감안하여 직급이라도 높아진 경우에는 그나마 작은 보상을 받는 개념이 될 수 있었지만 직급도 호봉도 모두 인정받지 못하고 1호봉부터 다시 시작하는 경우에는 개인적인 손해와 아쉬움이 많았던 것이 사실이다.

지금은 사회복지시설 운영안내에 호봉인정기준에 대한 상세한 지침이 마련되어 있어서 이전 시설의 유형에 따라 인정범위를 100% 혹은 80%로 두어 그만큼의 호봉을 인정받게 된다. 이는 사회복지사를 비롯한 종사자들의 권익을 보호하고, 안정적인 근무환경을 조성하기 위한 노력이며, 이것이 정책적으로 반영되고 있는 흐름을 보여 주고 있다.

종사자의 정년에 대해서는 기본적으로 시설장은 만 65세, 시설장이 아닌 종사자의 경우에는 만 60세로 규정되어 왔으나 현재에는 모두 만 65세로 상향되는 변화의 과정에 있다.

3) 시설운영위원회

모든 사회복지시설에는 시설운영위원회가 구성되어 있다. 시설운영위원회가 설치되어 있는 근본취지는 사회복지시설에서 여러 가지 운영상의 심의나 결정 과정에 있어서 시설장이 독단적으로 결정하지 않고 운영위원회의 여러 의사를 충분히 수렴함으로써 보다 투명하고 공정한 시설 운영을 기하기 위함이다.

시설운영위원회는 통상 분기당 1회 실시되는 것이 원칙이며, 주요 안건은 사업계획 및 예산, 종사자 채용이나 승진, 기타 주요한 사업이나 운영상의 안건 등을 논의하게 된다. 특히 예결산의 경우에는 반드시 시설운영위원회의 보고를 거친 후 운영법인의 이사회에 상정되는 절차가 원칙적으로 제시되어 있으므로 본예산, 추경예산, 결산 등의 주기에 맞게 통상 시설운영위원회가 열리고 있다.

시설운영위원회의 구성은 그 시설의 시설장과 종사자 대표, 이용자 대표, 관련학계 전문가, 지자체 담당부서 소속공무원, 봉사자와 후원자의 대표 등으로 구성이 된다. 구성되는 절차 역시 해당 시설에서 운영위원회를 구성하고 시설장이 임명하는 방식이 아니라, 시설에서의 구성안을 지자체에 제시하면 지자체장이 임명하는 방식으로 되어 있을 정도로 견제와 균형을 위한 위임의 취지가 충분히 반영되어 있는 형태라고 볼 수 있다.

4) 예산의 집행

사회복지시설의 예산의 집행, 즉 사회복지기관의 경비지출은 어떻게 이뤄지는지 살펴보면, 기본적으로는 1만 원 이상의 지출에서는 카드를 사용하거나 금융권의 송금절차가 기본이다. 1만 원 이하라도 최근에는 대부분 카드를 사용함으로써 투명성을 높이는 것이 기본이다. 다만 카드나 송금 등이 어려운 도서지역이나 재래시장의 물품을 불가피하게 구입해야 하는 등의 특별한 상황에서만 현금을 사용하되 해당 시설의 고유번호증 번호로 발급되는 현금영수증을 필수적으로 첨부한다.

이런 원칙을 숙지한 후에 실제 지출행위 시에는 사전에 기안이나 품의를 하여 결재를 득한 후, 회계담당자에게 카드를 인계받아 지출하고 영수증과 같이 반납, 이후 지출결과에 대한 보고서류를 갖추는 것으로 진행된다고 보면 된다.

보조금을 재원으로 하는 지출인 경우에는 일반적인 카드가 아니라 보조금 전용카드를 사용하고 있다. 클린기능이 탑재된 보조금 전용카드는 사회복지시설에서 사용이 허용되지 않는 유흥업소 등의 일부 업종에 대해 결제가 이뤄지지 않는 장치가 되어 있는 카드를 말한다. 최대한 현금사용의 자제, 보조금 전용 카드의 클린기능 등 사회복지시설에서의 회계집행의 투명성을 위한 지침과 노력들은 계속 강화되고 있다. 따라서 현장의 사회복지사나 실습생도 과업을 수행함에 있어 불가피한 예산집행 시 투명한 회계처리를 위해 절차와 증빙서류 등에 대한 충분한 숙지와 숙달이 필요할 것이다.

5) 사회복지시설의 지도감독

(1) 인권의 강화

최근 사회복지시설의 인권에 대한 의식과 중요성에 대한 인식도 지속적으로 강조되고 있다. 거주자 혹은 이용자의 인권으로 출발한 시설의 인권에 대한 강조는 점차 종사자의 인권으로까지 확대되면서 사회복지시설의 전반에 대한 인권의식이 한층 높아졌다고 볼 수 있다.

모든 시설에는 가장 잘 보이는 곳에 진정함이라는 것을 비치하여 누구나 인권적인 침해요소나 민원을 즉시 제기할 수 있는 채널을 갖추고 있다. 물론 홈페이지 등 온라인상의 채널도 함께 운용하고 인권관련 위원회 등의 회의나 교육도 정기적으로 개최하는 등 내부적으로 늘 인권상황에 대한 정기적 모니터링을 실시하여 신속한 발견과 조치가 이뤄질 수 있도록 노력하고 있다. 이에 사회복지사와 실습생들도 역시 인권감수성을 높이는 노력을 지속함으로써 자칫 놓치기 쉬운 인권에 침해되는 요소를 찾아내고 조정하는 노력이 일상화되어야 할 것이다. 또한 외부에서도 인권위원회 같은 인권 관련기관들이 수시로 지도점검을 하고 있으며 심지어 최근에는 불시방문을 통해 시설거주자나 이용인들의 인권보호에 적극성을 높여 나가고 있으므로 시설과 종사자 모두 적극적이고 예방적인 인권보호 노력이 특별히 요구된다.

(2) 사회복지시설 전자화 시책

대부분의 사회복지시설은 업무 전산화가 상당히 진행되어 있다. 따라서 사회복지 종사자와 실습생도 상당부분의 시간을 전산입력이나 영역별 코드설정, 비품관리, 실적관리, 회계관리, 상담기록 입력 등을 활용하는 방식을 경험하게 될 것이다. 사회복지시설 전산화의 가장 중심이 되는 것은 바로 사회복지시설정보시스템이다(참고로 2022년 9월부터 '희망이음'이라는 새로운 전산시스템으로 전환이 추진되고 있다). 이 사회복지시설정보시스템의 홈페이지도 사전에 한번 들어가 보길 권한다. 물론 각 사회복지시설에 부여된 각각의 코드를 알지 못하니까 상세한 내용을 볼 수 없겠지만 전체적인 구조를 한번 보는 것만으로도, 혹은 매뉴얼을 다운받아서 보는 것만으로도 충분히 사전학습이 될 수 있다. 이제는 거의 모든 사회복지시설에서 시설운영과 사업에 있는 모든 기록을 이 전산시스템으로 입력하는 만큼 실제로 이 프로그램에 대한 숙달은 매우 중요하다고 볼 수 있다.

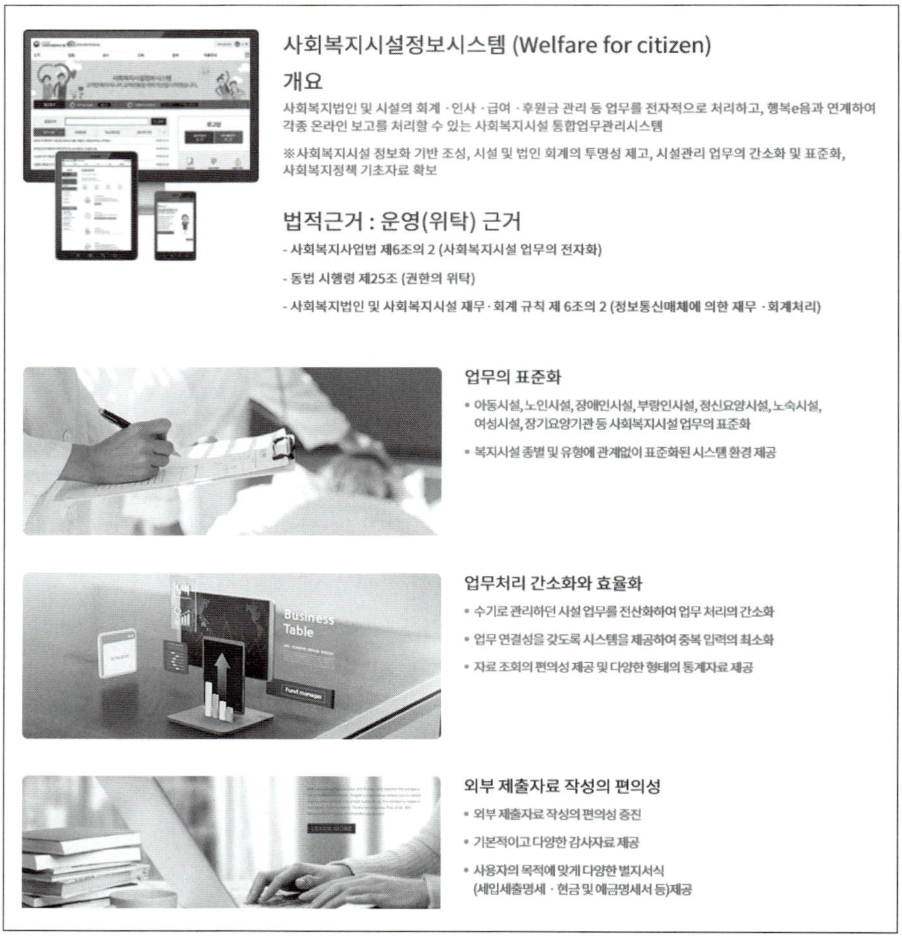

〈사회복지시설정보시스템 개요화면〉

또한 이 사회복지시설정보시스템은 해당 시설에서 예산의 집행이나 사업의 실적 등 모든 실천상의 기록을 입력하는 역할을 하는 것 외에도 실제 각종 보고와 공문 등 지자체와 시설 간의 온라인 보고형태도 갖춰져서 사실상 모든 업무의 절차를 감당하고 있다고 볼 수 있다. 즉, 어떤 공문을 제출하기 위해 과거에는 지방자치단체의 담당 부서를 방문하여 직접 전달해야 했지만 이제는 이 시스템으로 모든 보고를 하기 때문에 업무수행 환경적인 면에서는 간편하고 효율적으로 변화되고 있다.

게다가 지자체의 담당공무원 입장에서는 사회복지시설정보시스템상에서 각 시설의 입력한 자료를 함께 볼 수 있는 권한까지 주어져 있어 지도감독대상 시설의 여러 관리를 용이하게 할 수 있는 장점도 있다. 이처럼 민간의 사회복지시설에서 운영되고 있는 각종 예산과 실적, 클라이언트에게 제공된 서비스 이력 등은 공공영역이 함께 공유하고 있는 것이다.

이러한 전산시스템의 구축은 전산입력이라는 부담이 있는 반면에 모든 자료가 안정적으로 보관된다는 측면에서도 유리하다. 과거에는 클라이언트를 돕는 과정에서의 각종 상담기록이나 서비스 제공 이력이 전임 담당자의 서류철이나 파일을 살펴보아야 하는 수고가 많았다면 지금은 모두 시스템에 들어 있기 때문에 담당자가 바뀌더라도 과거 이력을 전산상에서 바로 확인하면서 서비스의 중복이나 누락을 방지할 수 있는 장점이 있다.

실제 현장에서는 이런 장점 덕분에 담당자가 바뀌었다고 해서 더 이상 동일한 상담을 다시 진행할 필요가 없고, 사회복지사도 사전내용을 충분히 숙지하고 클라이언트와의 관계를 이어 갈 수 있으므로 안정적인 관계가 가능해지는 것이다. 그 외에도 예 · 결산보고, 종사자 임면, 보조금 신청 및 정산, 거주인의 변경 등 웬만한 절차는 시스템에 모두 구축되어 있어 온라인 소통이 가능하며 정형화되지 않은 업무 역시 비정형보고라는 채널을 통해 상시 공문전달이 가능한 수준으로 활용되고 있다. 이렇듯 각종 정보가 전산에 모두 포함되면서 모든 시설에서는 개인정보수집과 활용에 대한 동의서를 받는 절차도 이미 정착된 상황이고 따라서 사회복지종사자와 실습생들은 늘 개인정보의 무단이용이나 보존기간, 외부 유출에 특별히 신경쓰고 필요한 교육을 충분히 이수하는 것이 중요할 것이다.

(3) 지방자치단체의 지도감독

모든 사회복지시설은 「사회복지사업법」에 규정된 대로 해당 지방자치단체로부터 지도감독을 매년마다 한 번씩 시행하고 그 외에도 수시 지도점검이나 감사도 있을 수 있다. 물론 시설이 소속된 법인에서도 매년 별도로 결산 회계감사를 실시한다. 정기적으로 소관부서에서 이뤄지는 지도점검 외에도 해당 지자체의 감사실, 광역단체의 관련부서나 감사실, 그 외 중앙의 감사원 등의 감사나 지도점검이 있을 수가 있다.

이런 비정기적인 지도감독은 사회적으로 어떤 사회복지분야의 특별한 이슈가 있는 경우가 대부분이고 그 외에는 예방적 차원에서 정기적 지도감독의 일환으로서 매년 일정 영역을 대상으로 지도감독을 시행하기도 한다.

이러한 지도감독이 있을 때에는 대부분 현장에서는 대대적인 문서정비 작업으로 인해 한바탕의 홍역을 치르게 된다. 평소 이런저런 행정적 절차들을 잘 이행하고 있겠지만 하나하나 사전에 시설 자체적으로 점검하다 보면 또 새롭게 보이는 오류나 보완점이 발견되기에 그렇다. 그렇다 보니 일상적 업무 외에 이러한 보완작업으로 업무량이 일시적으로 증가하기도 한다. 물론 이러한 지도감독으로 인한 부담감이라는 부정적 영향도 있겠지만 반면에 전체적으로 한번 점검하고 보완하면서 일상적으로 업무처리를 정확하게 하기 위한 훈련의 시간으로 여긴다면 또 하나의 긍정적 영향도 될 수 있을 것이다.

(4) 보건복지부 시설 평가

모든 사회복지시설은 보건복지부의 사회복지시설 평가를 3년마다 한 번씩 거치게 된다. 국내 전체 사회복지시설의 유형별로 3개 조로 나눠서 매년 실시되므로 해당 사회복지시설유형에 속하는 전국 모든 시설들은 3년을 주기로 보건복지부 사회복지시설 평가를 받게 되는 셈이다. 시설 평가는 지도점검과는 성격이 다르다. 지도점검은 법령이나 지침에 의거해서 그에 위반되는 사항이 없는지를 점검하고 지도하는 개념이라면, 시설 평가는 지도점검+서비스의 질적 부분의 지향점까지 보는 개념이다. 즉, 기본적인 법령과 지침을 준수하면서 시설마다 어떤 특수한 지역사회의 특징과 시설의 특징을 잘 매칭시켜서 의미 있는 사업으로의 질적 향상을 꾀했는지를 평가하고 점수를 부여하는 방식이다.

보건복지부 사회복지시설 평가 개요

2022년도 사회복지시설 평가 계획

평가대상시설

- 설치·신고 된 지 3년 이상('18.1.1. 전 설치신고)된 노인복지관, 사회복지관
- 설치·신고 된 지 3년 이상('19.1.1. 전 설치신고)된 장애인거주시설(단기포함), 장애인직업재활시설, 아동생활시설

평가대상기간 : 2019.1.1. ~ 2021.12.31.(3년간)

- 단, 일부 항목에 따라 별도 평가대상기간 적용되므로 확인 필요

평가일정 : 2022년 5월 ~ 8월

- 자체평가(5월)
  - 평가대상 시설이 사회복지시설정보시스템에 자체평가서 입력
- 현장평가(6월~8월)
  - 평가기준 : (일반시설) 1일 1개소 **※팀당 최대 12개소 내외**
  - 평가시간 : (일반시설) 1개소 약 6시간
- 이의신청 검토
  - 시설은 현장평가일로부터 7일 내 평가시스템을 통한 이의신청 접수
  - 평가팀은 평가시스템으로 이의신청에 대한 답변 등록(시설로 공개되지 않음)
  - 전문가 검토 및 평가운영실무위원회 심의·의결을 통한 수용여부 결정
- 확인평가 실시
  - 현장평가 결과분석자료, 이의신청 추가 확인 등 종합적으로 검토 후 현장 확인이 필요한 시설을 선정하여 확인평가 실시
  - 평가당일 일정 통보 후 평가자 방문하여 확인
- 평가결과 분석 및 공개

출처: 2022년 사회복지시설 평가지침. 사회서비스원 사회복지시설평가 홈페이지.

따라서 최종평가결과 개별시설의 등급까지 부여되고 최상위등급에게는 인센티브를 부여하고, 최하위등급에게는 컨설팅을 제공하는 개념의 보다 적극적인 개념으로 볼 수 있다. 이 역시 현장에서는 큰 수고가 수반되는 과정이지만 그만큼 유익한 과정이 될 수도 있기에 얼마나 의미를 가지고 평가에 임하는지, 그리고 얼마나 서열개념으로의 평가결과를 받아들이지 않고 보완적 의미로 받아들이는지 등 평가에 임하는 시설의 가치와 철학이 매우 중요할 것이다.

따라서 종사자뿐만 아니라 평가준비시기에 해당 기관에 실습을 하게 되는 실습생 역시 소중한 학습과 훈련의 기간으로 여기는 자세가 중요하며, 특별히 이 기간동안 오가는 수많은 슈퍼비전의 소중함은 아무리 강조해도 지나치지 않을 것이다. 그래서 그 과정이 힘들더라도 보건복지부 시설 평가를 한번 거친 경험과 훈련과정은 오래 여운이 남는 이유이기도 하다. 이런 평가과정을 몇 차례 겪으면서 사회복지시설은 점차적으로 안정적인 시설운영의 면모를 갖추게 되고, 종사자들도 정형화된 시설과 사업운영의 기초를 확보해 나가는 과정으로 이해할 수 있을 것이다.

Chapter

04

클라이언트 특성

Chapter 04

클라이언트 특성

1. 클라이언트의 의미

사회복지현장에서 도움이 필요한 사람들은 대상자, 거주인, 지역주민 등의 명칭으로 호명되고 있지만 일반적으로 클라이언트라는 용어를 주로 사용하고 있다. 클라이언트는 과업 수행 과정이나 활동 과정에서 만나고, 경우에 따라서는 기획에서부터 평가하는 과정까지도 함께할 수 있다. 따라서 사회복지사는 클라이언트의 특징이나 특성이 무엇인지 이해하는 것이 필요하다.

클라이언트는 '사회복지서비스를 제공함에 있어 그 대상을 어떻게 정할까?'라는 질문과 관련되어 있다. 사회복지현장에서는 사회복지사가 1차적으로 관심을 갖는 모든 사람들이 클라이언트라고 할 수 있고, 그 대상이 개인이나 집단 혹은 지역사회 주민 전체로 확대되어질 수 있다. 특정의 문제로부터 고통을 받는 있는 사람들, 문제로부터 고통받을 것으로 예측되는 사람들, 또는 문제를 발생시키는 여러 조건이나 상황들까지도 모두 사회복지서비스의 대상이 된다.

사실 사회복지현장에서는 어디까지를 클라이언트로 규정할 것인지에 대한 문제가 지속적으로 논란이 되고 있다. 예를 들면, 다문화지원센터에서는 난민을 지원해도 되는지에 대한 명확한 규정이 마련되어 있지 않다. 현재의 운영 지침이나 지방자치단체에서는 서비스를 제공해서는 안 된다고 한다. 이런 경우에는 사회복지서비스가 절실하게 필요함에도 불구하고 그 분들은 도움을 받을 수 있는 클라이언트가 아니라고 해석할 수 있다. 그런데 정부 보조금이 아닌 사회복지기관의 자체적 재원으로 서비스를 제공하는 것도 안되는 것인지 궁금하지 않을 수 없다.

현장에서 만나는 클라이언트가 어떤 구체적인 특성이 있는지에 대한 명확한 설명이 이뤄지면 좋겠지만 지역에 따라, 사안에 따라, 기타 등등의 조건이나 상황들로 인해 매우 다양하게 나타난다. 따라서 그런 다양한 양상에도 불구하고 그나마 전체적인 틀 속에서의 클라이언트를 어떻게 규정하고 우리가 그에 맞는 역할을 어떻게 해 나갈 것인가에 대해 살펴보는 것은 의미가 있다.

사회복지의 대상을 규정할 때 현실적이고 구체적으로 넓은 스펙트럼의 시야를 가질 필요가 있음을 얘기하고자 한다. 이런 넓은 시야는 그동안 사회복지의 대상범주를 규정하는 여러 역사적 상황들 속에서 변천되어 왔다. 어떠한 과업을 탐색하거나 대두되었을 때 이것이 사회복지가 다뤄야 할 영역이 맞는가 하는 논의가 자주 일어나는 이유이다. 이에 대해 명확한 경계선이 규정되어 있지 않는 상황에서 현재로서는 공부 중인 사회복지전공학생, 실습생, 현장종사자 모두 지속적으로 고민하고 규정해 나가는 과정 중에 있다는 설명밖에는 더 분명하고 구체적인 해답 제시는 어렵다.

다만 그 애매한 영역을 사회복지사가 담당하든, 관련 전문영역에서 담당하도록 인계를 하든 모든 협력적 과정이 클라이언트의 욕구를 충족하고 주체적 생활을 돕기 위한 활동이라면 사회복지서비스 영역으로 보고 더 적극적으로 다가갈 수 있어야 하고, 타 전문영역도 연계협력의 대상으로 본다면 전체를 총괄하는 주체는 사회복지영역이어야 할 가능성이 높다고 보는 경향성이 인정받고 있음은 분명해 보인다.

그래서 클라이언트를 어떻게 선정할 것인지에 대한 고민을 하면서 사회복지사와 예비 사회복지사인 실습생들이 이런 쟁점의 영역에 의견을 제시하고 공청회나 토론회 등 참여가 가능한 기회가 있을 때마다 자신의 의견을 적극적으로 표현하면서 사회적인 합의를 이루어 가는 과정에 참여하는 것은 바람직하다.

한편, 클라이언트를 규정할 때 정부 정책을 기준으로 하면 선별적인 기준을 적용하는 지역도 있고, 보편적인 기준을 적용하는 곳도 있다. 물론 두 가지 기준을 병행하거나 사안에 따라 선택적으로 접근하는 곳도 있을 것이다. 최근 논쟁이 진행 중인 기본소득과 같은 경우가 그 예라 할 수 있다. 보편적 복지를 지향하는 입장에서는 인간 삶의 행복조건의 최소수준을 국가가 보장해 줌으로써 진정한 복지를 누릴 기회를 보장해 준다는 등의 의미로 기본소득의 장점을 주장하는 것이고, 선별적 복지를 지향하는 입장에서는 국가부채라던지, 국가에 대한 의존성과 무분별한 불공정 시혜 등의 단점을 제시하기도 한다.

사회복지를 공부하는 실습생의 입장에서도 본인이 어떤 입장을 가지고 있는지도 한번 생각해 보는 것도 좋다. 왜냐하면 그 가치에 따라 우리가 적용할 사회복지 대상의 범위가 달라질 수 있기 때문이다. 서비스의 대상적인 측면으로 본다면 개인적으로, 정서적으로, 사회적으로, 그리고 환경적으로 문제를 가질 가능성이 있는 사람까지 서비스의 대상으로 볼 것인지, 그러한 분명한 문제를 가지고 있는 사람들만 사회복지 대상이라고 볼 것인지에 대한 문제이기 때문이다.

2. 클라이언트 유형

1) 일반적 유형

사회복지 대상자, 즉, 클라이언트는 사회복지서비스를 필요로 하거나 도움을 받는 사람이라고 할 수 있다. 초창기의 의미로는 스스로의 능력으로 일상생활을 유지하지 못하는 사회적 의존자라고 보기도 했다. 신체적으로 불편함을 가진 사람이나 심리적으로 불안함을 가진 사람, 여러 가지 이유로 가족 구성원의 결손이 있는 사람 등도 포함되기도 하였다. 또 직업적인 병리로 빈민가나 홍등가에서 살아가는 사람들도 포함하는 등 여러 가지 상황들에 의해서 스스로 일상생활을 유지하지 못하고, 사회적으로 도움을 받고 살아가는 사람들을 사회복지 대상이라고 규정하기도 한다. 오늘날은 경제적 문제를 비롯해서 정서적 사회적 욕구가 있는 사람, 거기에 덧붙여 그러한 복지서비스를 선택하는 사람 모두를 클라이언트라고 한다.

일반적으로 고령이나 질병 등의 이유로 만성적인 문제를 가지고 사회복지서비스의 대상자로서 자립할 수 없는 경우에는 오랜 기간 클라이언트로 존재하게 된다. 고령, 질병, 저연령 등은 클라이언트의 의지를 강화하더라도 일상생활 수준을 진전시킬 수 있는 가능성이 희박하다. 뿐만 아니라 자립의지가 부족하거나 외부의 도움이 상당기간 필요한 경우에 클라이언트의 지위를 오랫동안 유지할 수 있다. 이러한 경우에 클라이언트에 대한 인식은 습관적이라는 오해를 받을 수 있다.

또 다른 측면에서 문제가 잠재된 상황, 문제가 생길 우려가 있는 상황, 문제가 생긴 상황, 문제를 극복한 상황 등의 경우에도 사회복지의 대상이 될 수 있는 요건들로 사회복지서비스의 대상이 될 수 있기 때문에, 클라이언트로 규정할 수 있는 범위를 정하는 것도 쉽지 않다.

다행히 또 다른 특성을 가진 긍정적 클라이언트도 존재한다. 지역사회 내에서 다양한 관계의 형성과 상호작용을 주도하는 분들이 그들이다. 즉, 클라이언트가 지역사회 내에서 그들 간에 관계 형성과 상호작용을 주도하는 모습 또한 종종 목격한다. 결코 사회복지시설이나 사회복지사가 주도하는 것이 아니라 주체적으로 문제를 인지하고 문제를 해결하기 위해서 노력하는 사람들도 있다. 그래서 이들이 지역사회 문제를 파악하고, 집단을 구성하고, 문제를 공유하고, 지역주민과 더불어 문제를 토론하고, 여러 가지의 대안을 모색하는 과정을 거친다. 그 각각의 과정에서 사회복지사가 지원할 수 있는 부분을 원조하는 것이 가능하다.

물론 가끔은 클라이언트가 적극성이 부족하고 소극적인 경우에는 초기에 사회복지사들이 적극적으로 원조자 역할을 하되 장기적으로는 그들이 주도할 수 있게 지원해 주는 역할을 지향한다. 현장의 사회복지사들이 모여서 지역사회의 문제를 발굴하고 주민들을 모아서 공론화하는 과정부터 지원하되 그 과정들의 실제 이행자는 클라이언트가 주체가 되고 그분들 간의 상호작용이 역동적으로 일어날 수 있도록 그렇게 도와주는 것이다. 이러한 지향점은 대단한 기획이나 행사로 실현되기보다 각각의 과정에 있어서 사소한 표현이나 일상적이고 세부적인 상황에서 대화할 때 그 대화의 요령과 자세, 태도 등이 모이고 모여서 오랜 기간을 거쳐 서서히 이루어진다. 그래서 상당한 내공과 지속력이 있어야 하겠지만 그럼에도 불구하고 클라이언트(집단)의 주체성은 소속감, 응집력, 신뢰감, 자신감 등을 통해 공동체 의식을 형성할 때 그 주체성을 발휘할 수 있음을 잊으면 안되는 것이다.

2) 조건부 대상자

조건부 대상자는 서비스 수급 자격 기준을 충족하지 않는 경우이지만 특정 조건을 갖춘 경우에 한시적으로 서비스를 제공하는 것을 의미한다. 예를 들면, 장애아동재활 바우처 사업의 대상자 선정 기준이 있다. 바우처 사업에는 세대의 소득 수준이 얼마 이하이어야 된다든지, 수급자 우선이라든지, 또 어떤 경우는 다자녀가 우선이라든지 등등 바우처를 이용할 수 있는 자격이 되기 위한 조건들이 있다. 그런데 현장에서 보면 그런 구체적인 자격에 해당되지 않지만 객관적인 상황을 보면 서비스를 받아야 되는 사람이 존재할 수 있다. 여러 특이한 상황으로 그 조건을 완벽하게 갖추었다고 볼 수 없는 사각지대가 생기는 것이다.

최근 수급권에 있어 부양의무에 대한 조건이 점차 완화 혹은 사라지고 있다. 현재 자가를 가지고 있으나 과거부터 가지고 있던 집과 자식이 있지만 도와주지 않을 때 그 당사자는 자산도 있고 부양해 줄 자식이 있기 때문에 수급권자로의 선정조건을 갖추지 못해 국가로부터 도움을 받을 수가 없었다. 그런데 이 경우에 집은 있으나 수입이 전혀 없으므로 최소한의 기본적인 인간다운 삶을 보장받지 못하는 사각지대가 생기는 것이다. 하지만 이제는 이런 사례에 대한 문제제기가 지속적으로 이루어졌고 사회적으로나 언론 등을 통해 알려지기 시작하면서 부양가족 의무기준을 없애야 된다는 방향성을 가지게 된 것이다.

이런 부분에서 클라이언트의 선정에 혼선이 있다. 공공에서는 사회복지 대상자로 규정하기 어려웠고, 민간에서는 가급적 클라이언트로 규정하려고 하였으나 우선순위에서 밀릴 가능성도 있고 민간시설의 가치체계상 제외시키기도 하였을 것이다. 한 명의 클라이언트가 어떤 정책, 어떤 민간기관, 어떤 사회복지사를 만나는지에 따라 도움을 받을 수도 있고 받지 못하는 상황도 생기는 것이다. 그래서 현장에서는 '클라이언트도 사회복지사 복(福)이 있어야 한다'는 농담 아닌 농담도 있다.

3) 지역주민

사회복지서비스의 대상은 개인의 일상생활이나 심리적인 문제가 중심이지만 지역주민의 공통적인 문제도 포함할 수 있다. 무엇보다 가장 중요한 것은 지역복지

활동에 있어서의 주체는 주민이라는 사실이다(사례관리에서도 마찬가지이듯). 지역사회의 문제는 근본적이며 최종적인 책임을 모두 지역주민들이 감당할 수밖에 없다. 이 근본가치를 제대로 이해하지 못하면 도움을 주는 사회복지사가 최종적인 책임을 진다고 여기기도 한다. 사회복지사가 실천하는 활동 자체에 대한 책임을 지지 않는 건 아니겠지만 자신의 삶 또는 주민 공동체의 사회적인 삶을 살아가는 데 있어서 그들 삶의 근본적이며 최종적인 책임은 지역주민에게 있다. 사회복지사와 사회복지조직은 지역주민들이 책임감을 가지고 지역사회문제와 관련된 자신들의 일상생활을 안전하고 행복하게 유지할 수 있도록 지원한다.

가장 많은 비중을 차지하는 또 다른 특성의 클라이언트와 주민들이 있다. 바로 무관심과 배제로 설명될 수 있는 보통의 주민들이다. 지역사회에서 자신에게 아주 직접적이고 심각한 문제가 아니라면 '참여'가 어려운 주민들이 있고, 아예 관심이 없을 수도 있다. 또는 아주 소수의 주민들이 "우리가 주민 모두를 대표한다"라는 명분 아래 다수의 주민들을 배제해 버리는 경향이 있기도 하다. 이런 부분들로 인해 지역사회에 공동체성이 있지만 내부적으로는 여러 부작용 혹은 옳지 않는 방법으로의 조직화가 진행되는 경우가 있을 수 있다.

그래서 이런 문제를 최소화하기 위해서 민주적인 의사소통 및 의사결정 과정이 필요하다. 특히 사회복지시설과 사회복지사들이 민감하게 개입하고 지원하여야 한다. 예의를 갖춰서 민주적인 과정을 거치도록 안내해 드리고, 다수의 주민들에게 홍보하고 알리는 작업을 부담으로 느끼거나 부가적인 절차라고 여기는 부분이 있다면 대행할 수도 있을 것이다. 그래서 목소리를 내지 않는 다수의 클라이언트가 프로그램이나 지역조직이나 어떠한 활동에서도 소외나 배제되지 않도록 돕는 것 역시 중요한 우리의 과업임을 기억해야 한다.

그리고 지역주민의 특성으로써 의미 있는 것이 바로 자원으로서의 주민이라는 점이다. 지역사회에 있는 주민들은 모두가 각기 다른 살아온 역사와 또 여러 가지 경험들, 그리고 여러 공식/비공식적인 네트워크의 경험들과 개인적인 경험들을 가지고 있고, 그 많은 경험과 역사 속에서 가지고 있는 정보와 기술의 양 등 모든 것들이 참으로 다양하고 무한하다고 할 수도 있을 것이다.

그런 다름을 가지고 있는 분들이 보유한 여러 경험과 기술과 정보와 영향력의 가능성 등 모든 부분 각각이 지역의 문제를 해결하는 데 있어서 하나의 자원으로 역할을 할 수 있는 가능성은 충분하다고 볼 수 있다. 그래서 인적 자원의 협력과 연계를 이끌어 내는 것, 주민들 간에 어울려서 살아가며 협력을 이끌어 내는 것이 그야말로 어쩌면 조직화에 핵심이라고 볼 수가 있다.

그렇다면 사회복지사는 그런 주민들에 대해서 잘 알고 이해하고 있어야 한다. 즉, 일상적인 과업수행에서도 많은 만남과 소통이 중요한 과업단계로 인정되고 있어야 한다는 것이다. 그래서 사회복지사는 클라이언트들을 신뢰하고 있어야 하고 신뢰를 받고 있어야 하기도 하다. 그리고 주민들 간에도 서로 신뢰를 주고받고 필요하다면 응집할 수도 있고 행동할 수도 있는 그런 관계로 나아가는 여정이어야 한다. 이런 것들이 총체적으로 잘 이루어졌을 때 조직화의 핵심동력이 가동될 수 있는 것이다.

여기서 중요한 것은 주민의 개인적인 이익을 반영하되 전체적인 인식의 공감대와 맞아떨어지는 방향이어야 한다는 것이고, 각각의 주민의 다양한 기술을 활용하면 다양한 측면의 연결고리를 모색할 수 있다는 것이다. 그러니까 개인적인 이익을 반영했을 때 개인의 욕구와 이익만 충족하는 게 아니라 주민들 모두가 독립적인 인식을 하면서도 같은 공동체적 인식을 할 수 있는 그런 공감대를 형성할 수 있어야 하고, 또 각각이 가지고 있는 그런 다양한 기술이나 정보 등등을 활용해서 다양한 방식으로 지역사회가 풍성해질 수 있는 그런 접근을 모색해 볼 수도 있다는 것이다.

지역 자원으로서의 주민들을 개인적인 차원과 집단적 차원으로 나눠서 사례중심으로 좀 더 살펴보자. 개인적인 형태는 주요 인물들이 있을 수 있다. 전문직 종사자가 있을 수 있고, 그 지역 토박이 출신이 있을 수도 있고, 주민이면서 공공부문의 관계자가 있을 수도 있다. 아주 사회적으로 유명한 분이 있어서 우리 지역의 긍정적인 큰 사안에 대해 역할을 부탁하여 선한 영향력을 이끌어 낼 수도 있을 것이다(대구의 방천시장이 가수 김광석을 테마로 삼은 사례). 의료적인 모니터링이 필요하다면 우리 지역 내 의료인분들이 있을 것이고(정형외과 의사가 학대의심되는 아동이 있을 경우 복지관에 연락해 주는 사례, 주민건강교실을 운영하는 사례), 어느 법률적인 문제가 있다면 지역에 그런 법조인들이 있을 것이다(매월 무료법률상담을 해 준 사례). 오랜 시절 이곳에서 살아오신 토박이 분이 계신다면 동네 역사와 관련된 여러 가지 일들을 할 때 중요한 증언이나 사료를 찾아주거나 안내하고 설명해주는 동네 문화해설사 같은 역할을 하실 수 있을 것이다. 주민자치센터나 구청, 교육청 등 공공영역의 직원들은 알지 못하고 있는 새로운 정보를 신속하게 제공해 줄 수도 있을 것이다. 실제 프로그램 계획 단계에서 직접적으로 경험을 당사자들이 설명하면 지역주민들의 호응이 적극적인 경우가 많다. 다수의 사람들은 모르고 지나치는 정보가 너무 많기 때문이다.

3. 클라이언트의 일반적 특성

1) 가족 및 인구학적 특성

선별적 사회복지제도의 영향권에 있는 국가의 사회복지 대상자는 경제적으로 빈곤하면서 복합적인 문제를 가지고 있는 경우가 대다수이다. 따라서 사회복지 대상자에 선정된다는 것은 가족으로부터 적절한 지원과 보호를 받을 수 없다는 것을 의미한다. 가족의 경제적 수준이 높지 않고, 가족 구성원을 돌볼 수 있는 시간적 여유도 충분하지 않기 때문이다.

따라서 클라이언트의 가족 구성원은 단순한 경우가 많다. 원가족과의 관계는 사별, 이별 등의 이유로 관계망이 거의 형성되어 있지 않거나 연락이 단절된 경우가 많다. 만성적인 문제를 가진 클라이언트는 고령, 질병 등의 이유로 소득이 없으며, 가족 구성원으로부터의 지원도 기대할 수 없다. 가족은 자신들의 일상생활을 유지할 여력이 충분하지 않기 때문에 클라이언트에 대한 관심을 가지거나 지원할 상황이 아니다.

그리고 클라이언트는 만성적인 질병으로 고통을 받기 때문에 일자리가 없거나 안정적인 소득이 보장된 일자리보다 단기적이고 일회적인 일자리를 가지고 있는 경우가 대다수다.

2) 심리, 정서적 특성

한국에서 사회복지서비스의 대상자가 되는 것은 어느 정도 수치스러운 것이라는 생각을 한다. 모든 사람들에게 사회복지서비스가 제공되는 것이 아니라 특별한 상황에 처한 사람들을 선정하여 필요한 서비스를 제공하기 때문이다. 따라서 클라이언트가 경험하게 되는 심리, 정서적 특성은 부정적인 것이 일반적이다.

① 우울증 경향: 클라이언트의 심리, 정서적 특성은 자신감 상실, 의욕 저하, 의지 약화, 대인관계 거부 등 부정적인 상태가 심각하다고 할 수 있다.

② 심리적 위축감: 개인의 삶이 타인과 비교하여 열등하거나 부족한 상태라고 여기는 경향이 있다.

③ 자신감 약화: 반복된 실패의 경험으로 자신감을 상실하고, 실패에 대한 두려움으로 의욕과 의지가 저하되고 있는 상황이다.

④ 대인관계 약화: 자신에 대한 부정적 인식으로 대인관계에 적극적이지 않기

때문에 사회적 관계를 맺지 않는 경향이 있다.

다만 심리, 정서적으로 의지가 되는 사람들과의 관계는 강화하려고 한다. 종교기관, 사회복지기관, 공공기관 등으로부터 경제적 지원이나 정보를 얻을 수 있기 때문에 의지하는 경향이 있으며, 친밀한 이웃과의 관계는 지속적으로 유지하려고 한다.

3) 건강, 의료적 특성

클라이언트의 건강이나 의료적 특성은 만성적 질병이나 중대 질병으로 고통받고 있는 것으로 볼 수 있다. 특히 장애인과 노인의 경우에는 심신의 기능이 약화되어 건강을 회복하는 것은 상당히 어렵다. 따라서 정기적으로 병원진료와 투약 처방을 통하여 현재의 상태를 유지하는 수준에서 건강관리가 이루어지는 것으로 볼 수 있다. 질병으로 인하여 안정적인 소득이 보장되지 않고, 치료비 등으로 지출이 많아서 단기간에 건강을 회복하는 것은 어렵다.

4) 물리적 환경 특성

클라이언트가 거주하는 주거환경은 열악한 경우가 많다. 좁은 공간, 부족한 냉난방시설, 비위생적인 욕실이나 주방 등으로 쾌적한 물리적 환경이 결여되어 있다. 이는 생계급여 등의 정부지원금이 의식주를 해결하는 정도의 최저생계를 유지하기에도 부족한 상황이기 때문에 위생 및 편의시설을 확보하기 위한 비용을 마련하기 어렵기 때문이다. 결국 클라이언트는 물리적 환경이 열악하여 타인의 삶에 비추어 자신의 삶을 돌아보게 되면 비참한 현실을 인지함으로써 좌절감을 경험할 수 있다.

사회복지계 이슈화된 클라이언트 관련사건 예시

<송파 세 모녀 자살사건>

2014년 2월 서울특별시 송파구 석촌동의 단독주택 지하에 세들어 살던 세 모녀 일가족이 자살로 생을 마감한 사건.

당시 60세였던 박 모씨는 당시 35세였던 큰딸과 그리고 당시 32세였던 작은딸과 함께 살고 있었으며, 인근 놀이공원 식당에서 일을 하며 생계를 잇고 있었다. 큰딸은 당뇨와 고혈압을 앓고 있었으나 비싼 병원비 때문에 치료를 제대로 받지 못했으며, 작은딸은 만화가 지망생으로 아르바이트를 하며 돈을 벌고 있었으나 빚으로 인해 신용불량자가 되었다. 이렇게 된 원인은 생활비와 병원비를 신용카드로 부담했기 때문이었다.

아버지는 사건이 일어나기 12년 전에 방광암으로 세상을 떠났으며 어머니인 박 씨가 사실상 집안의 생계를 책임지고 있었는데, 사건 발생 1달 전 넘어져 몸을 다쳐 식당 일을 그만두게 되면서 실의에 빠진 것으로 추정된다.

그리하여 생활고로 고민하던 끝에 집세 및 공과금인 70만 원이 든 봉투와 유서를 남긴 채 번개탄을 피워 일가족이 동반 자살로 생을 마감하는 비극이 일어났다. 유서의 내용 중에는 '마지막 집세와 공과금입니다. 정말 죄송합니다'도 들어 있었다.

이 사건은 대한민국의 사회복지제도의 허점을 드러낸 비극적인 사건이었으며, 사건 이후 사회보장제도 개선에 대한 많은 비판이 오갔다.

출처: 나무위키 사건사고 설명 게시글(https://namu.wiki).

4. 사회복지사와 클라이언트의 관계

사회복지현장에서는 본의 아니게 지나치게 권리를 요구하는 주민으로 인해 사회복지사들이 어려움을 겪는 일도 종종 있다. 실습과정 중에서도 어쩌면 가끔 그런 상황을 목격하는 경우도 있을 것이다. 사회복지사들이 다소 일방적이고 과도한 요구를 하는 클라이언트나 주민분들에게 힘겨워 하는 모습들, 혹은 그럴 때 어떻게 대처하고 어떻게 정리해 나가는지도 보면서 무엇을 느꼈는지 궁금하다.

실습생은 사례관리에서 서비스 계약을 하고 서로 각자의 역할을 약속하는 등의 절차에 대해 공부한 바 있다. 공동으로 (사례관리) 목표를 정하고 각 단계를 함께 해 나가면서 평가도 같이 하는 일련의 과정들을 말한다. 사례관리뿐만 아니라 지역조직화에서도 그렇고 프로그램을 운영할 때도 늘 당사자인 클라이언트들과 함께 하는 과정을 거치는 것이 기본이고, 그런 과정을 진정성 있게 거친다면 한쪽의 일방적인 요구 상황은 줄여 나갈 수 있지 않을까 하는 생각을 해 본다.

결론적으로 사회복지시설과 사회복지사는 이러한 클라이언트(집단)의 특성을 잘 이해하고 동시에 클라이언트(집단)의 가능성을 믿고 신뢰 속에 복지사업을 전개해야 한다. 그래서 사회복지시설이 지역주민과 관계하고, 교육기회를 제공하고, 훈련과 견학 등의 기회를 제공하면서 문제해결에 필요한 역량을 높이는 활동을 하는 것이다. 말로만 하는 사회통합이 아니라 준비하고 실천하면서 작은 것부터 능동적으로 해결하는 경험을 축적하는 사회통합을 이루는 경험을 지향하면서 말이다.

그래서 개별사례관리에서도 클라이언트의 참여와 역할부여, 프로그램을 진행함에 있어서도 기획단계부터 평가단계까지 참여자들과 주변인들의 참여촉진, 지역사회문제 해결을 위한 자원과 자원의 연결노력 등 모두가 클라이언트(집단)를 그 핵심에 두고 있다. 이러한 개념을 잘 기억하면서 클라이언트의 특성과 사회복지사의 역할을 잘 매칭할 때 현장과 사회복지사 개인은 성공과 성취의 경험을 하게 될 것이다.

Chapter

05

사회복지 윤리와 가치

Chapter

05

사회복지 윤리와 가치

1. 사회복지사 윤리강령

사회복지사는 인본주의 · 평등주의 사상에 기초하여, 모든 인간의 존엄성과 가치를 존중하고 천부의 자유권과 생존권의 보장활동에 헌신한다. 특히 사회적 · 경제적 약자들의 편에 서서 사회정의와 평등 · 자유와 민주주의 가치를 실현하는 데 앞장선다. 또한 도움을 필요로 하는 사람들의 사회적 지위와 기능을 향상시키기 위해 저들과 함께 일하며, 사회제도 개선과 관련된 제반 활동에 주도적으로 참여한다.

사회복지사는 개인의 주체성과 자기결정권을 보장하는 데 최선을 다하고, 어떠한 여건에서도 개인이 부당하게 희생되는 일이 없도록 한다. 이러한 사명을 실천하기 위하여 전문적 지식과 기술을 개발하고, 사회적 가치를 실현하는 전문가로서의 능력과 품위를 유지하기 위해 노력한다. 이에 우리는 클라이언트 · 동료 · 기관 그리고, 지역사회 및 전체 사회와 관련된 사회복지사의 행위와 활동을 판단 · 평가하며 인도하는 윤리기준을 다음과 같이 선언하고 이를 준수할 것을 다짐한다.

1) 사회복지사의 기본적 윤리기준

사회복지사의 활동은 클라이언트와의 관계를 중심으로 업무가 진행되는 대인적 서비스가 핵심이다. 대인서비스는 어떠한 문제나 욕구도 일반화할 수 없으며, 정형화된 틀에 맞출 수 없다. 모든 상황은 사회복지사의 판단에 의해 진행된다는 점에서 상당한 심적 부담이 될 수 있다. 따라서 사회복지사가 가져야 되는 윤리와 가치는 매우 중요하다.

(1) 전문가로서의 윤리

사회복지사는 클라이언트의 욕구를 충족시키고, 지역사회의 문제를 해결하는 원조로서의 역할을 수행한다. 이 과정에서 사회복지사는 다양한 전문가, 집단, 조직 등과 협력적 관계를 형성하기도 한다. 사회복지사는 자신의 윤리와 가치를 중심으로 문제해결과정에서 사회정의, 평등, 클라이언트의 권리, 기관의 품위, 개인의 사명 등을 실현하는 전문가로서의 역할을 수행하여야 한다.

전문가로서의 윤리

1) 사회복지사는 전문가로서의 품위와 자질을 유지하고, 자신이 맡고 있는 업무에 대해 책임을 진다.
2) 사회복지사는 클라이언트의 종교 · 인종 · 성 · 연령 · 국적 · 결혼상태 · 성 취향 · 경제적 지위 · 정치적 신념 · 정신, 신체적 장애 · 기타 개인적 선호, 특징, 조건, 지위를 이유로 차별 대우를 하지 않는다.

3) 사회복지사는 전문가로서 성실하고 공정하게 업무를 수행하며, 이 과정에서 어떠한 부당한 압력에도 타협하지 않는다.
4) 사회복지사는 사회정의 실현과 클라이언트의 복지 증진에 헌신하며, 이를 위한 환경 조성을 국가와 사회에 요구해야 한다.
5) 사회복지사는 전문적 가치와 판단에 따라 업무를 수행함에 있어 기관 내외로부터 부당한 간섭이나 압력을 받지 않는다.
6) 사회복지사는 자신의 이익을 위해 사회복지 전문직의 가치와 권위를 훼손해서는 안 된다.
7) 사회복지사는 한국사회복지사협회 등 전문가단체 활동에 적극 참여하여, 사회정의 실현과 사회복지사의 권익 옹호를 위해 노력해야 한다.

(2) 전문성 개발

사회복지사의 가치를 실현하기 위하여 사회복지사는 자신의 역량을 강화하는 노력을 기울여야 한다. 사회복지사의 역량은 학습과 경험적 활동을 통하여 강화될 수 있다. 직접적으로 조직 내의 상사나 동료와의 대화, 학술대회와 토론회, 벤치마킹, 전문서적, 그리고 관련 도서 등을 통하여 전문성을 개발하여야 한다.

전문성 개발을 위한 노력

1) 사회복지사는 클라이언트에게 최상의 서비스를 제공하기 위해, 지식과 기술을 개발하는 데 최선을 다하며 이를 활용하고 전파할 책임이 있다.
2) 클라이언트를 대상으로 연구하는 사회복지사는 저들의 권리를 보장하기 위해 자발적이고 고지된 동의를 얻어야 한다.
3) 연구과정에서 얻은 정보는 비밀보장의 원칙에서 다루어져야 하고, 이 과정에서 클라이언트는 신체적, 정신적 불편이나 위험 · 위해 등으로부터 보호되어야 한다.
4) 사회복지사는 전문성을 개발하기 위해 노력하되, 이를 이유로 서비스의 제공을 소홀히 해서는 안 된다.
5) 사회복지사는 한국사회복지사협회 등이 실시하는 제반교육에 적극 참여하여야 한다.

(3) 경제적 관점

사회복지기관의 서비스는 현금이나 현물은 지급하기보다 현장에서 직접적으로 제공되는 경우가 많다. 이 경우 비용지불 등의 부담이 생길 수 있으며, 이러한 경우에 클라이언트의 상황에 맞게 합리적으로 서비스를 제공하는 것이 바람직하다. 특히 공공부조 수급권자가 아니지만 실제로 어려움을 겪는 사람들에게 제공되는 서비스는 효과가 높다.

경제적 이득에 대한 태도

1) 사회복지사는 클라이언트의 지불능력에 상관없이 서비스를 제공해야 하며, 이를 이유로 차별대우를 해서는 안 된다.
2) 사회복지사는 필요한 경우에 제공된 서비스에 대해, 공정하고 합리적으로 이용료를 책정해야 한다.
3) 사회복지사는 업무와 관련하여 정당하지 않은 방법으로 경제적 이득을 취하여서는 안 된다.

2) 사회복지사의 클라이언트에 대한 윤리기준

(1) 클라이언트와의 관계

사회복지사와 클라이언트는 상호신뢰가 전제되어야 클라이언트의 문제를 해결할 수 있는 과업을 진행할 수 있다. 초기단계의 라포(rapport) 형성은 문제해결을 위한 양자 간의 신뢰를 강조하는 것이다. 하지만 신뢰관계가 무제한의 감정이입을 의미하는 것은 아니다. 클라이언트의 주체성을 보장하면서 문제에 대한 객관적 입장을 가져야 한다. 클라이언트와 사회복지사의 관계는 문제해결을 위한 계약적 관계이며, 정해진 기간이 지나면 관계는 해체되어야 하기 때문이다.

클라이언트와의 관계

1) 사회복지사는 클라이언트의 권익옹호를 최우선의 가치로 삼고 행동한다.
2) 사회복지사는 클라이언트에 대하여 인간으로서의 존엄성을 존중해야 하며, 전문적 기술과 능력을 최대한 발휘한다.
3) 사회복지사는 클라이언트가 자기결정권을 최대한 행사할 수 있도록 도와야 하며, 저들의 이익을 최대한 대변해야 한다.
4) 사회복지사는 클라이언트의 사생활을 존중하고 보호하며, 직무 수행과정에서 얻은 정보에 대해 철저하게 비밀을 유지해야 한다.
5) 사회복지사는 클라이언트가 받는 서비스의 범위와 내용에 대해, 정확하고 충분한 정보를 제공함으로써 알 권리를 인정하고 존중해야 한다.
6) 사회복지사는 문서 · 사진 · 컴퓨터 파일 등의 형태로 된 클라이언트의 정보에 대해, 비밀보장의 한계 · 정보를 얻어야 하는 목적 및 활용에 대해 구체적으로 알려야 하며, 정보 공개 시에는 동의를 얻어야 한다.
7) 사회복지사는 개인적 이익을 위해 클라이언트와의 전문적 관계를 이용하여서는 안 된다.
8) 사회복지사는 어떠한 상황에서도 클라이언트와 부적절한 성적 관계를 가져서는 안 된다.
9) 사회복지사는 사회복지 증진을 위한 환경조성에 클라이언트를 동반자로 인정하고 함께 일해야 한다.
10) 사회복지사는 적법하고도 적절한 논의 없이 동료 혹은, 다른 기관의 클라이언트와 전문적 관계를 맺어서는 안 된다.
11) 사회복지사는 긴급한 사정으로 인해 동료의 클라이언트를 맡게 된 경우, 자신의 의뢰인처럼 관심을 갖고 서비스를 제공한다.

3) 사회복지사의 동료에 대한 윤리기준

동료 사회복지사는 업무 수행과정에서 도움을 주거나 받는 협력적 관계이다. 사회복지사의 업무가 클라이언트 개인과의 관계에서 진행되는 것은 아니다. 사회복지사는 각자의 역량에 따라 전문분야 혹은 수준에서 차이를 나타내고 있다. 동료 사회복지사의 지원은 업무를 매우 효과적으로 수행하게 하는 힘이다. 특히 상사와의 관계는 경험적 지식을 통하여 슈퍼비전을 제공받기 때문에 무엇보다 중요한 자원이다.

동료

1) 사회복지사는 존중과 신뢰로서 동료를 대하며, 전문가로서의 지위와 인격을 훼손하는 언행을 하지 않는다.
2) 사회복지사는 사회복지 전문직의 이익과 권익을 증진시키기 위해 동료와 협력해야 한다.
3) 사회복지사는 동료의 윤리적이고 전문적인 행위를 촉진시켜야 하며, 이에 반하는 경우에는 제반 법률규정이나 윤리기준에 따라 대처해야 한다.
4) 사회복지사가 전문적인 판단과 실천이 미흡하여 문제를 야기시켰을 때에는, 적절한 조치를 취하여 클라이언트의 이익을 보호해야 한다.
5) 사회복지사는 전문직 내 다른 구성원이 행한 비윤리적 행위에 대해, 제반 법률규정이나 윤리기준에 따라 조치를 취해야 한다.
6) 사회복지사는 동료 및 타 전문직 동료의 직무 가치와 내용을 인정 · 이해하며, 상호 간에 민주적인 직무관계를 이루도록 노력해야 한다.

슈퍼바이저

1) 슈퍼바이저는 개인적인 이익의 추구를 위해 자신의 지위를 이용해서는 안 된다.
2) 슈퍼바이저는 전문적 기준에 의해 공정하게 책임을 수행하며, 사회복지사 수련생 및 실습생에 대한 평가는 저들과 공유해야 한다.
3) 사회복지사는 슈퍼바이저의 전문적 지도와 조언을 존중해야 하며, 슈퍼바이저는 사회복지사의 전문적 업무 수행을 도와야 한다.
4) 슈퍼바이저는 사회복지사 · 수련생 및 실습생에 대해 인격적 · 성적으로 수치심을 주는 행위를 해서는 안 된다.

4) 사회에 대한 윤리기준

사회복지기관은 일반적으로 정부로부터 재정을 지원받고 있기 때문에 공공성을 가지고 있다. 물론 사회복지기관의 업무가 정부가 수행할 일을 위탁받아서 수행한다는 점은 분명하다. 사회복지기관의 업무는 개인이나 단체가 영리를 목적으로 수행할 수 없기 때문이다. 사회복지서비스가 시장에 의해서 공급된다면 사회복지서비스는 상품으로서의 지위를 부여받기 때문이다. 따라서 사회복지기관은 지역주민뿐만 아니라 지역사회에 대하여 책임과 의무를 가지고 있다.

사회에 대한 윤리기준

1) 사회복지사는 인권존중과 인간평등을 위해 헌신해야 하며, 사회적 약자를 옹호하고 대변하는 일을 주도해야 한다.
2) 사회복지사는 필요한 사회서비스를 개발하기 위한 사회정책의 수립 · 발전 · 입법 · 집행에 적극적으로 참여하고 지원해야 한다.
3) 사회복지사는 사회환경을 개선하고 사회정의를 증진시키기 위한 사회정책의 수립 · 발전 · 입법 · 집행을 요구하고 옹호해야 한다.
4) 사회복지사는 자신이 일하는 지역사회의 문제를 이해하고, 그것을 해결하는 일에 적극적으로 참여해야 한다.

사회복지사의 기관에 대한 윤리기준

1) 사회복지사는 기관의 정책과 사업 목표의 달성, 서비스의 효율성과 효과성의 증진을 위해 노력함으로써, 클라이언트에게 이익이 되도록 해야 한다.
2) 사회복지사는 기관의 부당한 정책이나 요구에 대하여, 전문직의 가치와 지식을 근거로 이에 대응하고 즉시 사회복지윤리위원회에 보고해야 한다.
3) 사회복지사는 소속기관 활동에 적극 참여함으로써, 기관의 성장발전을 위해 노력해야 한다.

사회복지윤리위원회의 구성과 운영

1) 한국사회복지사협회는 사회복지윤리위원회를 구성하여, 사회복지윤리실천의 질적인 향상을 도모하여야 한다.
2) 사회복지윤리위원회는 윤리강령을 위배하거나 침해하는 행위를 접수받아 공식적인 절차를 통해 대처하여야 한다.
3) 사회복지사는 한국사회복지사협회의 윤리적 권고와 결정을 존중하여야 한다.

2. 사회복지의 윤리와 가치

사회복지의 윤리와 가치를 살펴봄에 있어서 본 교재에서는 사회복지사의 존재이유, 그리고 사회복지사가 일하게 되는(혹은 잠시 실습을 하더라도) 조직의 존재이유에 대해서 생각해 보는 방식으로 접근하고자 한다. 왜냐하면 사회복지사 선서나 윤리강령과 같이 잘 정리된 윤리가치적 기준이나 지향점은 이미 제시되어 있음에도 불구하고 사회복지사 개인의 윤리가치적 기준이나 지향점과 조직의 윤리가치적 기준이나 지향점의 유사성 혹은 연결성이 부족한 경우 별개의 미사여구에 불과하기 때문이다.

예를 들면, 조직은 시설의 과업을 폭넓게 보고 지역사회의 어떠한 문제든 다뤄야 한다고 생각하고 있는 반면, 개인은 우리 시설에서 왜 그런 일을 하냐는 불만을 갖게 된다면 시설운영의 제반과정에서 갈등과 불협화음이 그치지 않게 되고 이는 직원의 고충이나 사직 등으로 이어지면서 결국은 서비스를 받는 당사자들에게 피해를 고스란히 전하게 되는 결과로 이어지는 경우가 있을 수 있다.

이렇듯 개인-조직-복지계가 서로를 인정하고 상호 연결되는 윤리가치여야 실천력이 있고 복지현장의 살아 있는 윤리가치 체계가 될 수 있다. 물론 각 개인의 독립성과 개성은 당연히 존중되겠지만 그러한 개인의 다름에 대한 차원이 아니라 가장 근원적이라 할 수 있는 윤리적 가치에 대한 내용을 의미하며 이조차 상이하다면 현장에서 일어나는 각종 상황에서의 판단과 대응은 자칫 비윤리적이거나 사회적으로 비판의 대상이 될 수 있을 것이다. 이에 사회복지기관시설의 존재의 이유, 즉 '미션체계'와 사회복지사 개인의 존재의 이유, 즉 '사명선언문'의 개념을 이해하면서 개인과 조직이 지향해야 할 윤리와 가치가 어떻게 정립되고 관계되는지 살펴보고자 한다.

1) 사회복지시설 미션체계의 의미

폴 부르제(Paul bourget)는 "생각대로 살지 않으면 사는 대로 생각하게 된다"고 하였다. 우리는 앞으로 실천 현장에서 실습으로서 경험하게 되고 나중에는 실제로 현장 사회복지실천가로서 활동하게 될 때, 사회복지 윤리와 가치가 개인적으로, 전문가로서, 그리고 (신앙이 있는 분이라면) 영성적으로 어떤 윤리가치 체계를 갖추고 있느냐는 매우 중요한 부분이며, 이 부분은 사회복지현장의 제반활동에 있어서 가장 근본적이면서도 강력한 영향을 미치게 되는 부분이라 할 수 있다.

사회복지 전공학생으로서 봉사활동이나 실습을 통하여 여러 유형의 사회복지 시설기관들을 접했을 때 그 시설이 어떤 미션과 비전을 가지고 있는지 한번 본 적이 있는가? 혹은 내가 봉사나 실습을 나가기 전에, 또는 취업을 희망하는 사회복지시설을 찾고 있을 때 그 시설은 어떤 미션을 가지고 있는지, 어떤 비전을 가지고 있는지를 중요한 판단의 기준으로 놓고 살펴본 적이 있는가?

취업뿐만 아니라 실습기관을 선택할 때도 어떤 미션을 가지고 있고 어떤 비전을 가지고 있는 기관인지를 중요시하며 살펴보는 건 매우 중요하다. 그저 홈페이지나 주위에서 들은 소소한 시설 분위기나 소문, 아니면 기본적이고 개략적인 내용으로만 보게 되면, 즉 어떤 사업을 하더라던지, 어떻게 조직이 구성된 건지, 위치나 시설 분위기 등 그런 외형적인 것을 보게 된다면 그 시설의 핵심적인 부분을 놓치는 것이다. 사람으로 치면, 외모만 보고 사람됨을 보지 않는 것에 비유될 수도 있겠다.

그 시설이 무슨 사업을 누구를 대상으로 하고 있느냐보다 더 핵심적인 것은, 그 사업을 함에 있어서 어떤 가치와 철학을 가지고 어떻게 하고 있는지, 어떤 방향성을 가지고 어떤 비전을 가지고 하고 있는 시설인지 등을 살필 수 있어야 한다. 그래야 실습이나 또는 실제 실천가가 됐을 때 내가 사회복지사로 활동함에 있어서 도움이 되는 경험을 얻게 될 것이고 이는 매우 중요한 영향을 미치게 될 것이기 때문이다. 무슨 사업을 하고 어떤 분위기나 조직구성이 되어 있는 것보다는, 어떤 가치철학과 지향점을 가지고 모든 일과 결정을 하는 시설인지가 훨씬 나의 활동무대로서의 적합성 판단에 가장 많은 영향을 끼친다는 의미이다.

2) 사회복지시설의 미션과 비전

(1) 미션

미션과 비전은 시설의 존재와 활동 목표를 제시하는 핵심 가치이다. 미션은 한마디로 '존재의 이유'이다. 그래서 최종적으로 도달하고자 하는 곳, 그 미션을 이루기 위해서 그 기관이 명시한 최종점을 가리키는 것이다. 개인으로 치자면 그 개인이 가지고 있는 인생의 '꿈'이라고 얘기할 수도 있다. 이해를 돕기 위해 몇 개의 대표적인 기업의 미션을 한번 살펴보자.

맥도날드	사람들에게 맛있는 기분 좋은 순간을 쉽게 만들어 준다
당근마켓	따뜻하고 활발한 교류가 있는 지역사회 만들기
테슬라	지속가능한 에너지로의 세계적 전환을 가속화한다
마켓컬리	생산자와 소비자, 판매자까지 모두 행복하고 맛있는 삶을 사는 것
파타고니아	우리의 지구를 지키기 위해 사업을 한다
월마트	사람들의 돈을 아껴 줌으로써 더 나은 생활을 할 수 있도록 한다

이처럼 실제로 사회복지시설뿐만 아니라 세상의 모든 조직체들은 나름의 미션을 가지고 있다. 그렇다면 미션이 결론적으로는 하나의 문장으로 표현되고 있지만 그것이 가지고 있는 의미와 그 미션을 달성하기 위하여 실천하는 일련의 과정들, 그리고 그와 관련된 모든 표현이나 소통 등 모든 것들이 함축된 그야말로 가장 큰 의미를 가진 시설의 최종 목적지인 것이다. 이러한 의미를 이해한 상황에서 각 시설들에서 표방하고 있는 미션은 어떠한 것들인지 한번 유심히 살펴보기를 권한다. 그 미션과 연동되는 비전과 사업내용, 기관운영 등이 이뤄지고 있는지, 즉 정합성까지 갖춘 시설이라면 그 시설은 충분히 신뢰해도 될 만한 시설이라 할 수 있다.

예를 들면, 어느 복지관은 그 복지관이 위치한 지역을 '무장애 도시'로 만들겠다는 미션을 가지고 있다. 도시 곳곳에서 휠체어가 편히 다닐 수 있는 도로턱을 없애나가고, 각 상가의 가게들마다 휠체어의 진입이 용이한 경사로를 설치하는 등의 노력을 한다. 뿐만 아니라 복지관의 각 프로그램들에서도 장애에 대한 이해와 더불어 장애인들이 지역사회를 자유롭게 다닐 수 있는 여건을 마련하는 데 같이 관심을 갖자는 촉구도 하고 캠페인과 같은 운동을 펼치기도 한다. 이 외에도 수없이 많은 프로그램과 사회행동을 하겠지만 이 모든 활동에 있어 무장애 도시를 향한 미션을 품고 개별 프로그램들이 기획되고 실행되는 개념인 것이다.

그래서 이러한 시설의 미션은 사회복지사들에게도 깊이 각인되어 있고 그렇게 각인된 미션에 대한 의식은 지역사회나 사람들 모두에게서 그런 시선으로 보게 되는 태도를 갖게 한다. 이런 일련의 시선과 움직임들이 결국은 저상버스의 도입을 늘려 나가고 도시의 턱을 줄여 나가며 비로소 장애인들의 지역사회활동을 증가시키고 이는 궁극적으로 노인이나 환자, 아동 등과 같이 모든 이의 삶의 만족으로 이어지는 것이다.

그렇다면 이런 시설의 미션은 어떤 과정을 거쳐 마련되어야 할까? 당연히 그 시설구성원이 모두 참여하고 합의한 미션이어야 한다. 관리자급에서 일방적으로 내려 보내는 미션이라면 그 구성원들이 모두 합의하지 않았을 것이기에 그 미션에 부합하는 가치와 사업이 전개되리라 믿는 건 무리이다. 그래서 대부분의 사회복지 시설에서는 미션 수립과정에 전 직원의 참여를 필수로 하여 내부 워크숍 등 나름의 방식을 거쳐 합의된 미션을 도출하게 되는 것이다. 따라서 시설의 미션이 어떤 과정을 거쳐 마련되었는지도 중요한 판단의 기준이 될 수도 있는 것이다.

(2) 비전

그렇다면 비전은 무엇일까? 미션과 어떻게 다를까? 다음 그림을 통해 쉽게 이해할 수 있다.

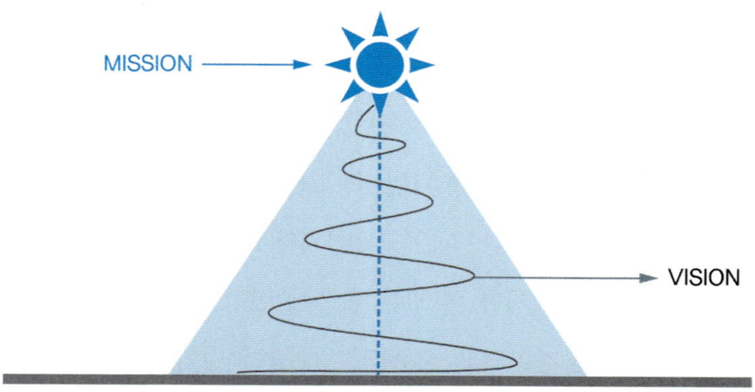

출처: 중앙인사위원회 'MISSION & VISION' - 일부 발췌 후 수정 보완하였음.

비전은 미션이라는 최종적인 목표점을 달성하기 위해서 단계적으로 나아가는 방향을 말한다. 보통 3년이나 5년 정도 주기로, 예를 들어서, '2020년부터 2025년까지는 중장기계획의 개념으로 *** 비전을 가지고 우리 조직이 살아가겠다. 그 다음에는 기존 비전을 어느 정도 달성하고, 2025년부터 2030년까지는 다음의 비전을 재설정하여 미션을 향해 더욱더 나아가자'라는 개념이다. 즉, 그렇게 비전들을 일정주기 단위로 설정하면서 결국 최종적으로 미션을 향해 나아가는 것이다.

다시 말하면, 우리 시설의 미션을 이루기 위한 과정상의 주기적 목표라는 개념으로 보면 되겠다. 따라서 우리 시설이나 실습기관의 미션은 무엇이며 현재 시점에서의 비전은 무엇인지를 살펴보는 의미는 그 시설이 어떤 존재의 이유를 토대로 어떤 목표점을 가지고 운영되고 있는지를 이해하는 것이고, 그것을 이루기 위하여 현재 시점에서는 어떤 비전을 가지고 운영되고 있는지를 이해하는 의미이다.

앞에서 가정해 본 예를 토대로 비전을 설정한다면 앞으로 3년간은 주민들의 장애에 대한 인식을 개선하는 사업에 역점을 두자는 비전을 둘 수 있고, 어느 정도 인식이 전환되었다면 그 다음 3년간은 지역의 물리적 시설물의 개선을 위해 집중 노력을 하자는 식의 비전이 설정될 수 있을 것이다. 이런 미션과 비전 체계에 대한 이해를 모든 종사자들이 함께 인식하고 노력해야지만 달성될 가능성이 높아질 것이고, 부가적인 성과도 기대해 볼 수 있다. 만약 이러한 비전에 대한 이해 없이 사회복지사들이 각자의 일반적인 생각으로 사업을 진행한다면 미션과 비전은 결국 구호에 그치는 실패의 경험을 하게 되는 것이다.

(3) 미션과 비전의 관계

미션과 비전 체계의 연관성은 인과적이며 결과적이다. 주지하고 있듯이 사회복지 조직은 결국 기계가 아닌 사람이 직접 하는 일이다. 사람이 사람에 대하여 또는 그 사람이 살고 있는 지역사회에 대한 과업들을 가지고 있다. 따라서 그 시설에 속해 있는 사회복지사를 포함한 모든 구성원들이 그들이 속한 시설의 미션과 비전을 정확하게 이해하고 있지 못하거나 아예 미션과 비전 자체가 설정되어 있지 않거나 혹은 미션과 비전 체계가 설정되어 있으나 종사자들이 동의하고 있지 않는 등 미션 체계에 대해서 공유하고 있는 바가 부족하면 결국 개인과 각자의 생각대로 가게 되고 조직은 목적한 바를 이루기 어렵게 된다. 반면 구성원 모두가 공유하고 있고 공감하고 있어 각자의 과업과 방식으로 일을 하고 있지만 그 내면에는 궁극적으로 한 방향으로 가고 있다면 그 조직은 목적한 바를 쉽고 빠르고 의미있게 달성해 나갈 것이고, 구성원 개인도 본인의 과업달성도에 다한 성취감이 높을 것이다.

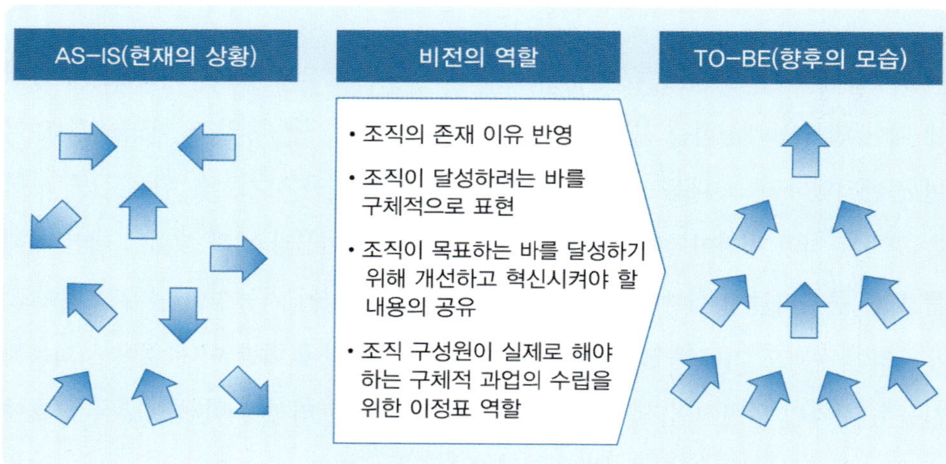

상기 표에서 보듯 미션 비전 체계가 종사자들의 합의와 이해를 바탕으로 효과적으로 작동하게 되면 종사자들이 각기 다른 방향으로 애쓰는 것이 아니라 동일한 방향으로 함께 애쓰고 노력하는 것이 큰 그림이 된다. 훨씬 더 효율적이기도 하고, 서로서로 지지하고 협업도 원활할 것이며, 구성원뿐만 아니라 이것을 곁에

서 지켜보고 협력하고 있는 봉사자나 후원자 그리고 지방자치단체나 지역사회, 심지어 클라이언트까지도 모두 같은 방향의 모습으로 참여하고 협력하게 될 수도 있다. 결국 미션 비전 체계의 설정과 구성원들의 동의와 공감은 사회복지실천에 있어 주변인과 대상자 모두에게 긍정적인 영향을 줄 수 있는 가장 근본적인 것이고, 이것이 바로 사회복지시설에서 윤리적 바탕 위에서 지향하는 가치와 철학이라고 할 수 있다.

이러한 미션 비전하에서 보다 구체화하기 위해 하위방향으로 목표, 전략, 행동규범 등을 필요한 만큼 세밀하게 정함으로써 세부적인 것부터 가장 큰 미션까지 그 시설의 전략지도가 완성되고 한 시설의 운영과 사업, 다양한 활동과 지역사회 관계가 실천되는 것이다.

미션 비전 체계를 정리한 '전략지도' 예시

[달성군노인복지관의 미션 및 비전 개발]

출처: 달성군노인복지관 중장기발전을 위한 성과관리체계 구축 연구보고서(2015).

3) 사회복지사의 윤리와 가치

실습을 앞두고 실습기관이 어떤 미션을 가지고 있는지 살펴본 후에는 이런 생각을 하게 된다. "이 시설의 미션과 비전이 내가 가지고 있는 가치철학과 어느 정도 부합하는가?" 나의 생각과 가치와 어느 정도 연결성이 있어야 그 시설의 미션과 비전을 이해하며 같은 방향으로 갈 수 있기 때문이다. 이것이 부합하지 않는다면 여러 가지 갈등을 초래할 수 있기에 이 부분에 대한 체크가 매우 중요하다는 것이다.

다시 말하면, 기관의 미션·비전을 알아보는 것 못지않게 '나', 우리 자신의 미션·비전 체계를 공고히 하는 것 역시 사회복지사 소명의식의 핵심적인 영역 중의 하나라고 할 수 있다. 사회복지사 개인으로서의 윤리적 가치와 철학 역시 한 개의 문장으로 직접 표현함으로써 보다 구체화할 수 있다.

모든 개인이 각자의 가치와 철학을 가지고 있지만 그것을 글로 적는다는 것은 결코 쉬운 일이 아니다. 짧은 문장으로 나의 모든 생각을 담아내야 하고, 그렇게 살아가야 하는 것이므로 한두 시간의 작업으로 표현될 수 있는 성격이 아닌 것이다. 어떤 이는 6개월 이상 걸려서 수정과 수정을 거듭하여 정말 그 문장만 봐도 어떤 사회복지사를 지칭하는지 느껴질 수 있을 정도의 완성도가 높은 문장을 만들어 내기도 한다. 그 문장을 다음과 같은 '사명선언문'이라는 간단한 양식으로 소개한다.

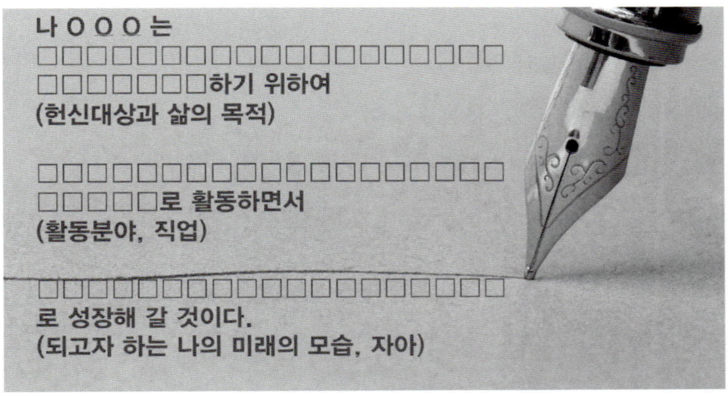

하나의 예로서, 필자의 사명선언문을 한번 제시해 보고자 한다.

나, 김진의는
내가 속한 가톨릭사회복지가
종사자의 행복을 바탕으로
세상의 평화에 기여할 수 있도록
사회복지사, 관리자, 신자로서의 역량과 열정을 끊임없이 확장시켜
우리 조직과 사회복지계의 변화와 혁신을 주도한 인물로 기억되도록 성장해 나갈 것이다.

대구가톨릭사회복지회 사회복지사 김진의

개인적으로 이 사명선언문을 완성하는 데도 역시 수개월이 걸렸다. 조사까지 하나하나 바꾸게 되고, 현장에서 살아가면서 그 의미를 수시로 깊이 성찰하였고 상황상황마다 적용을 고민하면서 수정과 첨삭을 거듭하다 보니 그렇게 시간이 걸린 것이다.

문구마다 각각의 의미가 있다. '종사자의 행복을 바탕으로'라는 문구를 넣은 이유는 사회복지현장에서 지나치게 과부하되는 노동조건을 개선하며 살아가야겠다는 의미를 담았다. 그리고 현재 속한 가톨릭사회복지조직에서 근무함에 있어 관리자와 신자로서의 역량도 지속적으로 높여야 한다고도 보았다. 또한 현장전문가의 자질을 두 단어로 요약하자면 '역량'과 '열정'이라고 생각했고(실제 현장에서는 역량은 좋은데 열정이 부족한 사람도 있고, 열정만 있고 역량이 부족한 사람도 있어 늘 아쉬움이 있는 것도 사실이다), 나이가 듦에 따라 성장을 멈추지 않기 위해서 '끊임없이 확장시켜'라는 문구를 넣었다. 훗날 내가 퇴직할 때 어떻게 후배들에게 기억되기를 바라는지 고민해 본 결과 '변화와 혁신', '주도'라는 단어를 넣게 되었다.

앞에서 기술했듯 개인의 사회복지에 대한 가치철학, 즉 사명선언문의 내용과 시설의 미션 비전 체계가 상호 공감대를 이룰 수 있어야 한다. 즉, 사회복지사가 생각하는 사회복지현장의 모습과 조직이 구성원이 희망하는 활동모습과 일치하지 않으면(최소한 동의하지 않으면) 그 실천들이 제대로 이뤄질 리가 없고 개인의 직무만족도도 현저히 떨어질 것이며 결국 잦은 이직이 발생하거나 지역사회로부터 인정받지 못하는 조직, 제대로 서비스를 제공하지 못하는 조직이라는 결과로 이어진다.

상호 공감대가 되지 못할 경우 생기는 문제의 구체적인 예를 들어보면, 만약 사회복지사가 속한 조직이 직원교육에 재정이나 시간을 투자하기를 꺼려 하고 단순히 주어진 과업만 성실히 수행하는 것까지만 기대한다면 개인과 조직의 가치철학이 서로 맞지 않는 것이다. 조직의 성공을 위해 개인의 희생만을 강요하거나 변화와 혁신을 두려워하는 조직이라면 역시 개인과 맞지 않는 것이다.

반대로 사회복지사가 속한 조직이 직원교육에 대한 전담부서를 두고 지원하고 있으며 학업을 계속 하고자 하는 직원에 대해 시간적인 배려를 한다면, 그리고 직원의 워라벨과 복리후생을 위한 소통과 노력을 경주하고 있고 과감한 도전과 시도를 즐기는 조직이라면 사회복지사의 가치철학과 어울리는 조직인 것이다. 이 상반된 두 가지 상황에서 실습생은 어디에서 실습(근무)할 것인지 판단하는 문제가 얼마나 중요한지는 아무리 강조해도 지나치지 않다.

그래서 사회복지사를 준비하고 있거나 활동하고 있는 모든 사회복지사들에게 사명선언문을 한번 작성해 보길 권한다. 심지어 본인의 사명선언문을 외울 수 있다면 주위에서 '당신은 어떤 사회복지사입니까?', '당신이 생각하는 사회복지는 무엇입니까?', '당신의 꿈은 무엇입니까?'라는 유사한 질문에 바로 답할 수 있기도 할 것이다. 본인과 함께 일한 동료 몇 분의 사명선언문을 동의를 받아 참고로 제시한다.

예시) 5년차 미혼 여성 사회복지사의 사명선언문

나 ***는
모든 이들이 행복하게 살아갈 수 있도록 돕기 위하여
항상 겸손한 자세로 내가 만나는 사람들을 존중하는 사회복지사로 활동하면서
나를 만나는 모든 사람이 나로 인해 한 번은 웃을 수 있는 사람으로 성장해 갈 것이다.

예시) 10년차 기혼 남성 사회복지사의 사명선언문

나 ***는
소외된 이웃과 함께 행복한 삶을 살기 위하여
사람을 최우선으로 생각하는 가톨릭 정신을 담은 사회복지기관에서 활동하면서
대안을 제시할 수 있는 사회복지사로 성장해 갈 것이다.

예시) 15년차 기혼 여성 사회복지사의 사명선언문

나 ***는
사람이 중심이 되는 세상을 위해
낮은 섬김과 소통으로 사람 사이의 귀한 인연을 잇는
사회사업가로 성장해 갈 것이다.

덧붙여 좋은 사회복지사의 윤리와 가치, 철학을 가지기 위해 어떤 노력을 해야 할까? 개인마다 각기 다른 나름의 노력을 경주하겠지만, 공통적인 과정이라 할 수 있는 몇 가지를 제시해 본다.

첫째, 여러 사회문제나 사회복지 이슈에 자주 접근하고 고민해 보고 민감하게 분석한 후 대안을 제시하라고 권하고자 한다. 개인이나 시설의 문제에만 국한된 고민은 그 깊이나 범위가 한계가 있을 수밖에 없다. 다양하고 광범위한 문제에 대해 충분히 고민해 보고 다른 시설들은 어떤 방향을 갖는지 살펴본 후 비판적 성찰도 해보는 연습이 자신을 성장시킬 수 있을 것이다. 이런 연습들이 현장에서 실제로 겪는 여러 딜레마상황이나 갈등상황을 극복할 수 있는 에너지원이 될 수 있다.

둘째, 한 개인으로서 그리고 사회복지사로서 건강한 인성을 위한 독서나 학습, 활동들을 충분히 가질 필요가 있다. 통상 현장에서도 깊은 내공을 가진 사회복지사는 상당히 많은 비중이 독서량이 많고 사람들과의 교류를 즐기는 공통점이 있다. 머리로 설정하는 대안제시보다는 가슴으로 그려 보는 상대에 대한 존중과 기다림의 미학이 결국은 높은 평가를 받게 된다.

셋째, 끊임없이 자신의 직업, 사회복지사라는 직업에 대한 확신과 자신의 열정을 확인할 필요가 있다. 현장에는 짧은 기간 경험해 보고 현장을 떠나는 이들도 많다. 자원봉사, 실습 등을 통한 충분한 현장에 대한 이해를 갖추고 어떠한 사회복지의 이상을 꿈꾸는지가 명확히 설정된 이는 불편한 현장의 모습도 바꿔 내는 저력을 보이게 된다. 자신과 자신의 꿈에 대한 확신을 바탕으로 성실하고 힘차게 나아가는 동력을 가지려면 그 방향에 대한 확신이 있어야 하는 것이다.

사회복지사 선서

나는 모든 인간의 존엄성을 믿으며 사회정의의 이념을 바탕으로 하여 모든 사람들이 인간다운 생활을 누릴 수 있도록 여러 사회체계들과 다양한 수준에서 함께 일하며, 언제나 소외되고 고통받는 사람들의 편에 서서 나의 도움을 필요로 하는 사람들의 인권과 권익을 지키며, 사회의 부정부패와 불의를 거부하고 개인적인 이익보다는 공익을 앞세우며, 사회복지사 윤리강령을 준수하고 사회복지사로서 전문적 발전에 기여하여 도덕성과 책임성을 갖춘 공익 전문가로 일생을 바쳐 헌신하겠습니다.

나는 이 모든 것을 나의 자유의지로, 나의 명예를 걸고 엄숙하게 선서합니다.

[붙임1]

사회복지사 윤리강령

● 윤리강령 제정연혁

1973. 2.	윤리강령 초안제정 결의
1982. 1. 15.	사회복지사 윤리강령 제정
1988. 3. 26.	제1차 사회복지사 윤리강령 개정
1992. 10. 22.	제2차 사회복지사 윤리강령 개정
2001. 12. 15.	제3차 사회복지사 윤리강령 개정
2021. 07. 05.	제4차 사회복지사 윤리강령 개정

● 전문

사회복지사는 인본주의 · 평등주의 사상에 기초하여, 모든 인간의 존엄성과 가치를 존중하고 천부의 자유권과 생존권의 보장 활동에 헌신한다.

특히 사회적 · 경제적 약자들의 편에 서서 사회정의와 평등. 자유와 민주주의 가치를 실현하는 데 앞장선다. 또한, 도움을 필요로 하는 사람들의 사회적 지위나 기능을 향상시키기 위해 저들과 함께 일하며, 사회제도 개선과 관련된 제반 활동에 주도적으로 참여한다. 사회복지사는 개인의 주체성과 자기 결정권을 보장하는 데 최선을 다하고, 어떠한 여건에서도 개인이 부당하게 희생되는 일이 없도록 한다.

이러한 사명을 실천하기 위하여 전문적 지식과 기술을 개발하고, 사회적 가치를 실현하는 전문가로서의 능력과 품위를 유지하기 위해 노력한다. 이에 우리는 클라이언트 · 동료 · 기관 그리고, 지역사회 및 전체사회와 관련된 사회복지사의 행위와 활동을 판단 · 평가하며 인도하는 윤리기준을 다음과 같이 선언하고 이를 준수할 것을 다짐한다.

● 윤리기준

Ⅰ. 사회복지사의 기본적 윤리기준

1. 전문가로서의 자세

1) 사회복지사는 전문가로서의 품위와 자질을 유지하고, 자신이 맡고 있는 업무에 대해 책임을 진다.
2) 사회복지사는 클라이언트의 종교 · 인성 · 성 · 연령 · 국적 · 결혼상태 · 성적 지향 · 경제적 지위 · 정치적 신념 · 정신, 신체적 장애 · 기타 개인적 선호, 특징, 조건, 지위를 이유로 차별 대우를 하지 않는다.
3) 사회복지사는 전문가로서 성실하고 공정하게 업무를 수행하며, 이 과정에서 어떠한 부당한 압력에도 타협하지 않는다.
4) 사회복지사는 사회정의 실현과 클라이언트의 복지증진에 헌신하며, 이를 위한 환경 조성을 국가와 사회에 요구해야 한다.
5) 사회복지사는 전문적 가치와 판단에 따라 업무를 수행함에 있어, 기관 내외로부터 부당한 압력에도 타협하지 않는다.
6) 사회복지사는 자신의 이익을 위해 사회복지 전문직의 가치와 권위를 훼손해서는 안 된다.
7) 사회복지사는 한국사회복지사협회 등 전문가단체 활동에 적극 참여하여, 사회정의 실현과 사회복지사의 권익 옹호를 위해 노력해야 한다.

2. 전문성 개발을 위한 노력

1) 사회복지사는 클라이언트에게 최상의 서비스를 제공하기 위해, 지식과 기술을 개발하는 데 최선을 다하며 이를 활용하고 전파할 책임이 있다.
2) 클라이언트를 대상으로 연구하는 사회복지사는 저들의 권리를 보장하기 위해, 자발적이고 고지된 동의를 얻어야 한다.
3) 연구 과정에서 얻은 정보는 비밀보장 원칙에서 다루어져야 하고, 이 과정

에서 클라이언트는 신체적, 정신적 불편이나 위험·위해 등으로부터 보호되어야 한다.

4) 사회복지사는 전문성을 개발하기 위해 노력하되, 이를 이유로 서비스의 제공을 소홀히 해서는 안 된다.

5) 사회복지사는 한국사회복지사협회 등이 실시하는 제반 교육에 적극 참여하여야 한다.

3. 경제적 이득에 대한 태도

1) 사회복지사는 클라이언트의 지불 능력에 상관없이 서비스를 제공해야 하며, 이를 이유로 차별대우를 해서는 안 된다.

2) 사회복지사는 필요한 경우에 제공된 서비스에 대해, 공정하고 합리적으로 이용료를 책정해야 한다.

3) 사회복지사는 업무와 관련하여 정당하지 않은 방법으로 경제적 이득을 취하여서는 안 된다.

Ⅱ. 사회복지사의 클라이언트에 대한 윤리기준

1. 클라이언트와의 관계

1) 사회복지사는 클라이언트의 권익 옹호를 최우선의 가치로 삼고 행동한다.

2) 사회복지사는 클라이언트에 대하여 인간으로서의 존엄성을 존중해야 하며, 전문적 기술과 능력을 최대한 발휘한다.

3) 사회복지사는 클라이언트가 자기 결정권을 최대한 행사할 수 있도록 도와야 하며, 저들의 이익을 최대한 대변해야 한다.

4) 사회복지사는 클라이언트의 사생활을 존중하고 보호하며, 직무 수행과정에서 얻은 정보에 대해 철저하게 비밀을 유지해야 한다.

5) 사회복지사는 클라이언트가 받는 서비스의 범위와 내용에 대해, 정확하

고 충분한 정보를 제공함으로써 알 권리를 인정하고 존중해야 한다.

6) 사회복지사는 문서 · 사진 · 컴퓨터 파일 등의 형태로 된 클라이언트의 정보에 대해 비밀보장의 한계 · 정보를 얻어야 하는 목적 및 활용에 대해 구체적으로 알려야 하며, 정보 공개 시에는 동의를 얻어야 한다.
7) 사회복지사는 개인적 이익을 위해 클라이언트와의 전문적 관계를 이용해서는 안 된다.
8) 사회복지사는 어떠한 상황에서도 클라이언트와 부적절한 성적 관계를 가져서는 안 된다.
9) 사회복지사는 사회복지 증진을 위한 환경 조성에 클라이언트를 동반자로 인정하고 함께 일해야 한다.

2. 동료의 클라이언트와의 관계

1) 사회복지사는 적법하고도 적절한 논의 없이 동료 혹은, 다른 기관의 클라이언트와 전문적 관계를 맺어서는 안 된다.
2) 사회복지사는 긴급한 사정으로 인해 동료의 클라이언트를 맡게 된 경우, 자신의 의뢰인처럼 관심을 갖고 서비스를 제공한다.

Ⅲ. 사회복지사의 동료에 대한 윤리기준

1. 동료

1) 사회복지사는 존중과 신뢰로서 동료를 대하며, 전문가로서의 지위와 인격을 훼손하는 언행을 하지 않는다.
2) 사회복지사는 사회복지 전문직의 이익과 권익을 증진시키기 위해 동료와 협력해야 한다.
3) 사회복지사는 동료의 윤리적이고 전문적인 행위를 촉진시켜야 하며, 이에 반하는 경우에는 제반 법률규정이나 윤리기준에 따라 대처해야 한다.
4) 사회복지사가 전문적인 판단과 실천이 미흡하여 문제를 야기시켰을 때에

는, 적절한 조치를 취하여 클라이언트의 이익을 보호해야 한다.

5) 사회복지사는 전문직 내 다른 구성원이 행한 비윤리적 행위에 대해, 제반 법률규정이나 윤리기준에 따라 조치를 취해야 한다.

6) 사회복지사는 동료 및 타 전문직 동료의 직무 가치와 내용을 인정 · 이해하며, 상호 간에 민주적인 직무 관계를 이루도록 노력해야 한다.

2. 슈퍼바이저

1) 슈퍼바이저는 개인적인 이익의 추구를 위해 자신의 지위를 이용해서는 안 된다.

2) 슈퍼바이저는 전문적 기준에 의해 공정하게 책임을 수행하며, 사회복지사 · 수련생 및 실습생에 대한 평가는 저들과 공유해야 한다.

3) 사회복지사는 슈퍼바이저의 전문적 지도와 조언을 존중해야 하며, 슈퍼바이저는 사회복지사의 전문적 업무수행을 도와야 한다.

4) 슈퍼바이저는 사회복지사 · 수련생 및 실습생에 대해 인격적 · 성적으로 수치심을 주는 행위를 해서는 안 된다.

Ⅳ. 사회복지사의 사회에 대한 윤리기준

1) 사회복지사는 인권존중과 인간 평등을 위해 헌신해야 하며, 사회적 약자를 옹호하고 대변하는 일을 주도해야 한다.

2) 사회복지사는 필요한 사회 서비스 개발을 위한 사회정책의 수립 · 발전 · 입법 · 집행에 적극적으로 참여하고 지원해야 한다.

3) 사회복지사는 사회환경을 개선하고 사회정의를 증진시키기 위한 사회정책의 수립 · 발전 · 입법 · 집행을 요구하고 옹호해야 한다.

4) 사회복지사는 자신이 일하는 지역사회의 문제를 이해하고, 그것을 해결하는 일에 적극적으로 참여해야 한다.

Ⅴ. 사회복지사의 기관에 대한 윤리기준

1) 사회복지사는 기관의 정책과 사업 목표의 달성 · 서비스의 효율성과 효과성의 증진을 위해 노력함으로써, 클라이언트에게 이익이 되도록 해야 한다.
2) 사회복지사는 기관의 부당한 정책이나 요구에 대하여, 전문직의 가치와 지식을 근거로 이에 대응하고 즉시 사회복지윤리위원회에 보고해야 한다.
3) 사회복지사는 소속기관 활동에 적극 참여함으로써, 기관의 성장발전을 위해 노력해야 한다.

Ⅵ. 사회복지윤리위원회의 구성과 운영

1) 사회복지사협회는 사회복지윤리위원회를 구성하여, 사회복지윤리실천의 질적인 향상을 도모하여야 한다.
2) 사회복지윤리위원회는 윤리강령을 위배하거나 침해하는 행위를 접수받아, 공식적인 절차를 통해 대처하여야 한다.
3) 사회복지사는 한국사회복사협회의 윤리적 권고와 결정을 존중하여야 한다.

Chapter

06

사회복지사의 직무와 역할

Chapter 06

사회복지사의 직무와 역할

1. 사회복지사의 직무와 자질[1)]

사회복지사 윤리강령은 사회복지실천 모든 영역에 걸쳐 적용된다. 사회복지사가 클라이언트의 문제해결을 위해 도움을 제공하거나 일상생활에서 삶의 의지를 강화하기 위하여 지원하는 과정에서 지켜야 할 윤리는 중요하다. 최은정 등(2020: 27-32)은 윤리적 긴장 속에서도 사회복지사가 추구해야 할 가치로 클라이언트의 복지 추구, 참여와 자율성 존중, 비밀보장과 사생활 보호를 들고 있다. 이러한 윤리적 측면을 바탕으로 사회복지사가 맡게 되는 직무와 이에 필요한 자질을 살펴보고자 한다.

1) 김만호, 정일교(2022)을 참조하였음.

1) 사회복지사의 직무

사회복지사의 직무는 사정 및 재사정, 계획, 서비스 실행, 기록, 네트워킹, 그리고 평가의 단계로 구분할 수 있으며, 직무를 단계별로 구분하여 정리하면 다음과 같다(Bertsche & Horejsi, 1980: Frankle & Gelman, 2004: 33-35 재인용).

구분	직무
사정	서비스를 위한 자격요건을 사정하기 위해 클라이언트 그리고 그 가족과 초기 면접을 한다.
	클라이언트, 가족 그리고 다른 기관으로부터 적절하고 유용한 자료를 수집하고, 그 자료를 근거로 클라이언트와 가족에 대한 심리 · 사회적 사정을 한다.
계획	목표를 세우고 통합적 개입계획을 초안하기 위해 적절한 전문가, 프로그램 대표, 클라이언트, 가족 그리고 의미 있는 타자들이 논의하고 결정을 할 수 있도록 모임을 갖고 지도한다.
	계획에 앞서 모니터하고 목표의 방향과 조정내용을 유지하면서 행동체계 내에서는 정확한 정보가 흐를 수 있도록 관리한다.
재사정	서비스 전달과정에서 예기치 않게 발생한 문제를 신속히 확인하고 클라이언트를 대신하여 문제해결사로서 클라이언트와 가족을 보호한다.
서비스 실행	서비스 제공자와의 사이에서 발생하는 위기와 갈등상황에 있는 클라이언트와 가족을 돕기 위해 정보와 상담을 제공한다.
	클라이언트와 가족을 위해 지속적으로 정서적 지지를 제공하여 그들이 스스로 문제에 잘 대처할 뿐 아니라 전문적이고 복합적인 서비스도 활용할 수 있도록 돕는다.
기록	클라이언트 예후에 관한 필요한 기록을 남겨 관련된 모든 사람들의 계획도 지켜낼 수 있도록 한다.
네트워킹	클라이언트와 가족, 필요한 전문가, 프로그램 그리고 비공식적 자원 간의 연결자가 되어 모든 개입 계획을 포함하여 클라이언트가 선호하는 내용이 알려지고, 필요한 서비스가 확보되고 있다는 것을 알 수 있도록 돕는다.
	프로그램들 사이의 연결자가 되어 자연스럽게 정보가 흐르고 하부체계 간의 갈등을 최소화하기 위한 서비스를 제공한다.
	클라이언트를 위한 현재와 미래의 자원을 동원하기 위해 공식, 비공식자원과 신뢰관계를 형성하고 좋은 관계를 유지한다.
자원 관리	클라이언트와 서비스 전달체계의 효과성에 영향을 미치는 정책을 개발하고 수정하는 지위에 올라가기 위해 조직 내에서 좋은 관료로 효과적으로 업무를 수행한다.
	권위적 위치에 있는 사람들에 대한 존경과 지원을 확보하고 유지하여 그들의 영향이 클라이언트를 대신하여 조정 시 참여하는 다른 계획과 기관을 격려하며, 필요시 그들을 활용할 수 있도록 한다.

이러한 기본적 직무 외에 최근 사회복지현장에서는 소속 시설의 홍보(소식지, 홈페이지, SNS, 유튜브 채널 등), 문서 및 행정 관리업무, 시각화를 위한 다양한 편집 업무툴을 활용하는 업무(미리캔버스를 활용한 포스터, 사진과 영상 그리고 압축적인 문구를 활용한 영상제작, 역동적인 프레젠테이션 제작 등), 여러 시설 내외 동료들과의 온라인 소통을 위한 채널 생성과 관리업무(Zoom 등을 통한 화상회의, 카카오톡을 비롯한 그룹소통방, 메타버스 구축 및 활용을 통한 교육 등) 등의 직무기술의 요구가 증가하고 있는 추세이다.

2) 사회복지사의 자질

최근의 사회복지는 개인의 강점을 중심으로 내·외적 자원의 적극적 활용을 통하여 클라이언트의 문제를 효과적으로 해결하기 위한 노력을 강조한다. 사회복지사는 인테이크 단계에서부터 다양한 역할을 수행하게 된다. 일반적으로는 클라이언트의 욕구에 부합하는 서비스를 지속적이고 충분하게 지원할 수 있도록 조정하는 역할을 담당한다. 이렇듯 사회복지사는 클라이언트의 문제해결에 필요한 복합적인 서비스를 제공하는 역할을 수행하기 때문에 자질과 역량이 매우 중요하다.

(1) 바람직한 사회복지사의 자질

바람직한 사회복지사는 인격적인 소양, 가치, 대인관계, 인지기술 등이 뛰어난 사람이라고 할 수 있다. 인격적인 소양이 뛰어난 사람은 에너지와 의욕이 왕성한 사람, 자기 동기화 및 주도성을 가진 사람, 긍정적이며 낙천적인 사람, 창의적이며 혁신적인 사람, 분명하고 일관적인 사람, 자신감이 있는 사람이다. 사회복지사는 클라이언트에게 희망을 만들고 용기를 주는 전문가로서 수용적이고 융통성이 많아야 한다. 이러한 사회복지사의 자질은 클라이언트의 문제해결을 위한 프로그램과 서비스를 연결하는 데 효과적이며 클라이언트의 욕구를 사정하고 직접적 서비스를 제공하고, 문제해결의 장애물을 극복하는 데 효과적이다.

가치적인 측면에서 뛰어난 사람은 정직하고 신뢰할 수 있는 사람, 비심판적이며 수용적인 사람, 공정하고 공손한 사람, 헌신적이며 충성스러운 사람이다. 대인관계 기술이 뛰어난 사람은 민감하며 이해심이 많은 사람, 온정적이며 온화한 사람, 재미있고 말이 통하는 사람, 현상에 대하여 고른 균형감각을 유지하는 사람이다. 그리고 인지기술이 뛰어난 사람은 창의적이고 분석적이고 문제해결적인 사람, 조직적이고 체계적인 사람, 논리적이고 분명한 사람, 융통성이 있으나 일의 추진력이 분명한 사람이다.

최근에는 이렇게 다양한 측면에서 모델이 될 수 있는 사회복지사를 추천받아 사회복지사협회를 비롯한 각종 협회와 지역의 사회공헌재단 등에서 시상을 하는 등 우수한 자질을 갖춘 사회복지사를 격려하고 그 역량과 열정을 널리 알리는 사례 또한 늘어나고 있다.

DGB대구사회복지사상 시상 기사

DGB금융그룹은 지난 23일 경주코오롱호텔에서 개최된 '제33회 대구사회복지사 워크숍'에서 타인을 위해 헌신하고 지역복지 발전에 이바지한 사회복지사를 대상으로 '제5회 DGB대구사회복지사상'을 수여했다고 24일 밝혔다.

대구광역시사회복지사협회가 주관한 이번 행사는 '행동하는 새로운 시대로의 전환: 대구 사회복지의 현재와 미래'를 주제로 진행됐으며, 400여 명이 현장에 참석했다. 코로나 확산 방지 차원에서 실시간 온라인 생중계도 함께 진행했다.

이날 시상식에서는 어려운 상황 속에서도 묵묵히 자신의 소임을 다한 사회복지사들을 발굴 · 선발해 상금과 상장을 수여했다. 대상에는 대구중구자원봉사센터 윤보경 센터장과 본상, 청년상을 포함해 총 8명이 수상했다.

2018년부터 시작된 'DGB 대구사회복지사상'은 지역 소외계층을 위한 사회공헌활동과 사회복지사들의 권익 보호를 위한 DGB금융그룹의 대표 사회공헌사업이다.

김태오 회장은 "코로나 위기 속에서 가중된 업무에도 불구하고 타인을 위해 자신의 소임을 다하는 사회복지사분들이 자랑스럽다"면서 "지역 대표 기업으로서 지역을 위해 함께해 주는 사회복지사를 위한 다양한 사업을 지속해서 추진하겠다"고 말했다.

DGB금융그룹은 지역 사회복지사와의 동행을 강화하기 위해 '힐링여행 지원', '따뜻한 사회복지사상 제정', '청년 예비 사회복지사를 위한 프로그램 지원' 등 다양한 행사를 계획, 진행하고 있으며 이를 점차 확대해 나갈 예정이다.

출처: 양일국(2022. 06. 26.).

(2) 부적절한 사회복지사의 자질

반면에 사회복지사로 부적격한 사람은 자율성이 부족한 사람, 사회성이 부족한 사람, 대인관계능력이 부족한 사람, 보고서 작성능력이 미흡한 사람이라고 할 수 있다. 자율성이 부족한 사람은 계속적인 지도감독이 요구되는 경우, 의욕과 동기를 계속적으로 유지하기 어려운 경우, 주도력이 전혀 없는 경우, 판단력이 부족한 경우, 자신감이 결여된 경우, 많은 시간을 부정적이거나 염세적인 느낌을 갖는 경우, 소진이 빨리 오는 경우, 문제를 해결하려는 도전의식이 없는 경우에 자율성이 없는 사람으로 볼 수 있다.

사회성이 부족한 사람은 팀 내에서 일하는 것을 좋아하지 않는 경우, 사람들을 싫어하는 경우, 다양한 종류의 사람들과 편안한 관계를 형성하기 어려운 경우, 유머감각이 없는 경우, 다양한 종류의 사람들과 언어로 의사소통하기에 문제가 있는 경우, 남을 설득하는 데 문제가 있는 경우, 사소한 일에도 스트레스를 받는 경우, 솔직하지 못하거나 관대하지 못하는 경우에 대인관계능력이 없는 사람으로 볼 수 있다.

(3) 사회복지사의 자질 강화 방안

한편 잠재적 자원을 개발하여 연결하고, 클라이언트와 원활한 의사소통을 할 수 있는 사회복지사는 다음과 같은 자질을 가지고 있어야 한다.

① 다양한 역할을 익숙하게 소화하기

② 시간 관리와 효율적 문서작업을 위해 시간 조직화하기

③ 의사소통능력을 강화하기(클라이언트와 원조관계 형성, 지지와 격려, 의견 조율 등으로)

④ 다방면의 지식 쌓기(학습동아리를 구성하여 다양한 문제에 접근하는 방법모색)

⑤ 윤리적 의사결정하기(자기결정, 비밀보장, 상호존중 등)

⑥ 클라이언트와 객관적 관계 유지하기(과도한 밀착관계, 혹은 의존적 관계 배제)

⑦ 비판적이고 명확한 사고 기르기(전체적인 관점에서 문제를 조망하고 객관적으로 분석)

⑧ 훌륭한 사회복지사가 되기 위한 열망을 실현하기(유연성, 인내심, 자신감 배양)

이러한 자질을 갖춰 나가기 위해 실습생은 학교에서의 학업이나 전공동아리 등의 다양한 활동은 기본으로 하되 추가적으로 의도적인 노력을 덧붙일 필요가 있다. 현장에서는 상당히 다양화된 자질을 필요로 하고 있기 때문에 가급적 많은 사회복지사들과의 교류를 권하고 싶다. 자원봉사나 동아리 등으로 깊이 있는 교류도 의미 있을 것이고, SNS를 통해 다양한 스펙트럼의 사회복지사들과 교류하며 어떤 가치와 지식 그리고 기술의 무기를 가지고 있는지 살펴볼 수 있을 것이다. 이를 통해 내가 기본적인 소양부분에서 인간적인 바탕을 갖추고 다른 이들과 인격적 관계를 갖기 위해 노력해야 할 지점, 가치체계 부분에서 나의 가치체계를 보다 명확히 해야 할 지점, 사회복지관련 이슈에 대해 늘 모니터링하며 함께 대안을 제시해 보는 습관,

현장에서 즐겁게 발휘할 수 있는 기술력 쌓기 등의 발견과 동기부여의 기회를 갖기를 희망한다.

2. 사회복지사의 역할

1) 기본적 역할

과거에는 단순히 어려운 사람을 찾고 도와서 필요한 부분을 도와주면 되는 것이 사회복지라고 여겼던 적이 있다. 지금도 단순하게 보자면 도움이 필요한 개별 클라이언트에게 필요한 서비스를 제공하거나, 혹은 주민 전체를 대상으로 마을공동체 같은 것을 조직하는 수준, 사회복지정책의 대상으로서의 클라이언트를 보고 그 과정에서 사회복지사가 해야 되는 여러 가지 역할들을 수행하는 정도라고 요약해서 표현할 수는 있겠지만, 그에 수반되는 여러 가지 과업들이 상당히 많아졌고 그 각각의 과업들은 갈수록 세분화, 구체화, 성과로 나타낼 수 있는 증빙서류의 증가 등으로 사실상 과업의 폭증으로 이어지고 있다고 해도 과언이 아니다. 결국 이는 사회복지사로 하여금(실습과정도 마찬가지이다.) 행정요원으로 변하게 하였고 그에 따라 당연히 클라이언트나 봉사자, 후원자, 네트워크 관계자 등을 만나서 일하는 대면과업의 시간은 계속 줄어들고 있는 것이다. 이런 상황의 변화와 함께, 사회복지조직 및 사회복지종사자들이 그 변화에 대처하고 보다 설득력 있게 과업을 설명할 수 있는 근거를 남기면서 그 과정의 효율성과 효율성을 도모하기 위한 노력을 경주하고 있다. 사회복지사의 역할을 직접적 역할과 간접적 역할로 나누어 살펴보면 다음과 같다.

2) 사회복지사의 직접적인 역할

사회복지사가 클라이언트와 그 가족을 원조하기 위하여 직접적으로 서비스를 제공하는 역할을 말한다.

(1) 상담자

상담기능은 사례관리 전체 과정에서 가장 기본적으로 작용하는 기능으로, 클라이언트와 가족에게 공감과 정서적 지지를 제공하는 근간이 된다. 사회복지사는 신뢰관계를 바탕으로 클라이언트와 가족의 생활상 여러 문제로 발생한 심리 · 정서적 불안과 힘든 감정들을 공감하며, 클라이언트 스스로가 문제와 욕구를 객관적으로 인지하고, 자신의 삶에 대해 희망과 기대를 가질 수 있도록 지지하며 상담을 진행한다(박미은, 2020; 최은정 외 2020),

(2) 교육자

사회복지사는 클라이언트의 욕구충족에 필요한 지식과 기술을 직접 가르치는 교육자의 역할을 수행한다. 그 예로, 클라이언트로 하여금 자신에 대한 이해를 높이며, 감정을 통제하거나 사고방식을 바꾸고, 다양한 생활기술을 익히도록 구체적으로 교육한다. 효과적인 교육을 위해서 사회복지사는 클라이언트 수준에 맞는 정확한 정보제공과 함께 코칭(coaching), 모델링, 역할연습, 실제훈련과 같은 기법을 활용하기도 한다(박미은, 2020: 109).

(3) 위기관리자

클라이언트나 가족에게 위기상황이 발생하면 사회복지사는 위기관리자(crisis manager)로서 신속하고 정확하게 개입한다. 위기의 정도 및 심각성을 사정한 후 심리적인 안정을 위한 위기상담과 물리적인 원조를 제공하며, 필요시 전문기관으로 의뢰하거나 의료적 도움을 위해 신속한 조치를 취한다(박미은, 2020: 109).

(4) 지원자

클라이언트의 자기보호 능력이 조금씩 높아지기 시작하면 사회복지사는 지원자(supporter)의 역할을 수행한다. 클라이언트가 사회복지사의 도움으로 자신의 욕구 충족을 위한 자원에 접근할 수 있고, 자원을 찾아낼 수 있는 정도로 성장하면, 자기 보호와 자기 옹호가 가능한 수준에 도달할 수 있도록 개입해야 한다. 이때 지원자로서 사회복지사는 클라이언트가 이러한 주도적인 능력을 익혀 적극 실행하도록 지원한다(박미은, 2020: 109).

3) 사회복지사의 간접적인 역할

사회복지사가 자원연계와 지역사회활동을 강조하며, 클라이언트의 욕구를 해결하기 위하여 주변 환경체계의 변화와 관련 체계 간의 변화를 가져오고자 개입하는 활동을 말한다(강흥구, 2020: 109).

(1) 중개자

클라이언트의 욕구에 맞는 적절한 서비스를 제공해 줄 수 있는 기관과 자원을 선택하여 연결해 주는 것을 말한다(권진숙 외, 2013). 중개자(broker)로서 사회복지사는 클라이언트가 필요로 하는 자원을 제 사회기관으로부터 제공받지 못하거나 지식이나 능력이 부족하여 다른 유용한 자원을 활용하지 못할 경우에 클라이언트를 연결시키는 중개자의 역할을 수행한다(이채식 외, 2020).

(2) 연결자

적절한 기관이나 서비스가 선정되면 그 후에는 연결자(linker)의 역할이 필요하다. 이는 곧 의뢰자(referrer)의 역할인데, 보내는 기관과 받는 기관의 과업이 원만하게 이루어지도록 도와주는 것이다. 우선 받는 기관에서 동의가 이루어지면 서비스 제공에 필요한 정보, 즉 클라이언트의 욕구사정과 서비스 계획에 대한 정보를 전달한다(박미은, 2020: 111).

(3) 점검자

점검자(monitor)로서 사회복지사는 각종 서비스가 원래의 계획대로 잘 실행되고 있는지를 확인하고 변화나 수정해야 할 부분이 있는지 파악하는 역할을 한다. 이때 모니터링은 서비스의 질적 혹은 양적 측면의 적절성, 각종 급여의 적절성, 클라이언트나 가족의 만족도 등에 초점을 두어야 한다. 모니터링은 일회성보다는 정기적이고 단회성보다는 지속적으로 이루어져야 한다(최은정 외, 2020: 41).

(4) 조정자

조정자로서 사회복지사는 클라이언트의 문제와 원조자들로부터 도움이 필요한 욕구를 사정하고, 원조를 수행하는 과정에서 클라이언트의 욕구와 자원과의 관계, 클라이언트와 원조자들 간의 관계에서 필요한 조정과 타협의 책임이 있다. 사회복지사는 계획을 수립하고 클라이언트가 원조자들과 효과적인 접촉을 할 수 있도록 돕는다. 필요하다면, 사회복지사는 갈등을 감소시키고 지지망의 효과성을 증진시키기 위해서 원조자들과 의사소통을 한다(이채식 외, 2020: 55).

(5) 옹호자

옹호기능은 사회적 약자들의 정당한 권리를 보장하기 위하여 그들의 권리가 침

해당하거나 충분한 보장이 이루어지지 않을 때 클라이언트를 대신하여 권리를 대변하거나 주장하는 역할이다. 특히 클라이언트와 가족의 권리에 대한 인권침해나 불평등에 맞서서 이들의 권익을 대변하고 옹호하는 것이다(최은정 외, 2020: 40). 옹호자로서 사회복지사는 클라이언트가 적절한 서비스를 제공받지 못하거나 부당한 처우를 받을 때 이루어진다(강흥구, 2020: 111). 권리옹호는 사회복지사가 기관의 결정자보다는 약자의 입장에 있는 클라이언트의 욕구를 그 기관에 대해 대행하는 역할을 수행하는 것을 말한다. 권리옹호 전략의 목표는 클라이언트의 원조를 거부하는 기관과 대결하여 협상하고 클라이언트를 원조할 수 있는 동기를 가지게 하는 것이다(이채식 외, 2020: 57).

3. 현장에서의 사회복지사 평가

사회복지현장에서 사회복지사들의 업무 및 역량을 주기적으로 평가하고 있다. 사회복지현장의 직원 평가를 살펴봄으로써 어떠한 평가시스템을 가지고 있는지도 볼 수 있고 각 평가요소들을 보면서 사회복지사가 갖추어야 될 가치, 자질, 역량, 역할 등을 정리해 볼 수 있다. 또한 이러한 평가기준들이 실제로 일상적인 각각의 슈퍼비전의 근간이 된다는 점에서도 참고될 수 있다. 모든 시설에서의 직원평가가 공통적인 기준으로 하고 있지는 않겠지만 전반적인 경향들은 비슷할 것이라는 전제하에 필자가 근무하고 있는 조직의 평가기준을 토대로 전체적인 틀과 사회복지사의 기대역할에 대한 공유차원에서 나누고자 한다.

1) 직원평가의 규정화

사회복지시설(혹은 법인차원에서)들은 직원평가에 대한 나름의 기준을 규정화하고 있고 이를 통해 주관적이거나 수시로 바뀌는 평가기준이 적용되지 않도록 노력하고 있다. 즉, 사회복지시설도 직원으로 구성된 조직체이므로 정형화된 인사관리 시스템을 가지고 있고, 공정한 인사와 승진 등을 위해서는 정해진 기준이 있어야 하기에 규정이라는 형식으로 직원평가에 대한 기준을 가지고 있는 것이다. 이는 모든 구성원이 직원평가시스템에 대해 공유하고 있고 인지하고 있음을 의미하는 것이며, 간혹 개인적으로 관심이나 노력이 부족하여 충분히 인지하고 있지 못한 경우도 있다. 실습생도 마찬가지이다. 실습평가에 대한 평가기준표가 이미 실습지침에 다 나와 있고 실습기관 측에서도 그에 따라 실습생을 평가하게 될 것이므로 피평가자인 실습생이 본인이 어떤 기준에 의해 평가받게 되는지에 대해서도 사전학습이 필요함은 당연할 것이다. (제10장 실습 종결 및 평가 참조)

2) 평가의 구조

사회복지법인은 통상적으로 여러 개의 사회복지시설을 운영하고 있다. A시설에도 사회복지사가 여러 명 근무 중이고, B시설에도 마찬가지이다. 따라서 1차적으로는 각각의 시설에서 각각의 직원에 대한 평가를 할 수밖에 없다. 한 공간에서 같은 목표 아래 과업을 수행하면서 상위자나 동료가 평가하는 내용이 가장 객관적이라고 볼 수 있기 때문이다. 이렇게 각각의 시설에서 동일한 기준으로 평가된 결과를 법인에서 펼쳐 보면 직급별, 직책별 전체 리스트와 평가결과를 수합하게 된다. 그러면 다른 시설에서 근무하고 있지만 입사동기인 사회복지사의 평가결과는 각각 다르게 나타나게 될 것이다. 이 결과를 수합하여 2차적으로 법인에서 동일한 직급별 상대평가를 통해 불공정을 최소화하는 과정을 거치고, 3차적으로 최종적인 인사위원회에서 모든 자료를 감안하여 차기 승진자를 결정하거나 각자의 장단점에 맞는 시설로의 인사이동 등의 인사결과가 도출되는 구조이다.

직원근무평정은 매년 1회씩 이뤄진다. 직원평가의 주기가 대부분 1년 단위로 축적해 간다는 의미이다. 단순히 추상적인 인상이나 관계, 특정 기간의 남다른 활약 등이 인사에 절대적 영향을 미쳐서는 안되기 때문이다. 물론 가장 최근년도의 근무평정결과가 가장 많은 비중을 차지할 수는 있겠지만 과년도의 공과(功過)가 무시되어서도 안되는 것이다. 이러한 매년의 근무평정 결과를 중심으로 여러 인사자료들을 승진이나 인사이동 등의 인사정책에 접목해서 인사결과를 도출해 낸다고 보면 된다.

3) 평가의 내용

평가의 내용을 주관적인 기준으로 구분해 보자면 담당업무에 대한 성과나 실적, 끊임없이 성장하기 위한 자기만의 성장노력, 그리고 직무를 수행하는 능력으로 구분해 볼 수 있겠다.

첫 번째, 성과나 실적부분은 본인이 속하는 시설에서 본인이 맡은 과업, 즉 업무분장에 의한 본인의 과업에 있어서 어느 정도 추진을 했고 성과를 냈는지를 정리하고, 상위자에게 평가를 받는 부분이다. 목표를 높게 잡아 달성률이 낮게 나오는 경우도 있고, 목표를 낮게 잡아 달성률이 높게 나오는 경우도 있겠지만 이 모든 것이 감안되어 평가될 수 있기에 한 사회복지사가 해당 과업에서 성취하는 과업의 달성도는 수치적으로 혹은 체감되는 변화도로 충분히 반영될 수 있을 것이다. 방식은 매년 초에 당해연도 성과계획서를 제출하고 차년도 초에 성과결과서를 비교하여 자신이 스스로 평가하되 직속상위자(팀장 등)와 협력해서 계획서도 수립하고 결과서도 평가하는 방식이다. 본인의 주관보다는 상위자와의 협력을 통한 슈퍼비전이 주된 기대효과이기도 하다.

두 번째, 자기자신의 성장노력이다. 실제 현장에 와 보면 학교에서 배운 내용이나 실습 및 봉사를 통해 취득한 경험 외에도 본인에게 요구되는 또 다른 역량이 상당히 많음을 누구나 느낀다. 이는 끊임없는 자기의 성장노력이 수반되어야 함을 의미하게 되고, 실제로 20~30년의 경력을 가진 분들도 여러 가지 방식으로 자신의 성장노력을 하는 분들이 진정 존경받고 인정받는 선배 사회복지사가 되는 경우로 이어진다. 반드시 본인이 맡은 과업과 상관이 있을 필요는 없더라도 어떤 방식으로나 지속적으로 역량을 높이기 위해 스스로 노력을 어느 정도 했고 어느 정도 이르렀느냐에 대한 자신과 동료의 평가가 이 부분이라 볼 수 있다. 마찬가지로 방식은 매년 초에 당해연도 자기성장 계획서를 제출하고 차년도 초에 자기성장 결과서를 비교하여 자신이 평가하되 역시 직속상위자(팀장 등)와 협력해서 계획과 결과를 도출한다. 본인이 생각하는 자기성장 영역과 상위자가 추천하는 영역과의 충분한 비교검토를 통해 가장 시의적절한 자기성장 노력이 연중 이어질 수 있도록 하기 위함이기도 하고, 상위자가 늘 사회복지사의 주된 자기성장 영역을 지지하고 연중 의사소통이 이뤄질 수 있도록 돕기 위함이다.

마지막으로, 직무수행능력이다. 이 부분은 기본적으로 사회복지사가 가지고 있는 가치철학에서부터 실천적이고 실무적인 것까지 모두를 포괄하는 직무수행 태도와 능력에 대한 평가로 볼 수 있다. 사회복지에 대한 가치체계, 클라이언트를 보는 시각과 자기결정권의 존중이나 협력에 대한 생각, 네트워크에 대한 의지 등등 가치철학과 관련된 사회복지사의 생각을 본인의 생각과 동료가 평가한 모습을 함께 볼 수 있다. 그와 연관되어 실무적인 부분에서 어떻게 실천하고 있는지, 행정적 기능은 잘 수반되는지, 홍보력, 자원동원력 등은 어떤지 등을 보면서 역시 본인과 동료의 평가를 통해 현재의 상황을 가늠해 보는 것이다. 방식은 한 해 동안 각 사회복지사와 가장 밀접하게 일한 동료 6명이 그 한 명의 사회복지사를 다면평정하는 방식이다. 평가자는 총점의 틀 안에서 피평가자를 상대평가하게 되므로 극단적인 특정인에 점수가 쏠리는 결과로는 이어지지 않으면서 변별력이 있도록 평가되는 개념이다.

이러한 직무수행능력 평가부분은 실제 실천력을 평가한다는 의미에서 가장 구체적이면서 한편으로는 가치체계의 검증을 포함한다는 의미에서 가장 포괄적이기도 하다. 그래서 가장 많은 점수의 비중을 두고 있기에 그 세부내용에 있어 좀 더 자세히 살펴보는 게 사회복지사의 기능과 역할을 이해하는 데 도움이 될 수 있다. 크게 가치의 구현 영역과 전문성 영역으로 구분된다.

첫 번째 영역이 가치구현의 영역이다. 개인의 가치와 철학이 공고히 갖춰져 있는지, 그리고 조직의 가치와 철학에 얼마나 부합하고 있는지를 평가하는 영역이다. 개인의 가치체계에 따라 일부 조직의 가치체계에 동의하지 않는 경우도 있을 수는 있지만, 대부분 보편적인 사회복지의 지향성을 볼 때 유사한 방향성을 가지고 있을 것이고 그것이 어떻게 실천되고 있는지에 대한 평가인 것이다.

① 클라이언트를 단순히 도움의 대상이 아니라 공동 목표 달성을 위한 파트너로 생각하고 과업을 수행하고 있는지 아니면 그런 생각 없이 그저 클라이언트를 도움의 대상자 정도로만 대하고 있는지에 대해 본인 스스로와 동료의 생각을 물어보는 것이다.

② 당사자가 참여하는 목표를 설정할 때도 마찬가지이다. 목표는 사회복지사가 일방적으로 정하는 게 아니라 참여자 또는 클라이언트, 주민, 파트너 등 이런 분들하고 같이 설정하는 게 옳다고 배웠듯이 그걸 얼마나 실천하고 있는가 하는 부분을 평가해 볼 수 있다. 사회복지사가 모든 것을 도와주는 게 아니라

클라이언트가 직접 할 수 있는 역할을 늘리기 위해 노력하는 정도를 말한다.

③ 당사자 혹은 지역사회의 상황에 대해 얼마나 창의적인 시각을 갖고 문제를 발견하고 있으며 실제 실행 가능한 계획을 만드는지에 대한 부분도 중요하다. 단순히 훌륭한 프로포절뿐만 아니라 사회복지사 간에 회의나 소통을 하는 등 시시각각 창의적인 시각과 시도를 제안하는 역량이 매우 중요할 것이다. 실행 가능하고 효과적으로 설명가능하며 일목요연한 요약이 잘되는 제안이라면 실제로 그렇게 진행될 것이고 충분한 성과를 낼 것이기에 마땅히 인정받을 역량일 것이다.

④ 과업을 수행함에 있어 개인적인 역량을 펼쳐야 할 부분도 있지만 조직 혹은 팀 단위의 과업을 수행하는 경우도 많다. 이런 일을 할 때 얼마나 동료들과 조화롭게 업무를 추진하는지를 평가하는 것이다. 현장에서는 여러 어려움이 있을 수 있지만 그중에 가장 힘들어하는 부분이 바로 동료 간(사람에 대한) 갈등이므로 이러한 부분은 매우 중요하게 평가되고 있는 부분이다.

⑤ 또한 조직과 지역의 자원을 얼마나 유기적으로 연결하고 네트워킹하면서 과업을 수행하느냐도 평가된다. ‘나’의 역량으로 모든 문제를 해결하고 변화를 이끌어 내기보다는 좀 더 일이 많아지거나 시간이 걸리더라도 조직과 함께, 지역과 함께 해결하는 노력이 가치지향적이라 할 수 있기 때문이다.

⑥ 그 외에 직접/간접서비스를 넘어서는 옹호나 사회행동으로의 확산에 적극적인지, 자신의 역량을 위한 배움의 노력에 진정성이 있는지, 당사자에게 어떠한 차별이 없이 객관적으로 다가가고 도움을 제공하는지, 당사자의 안전을 위협하면서까지 과업에 지나치게 몰두하고 있지는 않는지, 환경보호를 염두에 두고 지역경제나 사회적 약자를 우선채용하는 선한 기업물품을 사용하는지 등에 대한 평가들로 이뤄져 있다. 이를 통해 가치가 실제로 실천으로 연결되도록 업무를 하고 있는지를 평가하는 게 핵심이라 볼 수 있다.

두 번째 영역이 대부분 사회복지조직에서 또 다르게 중요시하는 전문성 부분이다. 전문성을 그저 지식적 차원에 그치는 것이 아니라 그것이 어떻게 적용되고 기록되는지까지의 일련의 과정을 모두 포괄한다.

① 전문적 지식과 기술을 갖추고 있으면서 직무에 충분히 활용하는 부분이다. 사실 자원봉사자와 차이가 없는 사회복지사라면, 즉 누구나 시키면 할 수 있는 일로 과업을 모두 구성하고 있고 실행하고 있다면 전문성에 있어 부족한 부분이 있다 할 것이다. 또한 아무리 전문성과 좋은 시각을 가지고 있더라도 그것이 그냥 알고만 있는 수준, 말이나 글로 표현하는 데 그치는 수준이 아니라 실제로 직무에 충분히 이용하는 실천력이 있을 때 전문가라고 얘기할 수 있는 것이기에 그렇다.

② 정확한 문제와 욕구를 파악하고 실행가능한 계획을 수립하는지 여부에 대한 평가이다. 통상적이고 반복적인 개입이 아니라 면밀하게 관찰하고 파악해서 실제로 유의미한 변화를 이끌어 내는 것이다. 그런 노력을 기울이지 않으면 기계적인 프로그램이나 사례관리, 지역조직화 활동에 그치게 될 우려가 있다. 그래서 과업수행 시 새로운 방법이나 방식을 접목하고자 하는 노력부분도 중요하게 다뤄지고 있다.

③ 추진력 또한 빠질 수 없는 영역이다. 맡은 업무의 책임감을 가지고 목표를 완성해 나감에 있어 수동적인지 적극적인지라는 시각으로 표현될 수도 있다. 열정을 가지고 현재 환경의 불리함을 충분히 예측하고 대비하면서 궁극적으로 하나씩 극복해 나가는 경우가 있는 반면 늘 극복하기 힘들어하고 여러 가지 이유로 포기하거나 회피하여 결국 실패하는 경우도 있는 만큼 이에 대한 평가가 중요한 것이다. 아직까지 사회복지현장은 여전히 부족한 환경들이 많이 남아 있다는 측면에서 이러한 열정적인 실천 노력이나 참신한 대안 마련 역량은 더욱 강조된다. 추진력의 또 다른 관점으로는 과업의 중요도에 따라

우선순위를 정하고 계획된 일정에 따라 추진해 나갈 수 있어야 함을 의미하기도 한다. 그렇게 설계된 계획은 큰 변동 없이 일정에 따라 소화하게 되고 이는 안정된 추진력을 의미하기도 한다.

④ 특히 강조하고 싶은 부분이 문서나 대화를 통한 의사소통이다. 표현이 간결하면서도 논쟁에 빠지지 않도록 상대방 입장에서 대화하거나 표현하고 관계하는 것을 말한다. 문서적인 의사소통 측면에서도 보면, 예를 들어 보고서를 한 장으로 요약하는 게 힘든 경우가 종종 있다. 불필요한 논쟁에 빠지지 않도록 무엇을 얘기하는지 명확히 이해되도록 그렇게 기록하는 것이 핵심인데 그 부분이 어려운 경우가 있다. 구체적이고 정확히 기록하되 성과를 쉽게 확인할 수 있도록 기록하는 역량이 결국 문서로 완성되는 사회복지시설의 특성상 중요한 영역임이 분명하기에 이를 효율적으로 완료해 내는 역량이 강조된다. 대화 중에도 마찬가지로 상대방을 이해하고 경청하고 그런 입장에서 대화를 하는 자세가 있는 반면 다소 독단적이거나 지나친 개인주의적 입장을 고수한다면 조직문화상 어려운 상황을 유발하게 되는 것이다. 이러한 의사소통이 중요한 이유는 조직문화의 가장 핵심요인이 되기 때문에 조직문화가 주는 조직구성원에게 주는 영향력을 생각할 때, 그리고 서로 존중하면서 협력적인 팀워크의 첫 번째 단계이기 때문에 평가의 요소로 빠질 수 없는 중요한 요소라고 할 수 있다.

앞에 열거한 모든 평가요소를 한마디로 요약하자면, 사회복지사가 어떤 가치와 철학에 기반하여 어떤 마인드를 가지고 실천하고 있는지에 대한 동료들의 평가가 바로 직무수행능력평가이다. 그 가치와 철학이 사회복지와 우리 조직이 지향하는 가치와 크게 벗어나고 있지는 않는지, 또 가치와 철학에 따라 실제로 실천하고 있는지를 평가하는 것이 직무수행능력을 평가하는 데 있어 가장 핵심적이라 볼 수 있다. 물론 가장 높은 평가를 받는 사회복지사는 가치철학과 실천력의 차이가 크지 않도록 정합성을 유지하는 경우가 가장 좋은 케이스라고 볼 수 있겠다.

앞의 사례는 어디까지나 한 조직의 직원평가 사례이지만 이러한 관점에서의 어느 조직에서든 직원평가는 사회복지사가 어떻게 살아 나가야 하는지를 알려 주는 하나의 나침반과 같기에 매우 신중하고 소중하게 발전시켜 나가야 할 것이며, 실제 활용됨에 있어 사회복지사들의 불편함을 최소화하려는 배려가 필수적이다. 늘 평가라는 것이 불편할 수밖에 없는 경향도 있지만 이 평가를 어떻게 유익하고 긍정적으로 활용할 것인가에 대한 사후노력에 좀 더 비중을 둔다면 오히려 사회복지사들에게는 도움이 되는 과정으로 여겨질 수도 있다. 예를 들면, 평가결과를 가지고 인사에만 적용하는 것이 아니라, 매년 평가 후 상위자가 평가결과를 두고 잘하는 점을 지지해 주고, 다소 부족한 지점을 알려 주면서 그와 관련된 멘토의 연결이나 관련교육에 대한 적극적 참여의 권장 등의 후속조치를 잘 연결해 준다면 개별 사회복지사는 그 과정을 꼭 불편한 과정만으로 여기지는 않을 것이다.

4) 평가의 한계

평가를 받는다는 것이 힘들어 보일 수도 있다. 심지어 최근에 IT업종 등에서는 인사평가에 대한 과감한 포기를 선언하는 곳까지 나타나고 있다. 하지만 아직까지 사회복지현장에서는 그런 혁신적인 접근까지는 도달하지 못하고 있다. 여러 가지 이유가 있겠으나 특별히 계량화하기 힘든 업무성과에 대한 측정의 어려움, 휴먼서비스의 특징에 따른 가치철학과 그에 연관된 실천력까지의 스펙트럼을 고려한다면 사람이 사람을 평가하는 것 이외의 훌륭한 대안을 찾지를 못하고 있는 이유이기도 하다. 그래서 보완책의 일환으로 자신의 철학과 성과를 충분히 어필할 수 있는 자기평가 기회의 제공, 평가결과에 대한 안정적인 이의신청, 극단적인 긍정 혹은 부정

평가의 배제, 지나친 구체화보다는 다양한 측면을 포괄할 수 있는 기준의 적용, 평가결과만을 목적으로 하지 않고 그 과정이 또 하나의 배움과 성장이 되는 과정이 되도록 설계하는 등의 노력이 지속적으로 추가되고 있는 것이다.

이상에서 살펴본 사회복지사의 역할과 기능에 대해 이론적인 설명과 아울러 현장에서 사회복지사의 평가기준을 살펴봄으로써 그 지향점에 대한 이해가 높아졌기를 기대한다. 결국 사회복지현장에서 가장 중요한 것은 사회복지사를 비롯한 종사자의 역량과 열정일 것이고, 그 각각의 역량과 열정이 서로 존중받고 협력하는 훌륭한 조직문화, 그리고 외부와 유기적인 네트워킹으로 시너지효과까지 이끌어 내는 조직역량까지 더해질 때 최고의 사회복지조직, 최고의 사회복지사가 완성된다고 본다. 따라서 실습생을 포함한 예비 사회복지사 혹은 초보 사회복지사들은 이러한 지향점을 지속적으로 학습하고 견지하면서 끊임없이 성장하여 행복하게 선한 영향력을 펼치는 사회복지사로 발전해 나가길 기대해 본다.

4. 사회복지사의 자기관리

누구나 자신으로부터 혹은 동료로부터 긍정적인 평가를 받길 희망하지만 현실은 종종 어려운 상황에 놓여지기도 하고, 갈등이 생기기도 하며, 희망을 점차 잃어가는 등 의구심이 드는 시간들을 마주하게 된다. 주위에는 늘 그런 부분들 때문에 힘들어하는 동료들이 곁에 있고, 보다 나아지겠지 하는 기대하에 또 다른 사회복지 현장으로 옮겨 가기도 하며, 사회복지영역은 모두 똑같을 거라는 생각에 아예 사회복지가 아닌 다른 영역으로 떠나가기도 한다. 그렇게 옮겨 가는 동료들을 보면서도 여전히 존재하며 잘 대응하고 있는 사회복지사들은 도대체 어떤 다른 점이 있을지 한번 생각해 볼 필요가 있다. 가치체계의 차이라는 근본적인 부분은 차치하더라도 (사실 이 부분이 맞지 않으면 결국에는 장기근속이 어렵다고 볼 수 있다) 그들이 갖고 있는 자신만의 노하우가 분명 있을 것이다.

1) 자아성찰

어떤 상황에 대한 인식이나 또는 상황에 대한 대처 부분에 있어서 전혀 방법이 없는 건 아닐 텐데 과연 적극적으로 살펴보고 준비해 오기는 했느냐에 대한 성찰에서 출발해 봐야 한다. 즉, 쏟아지는 과업을 수행만 하느라 보다 효율적인 방식을 연구하거나 벤치마킹하는 시간를 할애하지 않은 결과일 수 있다. 다른 비유를 들자면, 급하고 중요한 일만 하느라 급하지는 않지만 중요한 일을 조금씩이라도 해 나가지 못한 경우인 것이다. 이를 병행하는 사회복지사는 훨씬 효율적으로 업무를 해 나가기 때문에 그만큼 덜 급하지만 중요한 일을 할 시간을 조금씩 늘려 나가게 된다. 그 결과 동시간대에 같은 공간에서 모두가 나름의 열정과 역량을 펼치면서도 누구는 소진되고 포기하고 떠나가고 있지만, 또 다른 많은 이들은 만족하면서 자신의 꿈을 실현해 나가며 기쁘게 살아가는 사회복지사로 분명 존재하고 있기 때문이다. 그럼에도 불구하고 아직도 많은 이들이 부정적인 시선을 가진 동료와 대화하고, 부정적인 사실에 주목하면서, 부정적인 결론에 도달하는 경향성이 존재하고 있음은 아쉬운 대목이다. 주위에 부정적인 동료의 상황뿐만 아니라 긍정적 과업처리방식을 가진 동료도 분명 목격할 것이고 이때 그 방식을 빨리 알아차리고 충분히 이해하고 따라가는 노력을 기울인다면 충분히 두 갈래 길에서 옳은 선택을 할 수 있을 것이다.

〈사회복지사들의 자발적이고 독립적인 해외원조활동모임
GWD_Global Workers in Daegu〉

실습을 하더라도 마찬가지이다. 겉으로 보이는 모습만으로만 판단하기는 어렵고 실제 힘들게 살아가고 있음을 느끼는 선배 사회복지사도 보게 되겠지만 반면 일에 대한 애정을 갖고 있으면서 지나친 희생만 하는 게 아니라 일과 가정의 양립도 지켜 나가는 선배들도 있다. 그들을 잘 살펴보고 소통하며 그 자세를 배울 필요가 있다. 그런 분들의 나름 공통적인 면이 있다면 바로 꾸준히 자기개발을 하면서 가치적인 면의 성찰과 공부를 지속한다는 점이다. 그리고 실무적으로 일처리를 하면서는 실제 스마트워킹이라고 얘기되는 일의 효율성을 극대화하는 방식으로 일을 하고 있음을 보게 될 것이다. PC저장보다는 클라우드를 사용하고, 스마트폰과 태블릿pc를 능숙하게 사용하며, 필요한 동료와 구글드라이브를 통해 공유하고, SNS를 즐겨 사용하면서 정보를 획득하고 나눈다. 이런 스마트워커들은 엄청난 정보력을 가지고 있고, 협업이 필요할 때 필요한 정보나 파일을 가장 빨리 내어놓기도 하며,

무겁지 않은 가방을 들고 다닌다. 사회복지현장도 그런 현장으로 많이 바뀌고 있음에 주목하자.

2) 자기개발

가치적인 면 외에 개인의 이력에 대해 최근에 점차 관심이 많아지고 있는 부분도 소개하고자 한다. 어느 사회복지시설이던 인사기록카드나 직원근무평정 시 인사기본자료라고 해서 각 개인에 대한 여러 가지 이력을 축적해 나가는 인사자료를 관리 운영하고 있다. 이 인사자료에 의하면 최근에는 다양한 도전과 공부를 하는 사회복지사들이 늘어나고 있어 긍정적으로 여겨진다.

(1) 자격증 취득

축적되는 경력이나 추가적인 학위공부 등의 학력도 의미 있는 성장과정이지만, 그 외에도 최근에는 각종 법정교육이 늘어나면서 강사자격이나 경험에 대해 관심을 갖는 사회복지사가 늘고 있다. 인권 강사, 장애인인식개선 강사, 직장내성희롱예방교육 강사 등 사회복지시설에서 의무적으로 매년 실시해야 하는 법정교육에 대해 사회복지사가 관련된 교육이수를 한 후 강사자격을 확보하고 강사활동 경험을 축적하다 보면 어느덧 또 하나의 역량을 갖고 활동을 하게 됨과 동시에 그 분야에서 남다른 지식과 경험을 가진 특별한 존재감을 갖게 되는 것이다. 덧붙여 이러한 강사자격을 가진 동료 사회복지사를 보면서 MBTI, 에니어그램 등의 지도자과정을 수료하는 경우도 있고, 시설관리차원에서 소방안전관리자나 엘리베이터 관리자자격도 어느 시설에서나 필요하기 때문에 자격을 취득하고 유지해 나가는 사회복지사도 많아졌다.

(2) 역량 강화

자격증 외에도 글쓰는 사회복지사, 책이나 논문을 내는 사회복지사, 전문가처럼 사진을 찍거나 영상을 촬영하고 드론까지 활용하는 사회복지사, 캘리그라피나 프레젠테이션의 고수인 사회복지사 등등 SNS에서 보면 매우 다양하면서도 수많은 역량을 가진 사회복지사들이 넘쳐 난다. 이런 역량은 어느 사회복지조직에서나 최근에 환영받는 영역이고 개인과 조직의 성장에 소중한 역할을 하게 될 것이다.

(3) 사회적 관계 확대

마지막으로 한 가지 더 덧붙이자면 관계를 중시하는 사회복지사를 중심으로 네트워크활동을 적극적으로 하는 사회복지사가 있는 반면, 그런 활동이 너무 적어 아쉬운 사회복지사도 종종 보게 된다는 점이다. 시민단체에 가입하여 복지운동차원의 활동에 참여하는 사회복지사, 사회복지사협회의 다양한 동아리나 조직활동에 적극 참여하는 사회복지사, 아산프론티어나 웰펌의 팀장아카데미 같은 전국규모의 학습지향 사회복지사들의 지속적인 모임에 참여하는 사회복지사 등등 그야말로 매우 다양하다. 그들이 적극적인 인적 네트워크를 통해 얻게 되는 가치, 경험, 정보, 기술 등은 사회복지현장을 지키는 든든한 버팀목이 될 것이고, 이들을 통해 많은 사회복지조직이 동반성장하고 있다는 점에서 그 의미가 크다고 할 수 있다.

이상에서 살펴본 사회복지사의 직무와 역할은 현장에 근무하고 있는 사회복지사에게도 경력에 상관없이 늘 관심과 노력을 기울여야 하는 부분이지만 실습생 역시 현장으로의 취업을 희망한다면 제대로 이해하고 노력해야 할 지향점으로 여겨야 할 부분이다. 사회복지는 결국 사람이 하는 일이기에 그 사람이 가진 역량과 열정이 가장 중요하고 그런 역량과 열정의 조화로운 조합으로 이뤄진 조직이 최고의 성과를 나타내게 된다. 이렇게 무장된 사회복지사와 사회복지조직이 다양한 네트워크를 통해 서로 관계하면서 확산시켜 나갈 때 우리 사회에서의 사회복지계가 갖는 존재의 의미는 크게 부각되고 인정받으며 중요한 영역으로 발전될 수 있을 것이다.

2022년 대구사회복지사협회
회원클럽 선정결과

연번	클럽명	종목	비고
1	대구 SW F.C	축구	
2	DSW엔젤스	야구	
3	사자클럽	산악자전거	
4	와인톡	와인	
5	G.S.W	스크린골프	
6	골때리는복지사 (F.C골)	여자축구	
7	더플러스	헌혈	
8	소리소문	독서	
9	클래식이 알고싶다	클래식	
10	테.극.기	테니스	
11	바다낚시	바다낚시	
12	속탁속탁	탁구	신규
13	타.보.자	로드자전거	신규
14	M-Crew	등산	신규
15	스윗워킹	트레킹	신규
16	Oh감 원데이 클라쓰	오감체험	신규
17	돈·돈·돈테크	재테크	신규

〈대구사회복지사협회 회원클럽리스트〉

출처: 대구사회복지사협회 홈페이지(http://www.welpia.org, 회원서비스-회원클럽활동 게시판).

Chapter

07

사례관리

Chapter 07

사례관리

1. 사례관리의 의미

사례관리는 지역사회보호의 일환으로 등장한 것으로 다양하고 복합적인 욕구를 가진 사람들에게 지속적으로 맞춤형 사회복지서비스를 제공하기 위한 접근방법이다. 개별화된 개인의 욕구를 충족시키기에는 제한된 시설의 프로그램으로는 한계가 많기 때문에 지역사회의 다양한 자원을 활용하여 개인의 인격과 선택권을 최대한 배려하기 위한 노력의 일환이다. 이를 위하여 다양한 서비스 제공기관 간의 연계와 협력을 강조하는 것으로 도움이 필요한 개인에게 가능한 한 최적의 자원과 서비스를 제공하기 위한 종합적 접근방법이라는 점에서 다양한 서비스 기관의 연계를 필요로 한다.

'I am Sam'이라는 영화가 우리들의 가슴을 울린 적이 있었다. 부녀 간의 사랑을 통하여 어려움을 헤쳐 가는 모습이 감동적이었음을 기억할 것이다. 그 영화는 지적

장애를 가진 아빠 Sam과 똑똑하고 맑은 심성을 가진 딸을 중심으로 딸의 양육문제에 대하여 입장 차이가 발생함으로써 전문가인 사회복지사와의 갈등을 보여 주고 있다. 그런데 여기에서 사회복지사인 우리들은 고민스러운 장면을 목격하게 된다. 사회복지사가 아빠와 딸이 함께 살 수 없도록 부녀지간을 갈라놓으려고 하는 것이다. 물론 딸의 지적 성장과 행복한 생활을 보장하기 위한 전문가의 실천적 활동임에는 두말할 나위가 없다. 하지만 과연 아빠와 딸은 전문가의 실천적 노력을 감사하게 받아들였던가? 감사하게 받아들이기보다 오히려 할 수 있는 모든 노력을 동원해서 그들은 아빠와 같이 혹은 딸과 같이 살게 해 달라고 애원하고 있는 것을 기억해야 한다. 전문가의 프로그램이 클라이언트의 욕구와 일치하지 않았다는 것을 보여 주고 있다. 사회복지사는 그들을 갈라놓을 것이 아니라 그들이 같이 살도록 하면서 딸아이가 지적으로 성장하고 훌륭한 성인으로 성장할 수 있는 방법을 모색했어야 하지 않았을까?

이러한 의미에서 사례관리는 전문가의 프로그램과 클라이언트의 욕구가 반드시 일치될 때 의도하는 효과를 얻어 낼 수 있는 실천방법이다. 다양한 기관의 협력과 연계와 아울러 개별시설 내 부서 간 혹은 담당자 간 협력과 연계가 더욱 효과적이다. 어떠한 문제이든지 혼자서 혹은 독자적으로 해결하는 것은 시간이 오래 걸리고 힘이 많이 든다. 보다 쉽고 효과적인 것은 다른 사람의 조언과 도움을 받는 것이며 이를 우리는 전문용어로 사례관리라고 한다.

사회복지현장에서 사례관리를 강조하는 이유는 대상자의 다양하고 복잡한 욕구를 해결할 수 있는 자체적 역량의 한계 때문이라고 볼 수 있다. 즉, 개별기관의 역량과 자원의 한계를 극복하기 위한 노력이 네트워킹을 통해 해결될 수 있을 것으로 보고 있으며, 궁극적으로 인적 물적 자원을 공유하고자 하는 의도를 가지고 있는 것이다. 그렇다면 필요한 자원목록과 자원의 역량과 기술을 대상자들의 욕구를 중심으로 점검하는 것은 필수적이다. 이때 대상자 한 분 한 분의 존엄성과 잠재력을 전제해야 함과 동시에 대상자 주위에는 아직 연결되지 못한 수많은 내외부 자원이 산재해 있음을 감안하는 기본적인 시선에서 출발해야 함을 기억하자.

2. 사례관리의 적용환경

사례관리의 적용은 사정단계에서 개별화된 접근의 형태로 이루어지되 복합적인 서비스를 제공하는 것이 기본이다. 사례관리는 다양한 측면에서 사정이 이루어지겠지만 기본적으로 시설 내외의 자원을 활용한다는 점에서 긍정적이고 미래지향적으로 이루어지는 것이 바람직하다.

따라서 문제사정에 있어서 가급적이면 약점이나 결점이 아닌 강점, 역량, 지식에 바탕을 두고 개인의 역량을 증대시킬 수 있도록 하며, 시설 내외의 가용자원이 충분하지 않더라도 무한한 가능성을 지닌 자원으로 인식하고, 개인과 시설 모두 성장과 변화의 가능성이 있다는 점을 강조할 필요가 있다(박정임, 2002: 19-20). 이는 사례관리가 문제해결과정에서 대상자 개인과 사회복지사의 적극적 협력과 활동으로 충분한 역량을 형성할 수 있음을 강조하기 때문이다.

이러한 측면을 고려하여 시설이 보유하고 있는 내외적 자원의 정도, 시설 내의 서비스 통합성 정도에 따라 여러 가지 형태로 사례관리가 적용될 수 있다(민소영, 2019).

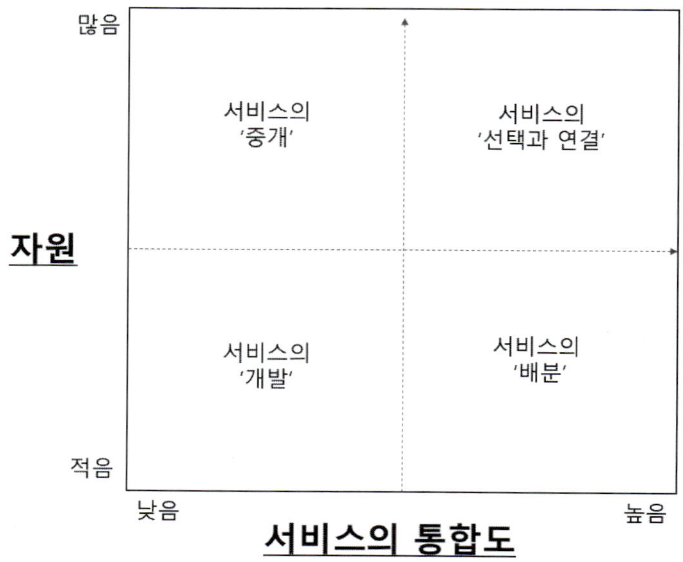

[사례관리 적용환경에 따른 서비스 제공방식]

1) 자원이 많고 서비스의 통합도가 높은 경우: 서비스의 선택과 연결

대상자들의 욕구와 문제를 해결할 수 있는 자원이 많다면 별다른 어려움이 없다. 욕구에 부합되는 서비스를 선택하면 되기 때문이다. 특히 서비스의 통합도가 높다면 부서 간 동료 간 업무협력이 잘되기 때문에 서비스를 연결하는 데 아무런 어려움이 없다. 하지만 대체로 개별 사회복지시설은 자원이 부족한 경우가 많고 특히 부서 간, 동료 간 협조관계가 제대로 구축되지 못한 경우가 많다는 점에서 아쉬운 점이 적지 않다.

2) 자원은 충분하지만 서비스의 통합도 낮은 경우: 서비스의 중개

대상자들의 욕구를 해결할 수 있는 자원은 많지만 서비스의 통합성이 낮다면 서비스를 중개하는 프로그램이 필요하다. 서비스가 단편적으로 제공된다는 의미이며, 이러한 경우 대상자들의 복합적 욕구를 해결하기 위한 과정이 매우 어렵다. 따라서 다양한 자원 가운데서 서비스의 집중성을 강화할 수 있는 프로그램으로 자원 간 중개노력이 요구된다. 대도시의 경우에 지역사회 내에 다양한 자원이 존재하지만 이들 간의 통합성이 낮기 때문에 자원을 중개하여 통합성을 높일 수 있다.

3) 자원은 희소하지만 서비스의 통합도가 높은 경우: 서비스의 배분

대상자들의 욕구를 해결할 수 있는 자원이 희소하다는 것은 지역사회 내에 다양한 자원이 존재하지 않는다는 것을 의미한다. 그리고 서비스의 통합도가 높다는 것은 소수의 기관이 여러 가지의 서비스를 제공하고 있다는 것을 의미한다. 따라서 서비스를 배분하는 노력을 기울임으로써 소수에게 서비스가 집중되지 않도록 하는 노력이 필요하다. 농어촌 지역사회에서 찾아볼 수 있는 유형이라고 할 수 있다.

4) 자원이 희소하고 서비스의 통합수준이 낮은 경우: 서비스의 개발

이와 같은 유형은 대다수의 사회복지시설이 안고 있는 문제라고 할 수 있다. 시설 내의 자원과 프로그램이 미약하여 자체적으로 해결할 수 있는 경우가 거의 없기 때문에 외부에 존재하는 다양한 자원을 개발하고 동원하고 이를 패키지화하는 노력이 필요하다. 하지만 대다수의 사회복지시설이 연계 정도가 부족하고 사회복지사의 활동이 내부적인 업무에 치중되어 주로 개별적으로 서비스를 제공하는 데 집중되어 있기 때문에 이와 같은 역할은 주로 관리자에게 집중되는 경향이 크다. 따라서 효율적인 사례관리실천을 위하여 사회복지사의 역할을 다양하게 분류하고 서비스를 개발할 수 있도록 역량을 강화하는 노력이 필요하다.

사례관리의 환경은 개별 서비스 기관의 역량을 강화하고 다른 기관과 서비스를 적극적으로 연계하여 문제해결중심적으로 통합되어야 한다. 필요한 경우 다른 어떤 내부적 업무보다 우선적으로 서비스가 제공되어야 실현가능성이 높으며, 그렇지 않은 경우 무늬만 네트워킹이 되어 실제적으로 큰 도움이 되지 않는 경우가 많다. 따라서 지역사회의 공적 자원과 민간자원을 다양하게 끌어들이되 하나의 팀처럼 서비스를 연계하고 조직하는 것이 바람직하다.

대부분의 사회복지현장의 환경은 충분한 자원을 가지고 있지만 서비스의 통합 수준이 높지 않은 것으로 판단된다. 비록 사회복지현장의 네트워크 참여기관은 아니더라도 지역 내의 다양한 조직과 기관이 존재하고 있기 때문에 환경적으로 많은 자원을 보유하고 있는 것으로 볼 수 있다. 다만 지금까지는 서비스가 연계되지 않고 분절적으로 제공되었기 때문에 충분한 효과를 발휘할 수 없었다. 결국 사회복지사는 대상자와 사회복지현장을 둘러싼 지역사회 내 수많은 자원들에 대해 잘 인지하고 있고 원만한 관계를 통해 필요할 때마다 해당되는 자원들을 엮어내는 네트워킹을 잘 수행할 때 사례관리의 성과를 극대화할 수 있는 역량을 가지는 것이다.

3. 사례관리 방법

1) 사례담당자의 선정 및 사회복지사의 역할

우선적으로 시설 내에서 대상자들의 복합적 문제를 해결하기 위하여 사례담당자를 선정하는 것이 필요하다. 대체로 클라이언트와 가장 쉽고 자주 접촉할 수 있는 직원이 1차적 담당자가 되는 것이 좋을 것이다. 또한 사례관리자의 주도적 역할과 아울러 다양한 업무영역에서 지원하는 팀워크를 활용하여야 한다(김희걸, 2001: 3). 하지만 담당자의 경우 내부적 환경에 친밀하여 다른 업무를 포괄적으로 인지하는 정도가 낮기 때문에 사례관리자를 지원해 줄 슈퍼바이저가 필요하다. 협력할 수 있는 인력은 사례팀의 구성원들이 다양한 외부 활동을 통하여 자원을 개발하고 연계하며 지원하는 것이 필요하다. 즉, 구체적이고 직접적인 서비스는 소속된 기관의 사례담당자가, 자원을 개발하고 동원하는 네트워킹은 슈퍼바이저와 사례 팀원이 맡아서 서비스를 연결하고 조정하는 것이 바람직할 것이다.

사례관리자로서의 사회복지사는 상황적 판단능력과 사회성이 발달한 경우 효과적으로 일을 처리하기 쉽다. 모든 문제를 긍정적으로 받아들이고 해결할 수 있는 방법이 존재한다는 낙관적 인식이 클라이언트에게도 전달되기 때문이다. 마찬가지로 대인관계기술이 발달하여 상대에게 자신의 의도를 정확하게 알리고, 또한 상대의 입장을 수용하고 이해하는 경우 보다 효과적으로 일을 할 수 있다. 이와 동시에 업무추진력이 높은 사람이 사례관리자로서 타당할 것이다. 복합적이고 종합적인 문제를 처리하는 과정에서 추진력이 강하지 않다면 다양한 일을 소화하기 힘들 수 있기 때문이다.

사례담당자로서의 사회복지사 역할은 사례관리의 의미와 대상자의 욕구를 정확하게 파악하는 것이 우선 중요하다. 사례관리는 개인의 강점을 중심으로 내외적 자원의 적극적 활용을 통하여 개인의 문제를 효과적으로 해결하기 위한 노력이다. 대상자의 경우에 포괄적이고 종합적인 상황의 개선, 즉 일상생활에서 삶의 질을 높여 만족도를 높이는 것이 목표이다. 따라서 사례관리자는 무엇보다 대상자의 일상생활을 안정적으로 유지하기 위한 촉진자의 역할을 수행하는 노력이 필요하다. 대상자들의 구체적인 문제와 아울러 강점을 사정하고 장단기적인 목표를 수립함과 동시에 구체적인 계획을 수립하는 등의 사례관리활동을 적극적으로 계획하고 수행하는 역할을 수행하게 된다.

다음으로 사례관리자는 자원개발자의 역할을 수행하는 것이 효과적이다. 대상자들의 장단기적인 목적을 수행하기 위하여 각종 자원의 동원과 활용을 위하여 다양한 지역사회의 내외적 자원을 개발하여야 한다. 시설 내의 자원은 한정적이지만 시설의 직원들이 가지고 있는 사회적 관계망을 이용하면 충분히 많은 자원을 확보할 수 있다. 사례관리자는 풍부한 인간관계 및 대인관계를 가지고 있는 경우 자원을 연결하는 데 훨씬 유리하다.

마지막으로 사례관리자는 옹호자로서의 역할을 수행할 수 있다. 시설의 상황을 분명하게 파악하고 있으며, 대상자의 입장을 적극적으로 옹호하면서 장단기 목적을 수행하는 데 장애물이나 어려움을 제거하는 적극적인 역할을 수행한다. 장애인복지서비스 대상자의 경우에 일상생활과 의료적 서비스 등의 일상생활에서의 문제를 중심으로 사례관리를 실시할 가능성이 높다. 이와 같은 문제지향적 접근은 병리적 요소를 강조함으로써 대상자에게 수치심을 줄 가능성이 높다. 반대로 사례관리가 미래지향적이고 가능성을 확대하기 위한 접근방법이기 때문에 개인의 강점을 중심으로 사정하고 옹호하는 것이 대상자의 가능성을 높이는 방법이라고 할 수 있다.

2) 사례관리의 과정

사회복지현장의 사업은 거주시설이라면 거주인, 이용시설이라면 해당되는 사업 영역의 이용인, 종합사회복지관 등 지역사회 전체를 관할한다면 그 누구나 도움이 필요한 지역주민을 대상으로 지속적인 서비스를 제공하기 위한 목적을 가지고 있다. 클라이언트가 누가 되었든 단순하고 간단한 문제부터 다양하고 복합적인 문제에 이르기까지 수많은 종류의 욕구와 문제에 반응하게 되고 다양한 자원체계와의 네트워크를 통하여 지속적인 관리를 하기 위한 의도를 가지고 있다. 따라서 클라이언트를 발견하는 것은 사례관리의 시작이며 개인과 개인을 둘러싼 환경의 변화를 도모하는 출발점이다.

어려운 분들을 발견하고	만나고	파악하고	도움을 줄 수 있는 활동을 계획하고	활동하고 계획대로 이루어지고 있는지 점검하고	활동에 따른 문제의 경감 정도 파악하는 것
사례발견 (Out reach) ▶	초기상담 (Intake) ▶	사정 ▶	계획 ▶	개입 및 점검 ▶	평가

[사례관리의 과정]

(1) 접수 및 인테이크

클라이언트의 발견과 접수는 사례관리자가 직접 찾아내는 아웃리치 방식, 지역기관이나 가족 등으로부터 의뢰되는 경우, 클라이언트가 스스로 도움을 요청하는 경우 등이 있을 수 있다. 접수된 대상자와는 최소 2~3회 이상의 만남을 통해 신뢰관계를 형성하고 이후 인테이크를 통해 가족력, 개인력, 경제상황, 가족사항, 일상동작능력, 사회심리적 상황, 현재 이용하는 서비스 등에 대해 구체적으로 정보를 파악하면서 동시에 클라이언트의 주요 욕구와 장단점 등에 대해서도 함께 파악한다.

이 단계에서 수행해야 할 일

1. 지역사회 공공 및 민간 기관과 클라이언트 발견을 위한 협력체계를 구축한다.
2. 클라이언트의 진술을 구체화하고 진술한 문제를 정리한다.
3. 클라이언트의 진술을 중심으로 접수 혹은 연계기관에 대한 의뢰를 요청한다.

(2) 사정

사정단계에서는 클라이언트가 해결해야 할 문제를 도출하고, 클라이언트가 가지고 있는 문제해결에 도움이 되는 자원을 파악하며, 클라이언트가 자원을 사용하는데 있어서의 장애요인이 무엇인지에 대한 파악 등에 중심을 두고 진행한다.

이 단계에서 수행해야 할 일

1. 클라이언트와 관련된 가족, 지인, 관계자 등의 인적 정보를 파악한다.
2. 클라이언트의 문제와 관련된 정보, 자료, 장애요소, 그리고 자원을 파악한다.
3. 클라이언트가 진술한 문제의 우선순위를 정한다.

(3) 서비스 계획수립

사정의 단계에서 수집된 정보를 클라이언트에게 도움이 되는 일련의 활동으로 전환하는 과정이다. 먼저 구체적이고 실제적인 목표를 설정하되 클라이언트와 함께 설정함으로써 동의와 함께 실행력을 높이는 기반을 마련한다. 다음으로는 설정된 목표들에 대한 우선순위를 결정한 후에 각 목표들을 성취하기 위한 방법을 선택하고 서비스를 포함한 그 방법의 횟수와 평가시기 등을 결정하면서 서비스 계획수립이 완성된다.

특별히 사례관리의 핵심적 문제는 반드시 해결할 수 있어야 한다. 서비스 계획을 철저하게 수립하여 필요한 자원을 개발할 수 있도록 하여야 한다. 다른 업무로 인하여 연기되거나 지연되면 원활한 사례관리가 이루어질 수 없다. 서비스 계획은 사례회의에서 다루어진 사정에 근거하되 의료적 계획, 심리적 계획, 사회적 계획, 교육적 계획, 일상생활활동 등과 같이 세분화하는 것이 좋으며, 가능한 자원들의 다차원적 접근이 이루어질 수 있도록 계획을 수립한다. (첨부1. 사례관리 계획서 참조)

이 단계에서 수행해야 할 일

1. 문제해결을 위한 각각의 활동을 담당할 직원을 정한다.
2. 구체적으로 무엇을 할 것인지 내용과 목표를 정한다.
3. 어떻게 실천하고 어떻게 지원할 것인지 결정한다.

(4) 서비스 실행(개입)

서비스 실행 시 가장 많이 비중을 차지하는 것이 자원연결이다. 대상자들의 욕구를 충족할 수 있는 자원을 동원하고 서비스를 제공하는 것으로 공식적, 비공식적 모든 자원을 동원할 수 있어야 한다. 또한 대상자들이 서비스를 이용하는 데 방해가 되는 모든 요소를 제거할 수 있도록 대상자를 지지하고 원조하는 것을 포함한다. 그리고 제공되는 서비스를 지속적으로 점검하고 모니터링하는 것도 포함된다. 이와 같은 자원연결 및 조정과정에서 다음과 같은 고민도 발생한다. (첨부2. 사례관리 진행일지 참조)

- **"계획된 목록을 따라 할 수 없다."**

하루하루 주어진 문제에 쫓기고 있으며, 새로운 문제 혹은 집중적인 문제를 처리

할 시간이 없다. 이러한 경우에 하루 중에 자신이 하고 있는 일을 시간대별로 자세하게 기록하여 점검할 필요가 있다. 만약에 업무가 과다하게 주어져 있다면 회의를 통하여 조정할 수 있어야 한다. 일이 많아서 피로하거나 소진되어 있는지 점검해 봐야 한다. 이런 경우 흥미와 열정을 잃어버리고 건성으로 업무를 처리하는 경우가 있다. 상급자와의 상담을 통하여 업무에 대한 관심을 높이고 조력을 받는 것이 필요할 수 있다. 그렇지 않다면 업무처리방법에 변화를 주거나 시간관리계획을 철저하게 수립하고 실천하는 것이 바람직하다.

- **"클라이언트로부터 아무런 반응이 없으며 아무것도 진행되고 있는 것 같지 않다."**

이런 경우에 사례관리 계획을 점검해야 한다. 클라이언트의 욕구나 의지와 관계없이 담당자인 나의 의지로 추진되는 것이 아닌지 확인해 보자. 혹은 전체적인 과정에 대하여 클라이언트에게 설명을 하고 클라이언트의 역할에 대해서 충분히 의견을 나누었는지 확인하자. 물론 의존적인 성향의 대상자들은 삶의 의욕이 상실되어 주어진 일이나 과제에 흥미를 잃는 경우가 많다. 작지만 대상자들이 좋아할 수 있는 과제를 선정하여 자극을 주는 것이 바람직하다.

- **"특정한 클라이언트에게 과도한 시간을 할애하고 있다."**

이런 경우에 클라이언트의 문제를 통하여 나의 문제가 개입되어 있는 것은 아닌지 점검해야 한다. 문제상황을 객관적으로 인식하지 못하고 주관적이고 감정적으로 개입하고 있다는 의미일 수 있다. 동료들의 조언을 겸허히 수용하고 업무 스타일과 비중조정에 변화를 주는 것이 좋다.

- **"클라이언트가 지속적으로 약속을 지키지 않는다."**

이런 경우에 클라이언트에게 부여된 동기가 적절하지 않을 수 있다. 혹은 사회복지사가 인식하지 못하는 다른 어려움이 존재할 수 있다. 클라이언트의 문제를 재사정하고 클라이언트의 상황을 정확하게 파악하는 노력이 필요하다.

이 단계에서 수행해야 할 일

1. 클라이언트의 문제해결을 위하여 역량강화를 위한 계약을 체결하고 확인한다.
2. 클라이언트 문제해결을 위한 자원을 연결하고 역할을 조정한다.
3. 클라이언트의 역량강화를 위하여 사회적 관계망을 확대하고 유지한다.

(5) 모니터링

세워진 사례관리 서비스계획에 의한 개입이 진행되면서 서비스와 지원이 잘 이루어지고 있는지 모니터링이 동시에 진행된다. 이때 자칫 클라이언트가 소극적으로 변하지 않는지, 계획된 서비스가 안정적으로 제공되지 않고 있는 건 아닌지 등에 대한 모니터링을 통해 신속하고 정확한 조정과 추가개입이 원활히 이뤄져야 한다. 사례관리 대상자들의 문제는 급작스럽게 단기간에 나타나는 문제의 성질은 아니다. 장기간에 걸쳐서 드러난 문제이기 때문에 서비스도 오랫동안 지속적으로 제공되어야 한다. 그래서 사례관리가 종결되었더라도 다시 문제가 재발하고 있지 않는지, 성공적으로 안착되고 있는지, 새로운 문제가 대두되고 있지는 않는지 등을 지속적으로 모니터링할 때 최종적으로 안정된 클라이언트의 변화를 목격하게 될 것이다.

이 단계에서 수행해야 할 일

1. 클라이언트가 자신의 문제를 해결하기 위한 노력과 변화정도를 확인한다.
2. 클라이언트의 문제해결을 위한 관련기관의 역할을 확인한다.
3. 클라이언트에게 제공된 서비스의 효과성을 수시로 확인한다.

(6) 평가

사례관리 서비스계획의 추진이 이뤄진 다음 그 개입에 따른 문제의 경감정도를 파악하는 것이다. 사례관리자에 의해 형성되고 조정되는 서비스 계획, 구성요소, 활동 등이 과연 얼마나 목표한 대로 클라이언트에게 긍정적 영향을 미쳤는지를 평가하고, 동시에 투입과정이나 투입내용도 그만한 가치가 있었는지 내부평가도 함께 이뤄질 수 있다. (첨부3. 사례관리 종결 기록서 참조)

이 단계에서 수행해야 할 일

1. 문제해결을 위한 각각의 활동이 제대로 수행되었는지 확인한다.
2. 당초에 수립된 목표를 달성하였는지 구체적으로 평가한다.
3. 목표달성을 위한 서비스가 적절한 방법으로 제공되었는지 확인한다.

3) 사례회의

현재의 사회복지시설은 전문적인 서비스를 제공할 수 있는 조직구조가 마련되어 있지 않은 경우가 많다. 대다수의 시설에서 다양한 업무를 동시에 처리하기 급급한 나머지 조직 내외의 서비스 연계가 어렵다는 것을 의미한다. 하지만 사례관리자는 대상자 한 사람의 삶의 변화를 지원하는 핵심적인 역할을 수행해야 하기에 보다 집중적으로 사정하고 계획하고 추진해야 할 필요가 있다. 이런 차원에서 사례회의는 드러난 문제와 잠재된 문제를 모두 밝히고 동료들과 함께 중지를 모아 이를 해결하기 위한 전문활동이다. 그 과정에서의 의견들은 책임과 비난의 대상이 되는 것이 아니기 때문에 슈퍼바이저와 동료 사회복지사들, 그리고 네트워크 기관들이 허심탄회하게 논의할 수 있는 구조와 문화를 가지는 것이 가장 바람직할 수 있다.

[사례회의의 2가지 형태]

팀 내 사례회의	– 매월 2회 사례회의 진행 – 서비스 연계 유무 및 진행방법에 대한 논의	• 사정기록지 • 기타) 해당 척도지 • 사례관리 회의록
합동 사례회의	– 참여자: 사례관리팀, 기본위원, 협력위원, 자문위원 – 매월 1회 진행	• 회의참석요청 공문발송 • 사례회의록 • 기타) 회의자료(인테이크 기록지 등 필요서류)
※ 공통사항: 담당 사례관리자의 사례보고, 사실 확인 및 질의응답, 영역별(주거, 경제적, 건강, 정서, 일상생활, 사회지지체계 등) 대상자 문제점 및 욕구파악, 문제의 우선순위 및 세부실천목표 설정 (정보/서비스 이용자, 사례관리 대상자(일반, 집중), 위기관리 대상자)		

출처: 상인종합사회복지관 2008 Case Management Workshop 자료집.

사례관리에서 중요하게 강조할 것은 대상자의 생태도와 개인 사회복지사의 생태도를 최대한 활용하여야 한다는 것이다. 물론 개인 사회복지사의 생태도는 기관의 생태도를 포함하는 것으로 보아도 좋을 것이다. 결국 사례회의를 통하여 다양한 문제를 분석하는 것뿐만 아니라 지원가능한 자원을 분석하는 것도 매우 의미 있는 것이며 욕구와 자원 혹은 해결방법을 정확하게 일치시키는 것이 사례회의의 실질적인 효과라고 할 수 있다.

이 단계에서 수행해야 할 일

1. 대상자들이 직접 해결해야 할 일을 정한다.
2. 대상자들의 문제를 해결하는 데 도움이 되는 자원을 결정한다.
3. 대상자들의 문제를 해결하는 데 방해가 되는 요인을 찾아낸다.

4) 타 기관과 네트워크 구축하기

네트워크는 인간관계에 있어서 그물망 조직, 혹은 2개 이상의 행정조직을 연계, 협동시키는 활동망이라는 의미로 사용되며, 조직 상호 간의 서비스 조정으로 서비스 전달에서의 효율성을 증대하여 효과적으로 사업을 전개하기 위한 것으로 정보 교환, 업무제휴, 협력 등의 수준에서 직·간접적인 상호작용이 이루어진다(최영신 · 김만호, 2006: 32).

기관 간 연계, 즉 네트워킹은 클라이언트에게 필요한 서비스를 최선의 수준에서 최적으로 제공할 수 있으며, 연계가 강화되면 클라이언트의 서비스 선택 대안이 늘어나게 된다. 또한 서비스 제공기관 간의 유대를 증진시키며 서비스 질, 다양성을 향상시킨다(이금진, 2003: 36). 네트워크는 네트워크의 핵심행위자를 중심으로 다른 구성원을 접촉할 수 있는 접근성, 네트워크 참여자 간 친밀도, 접촉정도, 지속성 등을 중심으로 효과성을 파악할 수 있다(김희연, 2002: 43). 하지만 네트워크를 구축하더라도 체계적인 협력방법의 부족, 사업에 대한 정보부족, 공동목적에 대한 합의 부족 등의 이유 때문에 효과를 거두기는 어렵다(이금진, 2004: 53). 따라서 네트워크를 구축하기에 앞서 기관 간에 충분한 논의를 거쳐 다른 어떤 업무보다 연계업무를 우선적으로 수행하여야 한다.

네트워크는 개인수준에서의 네트워크, 실무담당자 수준에서의 네트워크, 단체 및 기관수준에서의 네트워크, 그리고 제도 및 정책수준에서의 네트워크로 구분되기도 한다(최영신 · 김만호, 2006: 32). 사회복지현장의 네트워크는 단체 및 기관수준에서의 네트워크로써 공식적인 의미를 가진 것으로 볼 수 있다. 따라서 기관 간 사업의 연계라는 의미를 가지고 있으며, 사업의 효과성은 기관 간 협력 정도에 의존할 수밖에 없다. 하지만 사회복지현장은 이미 목표와 대상이 정해져 있으며, 협력기관도 선정되어 있다. 물론 대상자의 욕구에 따라 협력기관이 추가적으로 필요할 수도 있을 것이다. 이러한 상황을 고려하여 다음과 같이 네트워크 실천 활동을 제시할 수 있다.

(1) 타 기관 사업 이해하기

네트워크를 구축하면서 기본적으로 이해되어야 할 내용이 타 기관의 사업내용이다. 네트워크를 구축하는 기본적 의도가 타 기관의 사업을 끌어와서 필요한 서비스를 제공하기 위함이기 때문이다. 따라서 기관에서 실천하고 있는 사업을 구체적으로 파악함으로써 필요한 자원을 확보하고 부족한 자원을 확보할 방안을 모색할 수 있다. 그럼으로써 타 기관과의 네트워크는 형성되어 있으면서도 활용할 수 있는 사업이나 자원을 충분히 알고 있지 못해 불필요한 수고를 하거나 서비스연계를 포기하는 오류를 줄일 수 있을 것이다.

(2) 서비스 목록 작성

네트워크의 목적은 사업을 효율적으로 수행하면서 효과성을 높이는 것이다. 대상자에게 필요한 서비스 목록을 미리 작성함으로써 쌍방 간에 불필요한 협상을 줄이고 한편으로 자연스럽게 사업을 연계할 수 있다. 타 기관의 연계내용을 분석하면 주로 홍보, 회의, 교육, 견학, 의뢰 등이 이루어지고 정작 중요한 사업의 교류나 인적 교류는 활발하게 이루어지지 않은 특성이 있다(최영신 · 김만호, 2006: 40-41). 따라서 목록을 작성하여 사업내용과 담당자를 미리 정함으로써 네트워크의 실질적 효과를 높일 수 있을 것이다.

(3) 사례회의(Case conference) 및 목표수립

사례회의는 클라이언트의 현 상황을 전문영역에서 객관적으로 분석하고 목표를 수립하여 필요한 자원을 연결시키기 위해 동료 및 네트워크기관들과 함께 논의하는 공식적 과정이다. 물론 이 과정에서 고려할 것은 대상자의 능력과 사회적 관계망을 파악하는 것이며, 소속기관 및 네트워크기관에서 제공할 수 있는 서비스 목록과 욕구를 연결시키고 부족한 자원을 확보할 방안을 모색하는 것이 이 단계의 과제이다. 특히 목표는 실행할 구체적 과업을 중심으로 세우는 것이 실제 서비스를 수행하는 과정이 수월하고 그 효과도 높일 수 있다.

(4) 기관 간 역할배정 및 수행

기관 간 역할은 제공된 목록에 따라 사례회의를 거쳐 합의적으로 역할을 배정하는 것이 좋다. 이 경우 다양한 서비스기관이 참여하기 때문에 대상자가 혼란을 느끼지 않도록 주 담당자를 정하고 다른 기관은 협력기관으로써 적극적으로 참여하는 것이 바람직하다. 따라서 사회복지현장의 참여기관들은 각각이 주요 역할을 수행하는 것으로 보아야 하지만, 역할을 주도적인 기관에 떠맡기는 경우 네트워크는 해체될 수 있다. 따라서 각각의 기관은 서로 존중하는 자세로 각자의 맡은 역할을 적극적으로 수행하는 노력이 선행되어야 한다.

(5) 모니터링 및 재사정

모니터링은 대상자와 사회복지현장과의 지속적인 접촉을 필요로 한다. 대상자와의 약속이 제대로 이행되고 있는지, 서비스는 제대로 제공되고 있는지 등과 함께 대상자의 반응을 평가하고 또 다른 서비스를 제공하거나 연계시킬 준비를 하기도 한다(정순둘, 2005: 50). 물론 문제가 충분히 해결되고 대상자가 자립적으로 생활할 수 있다고 판단되는 경우 사례관리를 최종종결하는 것도 포함된다.

이와 같은 실천활동은 여러 가지의 조건에 따라 많은 영향을 받게 된다. 네트워크가 서로 간의 신뢰를 기반으로 하는 상호의존적 협력관계를 의미하는 것이라면 이러한 관계를 형성하고 유지하고 존속하는 데에 힘, 영향력, 친분관계, 지도력, 의

사소통, 대인관계 등이 영향을 미친다. 따라서 사회복지사는 신뢰를 바탕으로 네트워크기관을 대하는 자세와 더불어 업무에 영향을 미칠 수 있는 각종 공식적, 비공식적 영역에 있어서도 진정성 있고 호의적인 역량과 관계성을 가지도록 노력해야 할 것이다.

4. 사례관리의 한계

사례관리는 사회복지의 정체성을 가장 잘 드러내는 영역이다. 그만큼 다양한 전문영역의 기능이 통합되어 있고, 문제해결과정에서 클라이언트가 주체적 역할이 되도록 노력한다는 점과 다양한 지역사회 자원이 협력하여 문제를 해결해 나간다는 점에서도 그 의미가 크기 때문이다.

이렇듯 중요한 사례관리영역이지만 아쉽게도 사회복지현장의 근무환경이 사례관리 담당자만이라도 사례관리에 집중할 수 있도록 조성되어 있지는 않다. 시설의 과업이 많고 한정된 인력으로 사례관리 전담자를 두기가 쉽지가 않은 것이다. 너무 많은 사례관리 대상자도 현실을 더욱 어렵게 하고 있다. 이런 불균형은 당사자와 가족의 동기를 더욱 저하시키고 사례관리자도 지치게 하는 등 여러모로 한계점을 가지고 있는 게 사실이다.

사회복지사가 활동하는 사회복지현장은 수급자를 중심으로 일회적이고 단발적으로 제공되던 복지서비스를 종합적이고 포괄적이고 지속적으로 제공하기 위한 노력으로 탄생되었다. 그러한 노력의 일환으로 다양한 공공과 민간복지영역이 확산되어 왔고, 각자의 역할을 충실하게 수행하고 있으며, 그 어떤 복지영역에서도 사례관리는 빠지지 않는 가장 기본적인 영역이고 핵심적이라 할 수 있다. 네트워크를 통한 사례관리 연계협력의 초석은 마련되었다고 보아야 할 것이다.

그래서 사례관리를 포함하여 사회복지현장의 한계점에 대해 현실적으로 그나마 돌파구가 될 수 있는 것은 해당 시설이나 담당 사례관리자만의 과업이라 여기지 말고, 많아지고 다양해진 지역사회 내 여러 조직과의 네트워크를 강화하고 긴밀하게 하는 것이다. 여기에는 시설의 철학과 노력도 중요하지만 못지않게 사회복지사의 철학과 실천역량도 중요하게 작용된다. 각자의 희생과 노력보다는 네트워크에 기반한 협력과 연대로 상당부분 극복할 수 있을 것으로 기대해 볼 수 있다.

[첨부1] 사례관리 계획서

사례관리 계획서

실습생명:

클라이언트명		성 별		조사일	
주 소		전화번호		작성일	
직 업		학력		연령	
의뢰경위		경제상태	□ 일반 □ 저소득 □ 수급자		

1. 일반적인 사항

- 가족상황, 경제상황, 건강상황, 일상생활 및 주거상황, 사회심리적 상황, 자원활용상황

2. 클라이언트에 관한 사항

- 신체, 인지, 정서, 행동기능면/클라이언트의 강·약점

3. 욕구진술

4. 개입계획

욕구	결과목표	세부목표	표적체계	개입전략 및 수행방법	비고 (역할분담 등)

5. 서비스 일정표

날짜	담당	서비스 목표	서비스 내용	준비물	비고

[첨부2] 사례관리 진행일지

사례관리 진행일지(　　　회)

클라이언트명		실습생명	
일　　시		장　　소	

1. 목표 및 내용

결과목표	하위목표	서비스목표	서비스내용

2. 과정기록

3. 평가

1) 목표달성 및 서비스 평가

2) 클라이언트에 대한 평가

3) 사례개입에 대한 자신의 역할 평가

4. 계획

[첨부3] 사례관리 종결기록서

사례관리 종결기록서

클라이언트명	
실습생명	
서비스제공기간	

1. 제공된 서비스

2. 사례관리 목표 달성정도

3. 사후지도 계획

Chapter

08

사회복지프로그램

Chapter

08

사회복지프로그램

사회복지실천현장은 여러 가지 형태의 기획과 실행들, 그리고 평가 등으로 이어지는 일련의 과업을 수행한다. 많은 과업 중에서 가장 대표적인 두 가지 과업을 고른다면 바로 사례관리와 프로그램이다.

통상적으로 이용시설이나 거주시설에서 종사하는 사회복지사의 활동은 사례관리를 통해 개별적으로 먼저 이루어지게 된다. 사례관리 과정 중에 다수의 클라이언트에게 나타나는 욕구나 문제가 발견되었을 때 집단을 대상으로 하는 프로그램을 시행함으로써 공통의 문제 해결에 접근할 수 있다. 이것이 바로 사회복지프로그램이다.

따라서 사회복지현장에서의 프로그램 작성 방법을 이해하고, (예비)사회복지사로서 평소에 어떤 준비를 해야 하는지 전반적으로 살펴볼 수 있는 학습이 필요하다. 실습생 역시 가장 많이 과제로 부여받는 부분 중에 하나가 바로 프로그램과 관련된 프로포절이나 프로그램 운용과 평가 등이다. 기본적으로 현장에서의 사회복지프로그램은 처음 기획하고 만들어 내는 프로그래밍 단계도 다룰 필요가 있고, 프로그램을 진행하면서 유의해야 되는 것들도 다룰 필요가 있으며, 프로그램을 마쳤을 때 어떻게 평가할 것인가에 대한 부분도 중요하다.

이 장에서는 프로포절의 기본적인 설명과 동향과 함께 프로그램 기획단계와 작성단계 두 부분을 중점적으로 다루고자 한다. 왜냐하면 프로그램 운영과정상의 내용은 내외부의 슈퍼비전을 통해 상시적으로 다뤄질 수 있는 부분이고, 다양한 상황이 존재하기 때문에 사회복지현장이나 개별 프로그램 여건에 따라 상이하게 설명할 필요가 있기 때문이다.

1. 프로포절의 개요

통상 사회복지사가 현장에서(물론 실습생도 실습기간 중에 같은 경험을 하게 되지만) 경험하게 되는 여러 가지 과업들 중에서 프로그램의 기획, 즉 프로포절에 대한 부담이 가장 크다고 한다. 기본적으로 이미 진행되는 프로그램이나 혹은 새롭게 만들어 내는 프로그램 모두 사업계획서라는 프로포절의 과정을 통해서 시작되기 때문에 그 목적과 내용, 자원의 동원이나 예산확보 등 종합적인 기획서를 만들어야 하는 부담이 있으며, 각 단계마다 욕구파악을 어떻게 할 것인지, 목표를 어떻게 설정할 것인지, 추진내용에 있어 어떤 아이디어를 접목할 것인지, 성과는 어떤 기준으로 측정되게 할 것인지 등등 다양한 측면을 고려하여야 한다. 외부기관에 제안하여 기금을 지원받고자 하는 외부펀드사업의 경우에는 경쟁을 통해 프로포절을 심사받은 결과로 채택여부가 결정되기 때문에 그런 부담감은 더욱 가중된다고 할 수 있다. 그러나 수고한 만큼 채택되었을 경우 안정적인 재정을 바탕으로 사회복지사가 기획한 대로 멋진 프로그램을 운용해 볼 수 있다는 보람과 함께 프로포절에 대한 자신감과 역량강화도 동시에 얻게 되는 귀한 성장과정이 된다는 점에서 그 의미는 충분하다 할 수 있다.

2. 프로포절 작성의 필요성

사회복지현장은 늘 사업에 필요한 예산이 충분하지 않다. 지역주민이나 클라이언트의 문제나 욕구에 효과적으로 대처하기에는 지원받는 예산규모가 충분하지 않기 때문에 일상적인 프로그램 외에 특별한 문제에 적극적인 개입을 시도하기 위해서는 외부펀드를 지원받을 수 있는 공모사업에 관심을 둘 수밖에 없다. 대부분 주어진 예산에서 시설을 운영하고 있지만 사회복지사들의 역량과 노력으로 공익재단 등의 외부지원금을 유치하게 되면 보조금 이외의 추가적인 자금을 확보하게 되고, 그 사업내용에 있어서도 차별성 없이 진행되는 기존의 사업이 아닌 다소 도전적이면서 의미 있는 사업을 추가로 실시할 수 있는 기회를 갖게 되는 것이다. 그런 것들이 많아질수록 지역사회, 지방자치단체, 그리고 동종의 사회복지현장에서 그 시설과 사회복지사의 역량을 높게 평가하는 하나의 잣대가 되며, 이는 그 시설과 사회복지사의 자긍심으로 이어지게 된다.

3. 최근 외부펀드 지원사업의 동향

외부공모사업에 대한 프로그램 계획서, 즉 프로포절을 작성하는 양식은 대부분의 지원법인이나 단체에서도 사회복지공동모금회 양식을 준용해 왔다. 하지만 최근에는 지원단체의 입장에서 지원하고자 하는 사업의 범위나 테마를 독자적인 형태로 바꾸고 있으며, 그에 따라 프로포절의 제출양식도 다양해지는 양상을 보이고 있다. 다시 말하면, 수많은 지원법인들이 각각의 법인이 추구하는 목적성을 분명히 하면서, 그 공모사업의 제출양식도 본인들의 목적성에 부합하게 다채롭게 변형하고 있는 것이다. 예를 들면, 과거에는 장애인, 아동, 노인 등 특정 영역을 규정해서 사업공모를 하든지, 아니면 아예 영역을 정하지 않고 자유주제로 제안 범위를 열어두는 방식으로 공모가 진행되었고 이에 현장에서는 여러 대상 유형 중에 해당 시설에서 필요하다고 판단되는 유형을 선택해서 프로포절을 충실하게 작성하여 제출하는 방식이었다. 하지만 이제는 그 범위나 대상이 매우 다양해지고 관점도 다양해져서 각 지원법인의 공모내용을 충분히 이해하고 프로포절을 작성해야 하는 상황이다. 예를 들면, 주제의 제한이 없는 경우도 있고, 반대로 공모주제를 매우 좁게 정하는 경우도 있으며, 지역사회 내 역할로서 네트워킹, 옹호, 사회행동 같은 특정범위로 한정 짓기도 한다. 또한 기획단계의 욕구조사나 프로그램 평가시의 질적 평가를 의무적으로 활용해야 한다는 전제를 제시하기도 한다. 심지어 이러한 공모내용 자체의 차별성을 강조하기 위해 별도의 프로포절 제안문에 대한 사전설명을 책자나 온라인설명서로 발행해서 특화시켜 나가는 경우도 있다. 이렇듯 외부펀드 지원사업이 기존의 통일된 방식에서 모두 다른 형태로 공모가 진행되고 있다는 점이 가장 큰 변화이다. 따라서 현장에서는 우리 시설에서 필요한 사업만 생각해서 양식에 맞춰서 작성하기보다는 각 지원단체가 지향하는 목적성과 그에 따른 세부 공모정보를 충분하고, 정확하게 숙지하는 것이 매우 중요하다.

4. 공모정보에 어떻게 접촉할 것인가

최근에는 기존의 대기업들이 사회공헌차원에서 운영하는 공익재단(예, 삼성복지재단, 아산복지재단 등) 외에도 여러 형태의 공익재단이 다양하게 생겨나고 있다. 그리고 지자체나 광역단체 등 공공부문에서도 공모사업형태로 프로포절을 심사하여 지원금을 선별 지원하는 방식도 늘고 있다. 과거 공익재단이 많지 않을 때에는 매년 특정 월에 공모사업을 공고하였지만, 지금은 그런 재단이나 단체가 너무 많아졌고, 그 목적성과 방식도 다양화되었기 때문에 어떤 재단이 언제 어떤 내용으로 공모 사업을 하는지 등의 정보를 정확히 모니터링하는 것부터가 사실상 이 업무를 잘할 수 있는 출발이라고 볼 수 있다.

그러면 그 정보를 어떻게 늘 모니터링하고 빠짐없이 잘 체크할 수 있을까? 우선 대부분 그런 공모재단들은 홈페이지를 가지고 있고 홈페이지에 공고문을 게재한다. 또한 점차 SNS도 함께 운용하는 공모재단들이 늘어나는 추세이다. 따라서 외부펀드 지원사업이 필요한 시설에서는 사회복지사들이 관심을 가지고 체계적으로 그 정보에 접근할 수 있는 가능성을 높이는 것이 중요하다. 시설 내에서 사회복지사들이 지원사업 정보를 발견할 때마다 서로 공유하고 리스트업해야 하며, 개인적으로도 홈페이지의 즐겨찾기나 북마크 같은 기능을 잘 활용해야 한다. 지원법인의 수가 늘어남에 따라 그 체크리스트도 점점 많아지는 만큼 요일별로 나눠서 매주 1회씩 간단히 체크해 나가는 방식도 하나의 방법이 될 수 있겠다. 결론적으로 공모정보를 빠짐없이 체크하기 위해서 정기적으로 누군가 일상적인 업무로 모니터해 나가는 시스템을 갖추는 것이 중요하고, 사회복지사 개인도 각자의 방식으로 일상적인 노력을 기울일 필요가 있다.

또 보건복지부뿐만 아니라 여러 복지관련 재단이나 단체들이 메일링서비스를 하고 있다. 그 메일링서비스에서 친절하게도 매주 공모사업에 대한 내용을 모아서 올려 주기도 한다. 즉, 자신의 메일이나 기관메일에서 개별적인 지원단체의 공모정보뿐만 아니라 한국사회보장정보원의 복지로그인, 각 지자체의 고시공고정보, 각종 협의회나 협회 등의 수합된 정보를 배포하는 메일링서비스를 잘 관리하는 것도 도움이 된다. 메일링서비스는 홈페이지에서 찾아가서 간단하게 신청할 수 있으므로 섬세하게 살펴보며 메일을 통해서 누락 없이 시스템적으로 공모정보를 확보하는 방식이 중요하다고 볼 수 있겠다.

마지막으로 공모의 창조라고도 할 수 있는 것으로, 공모사업에는 없는데 공모를 이끌어 내는 선제안 방식의 적극적인 노력이 필요한 경우가 있다. 정말 좋고 참신한 사업에 대한 아이템이 있다면 그에 맞는 지원재단의 공모 정보를 계속 기다릴 것이 아니라 나름의 유연성을 가진 공모재단에 공모 기간이 아님에도 사업공모를 제안할 수 있는, 즉 '우리가 이렇게 좋은 사업을 하려고 하니 한번 지원해 주시면 어떻겠습니까?'라는 제안도 가끔은 유효한 과정으로 이어질 수 있다. 모금재단, 사회공헌기업, 공공기관 등 다양화된 공모기관에서는 나름의 재원을 가지고 있으므로 재단에 따라 유연한 결정으로 이어지는 경우도 종종 있음을 기억하자. 실제 경험한 예를 들면, 특수차량 지원대상에 없었던 '밥차'를 담당자를 설득하여 특수차량 지원대상에 추가함으로써 특별배분형태로 지원받은 사례, 주차장으로도 쓸모가 없는 공간을 친환경모래의 어린이놀이터로 만들고자 아동지원재단에 제안하여 지원금을 받게 된 사례 등이 실제로 있었다.

결국 사회복지사는 항상 이런 정보를 가까이 그리고 신속하게 접할 수 있어야 되고, 또 언제나 공모 요강에 맞으면서 제안할 수 있는 아이템을 미리 가지고 있어야 하기 때문에 이와 관련된 사회복지사의 역량의 핵심은 평소에 늘 그런 고민, 아이디어, 벤치마킹 등을 지속하는 노력, 그리고 적절한 시기에 잘 맞아떨어지는 공모정보와 정확히 연결해 내는 것이라고 볼 수 있다.

5. 프로포절 작성실무

1) 기획단계

프로포절 작성의 시작단계에서 주제(테마)가 결정되어 있지 않다면 어떤 프로그램을 만들어야 할지에서부터 누구나 깊은 고민에 빠지게 된다. 어떤 테마로, 어떤 대상으로, 어떤 방식으로, 어느 정도의 규모로 등등... 결국 이번에는 어떤 프로포절을 만들 것인가, 어떤 프로그램을 새롭게 시작해 볼 것인가 하는 근본적인 고민을 정리해 내는 과정이 가장 힘든 과정이기도 하면서 동시에 사실상 가장 중요한 단계라고도 할 수 있다.

(1) 문제의 파악

시작단계에서 그 고민을 해결하기 위한 첫 번째 단계는 욕구나 문제의 파악에서 시작되어야 한다. 이러한 욕구나 문제의 파악은 공모사업을 앞두고 급하게 하는 것이 아니라 평소에 늘 그런 고민, 부분을 찾아보는 시선을 가지고 있어야 하고 다양한 방식으로 어떤 프로그램이 그 문제나 욕구를 해결할 수 있을지 구체적으로 아이디어를 개발해 내는 연습이 필요한 것이다. 예를 들면, 이 지역사회에서 우리 시설이 장애인에 대한 프로그램이 다른 영역보다 너무 비중이 낮다라고 생각이 들었을 때는 장애인 당사자 분들이 인정하고 참여하기 좋은 프로그램, 진정으로 원하는 프로그램이 뭔지 평소에 관심을 갖고 조사해 나가야 한다.

초기에는 장애인 당사자분들께 복지관에서 어떤 프로그램을 하면 좋겠는지 여쭤보는 것에서 시작되는 것이고 거기서 좀 더 구체화하기 위해 설문조사 형태로 하거나, 일부 거주자나 이용자 같은 분들과 함께 소규모 면접방식으로 진행해 보는 등 구체적인 욕구나 문제, 그리고 해결방안을 파악해 나가는 것이다. 이렇게 기본적으로 프로그램의 잠재적 참여자들에게서 발견되는 욕구나 문제의 파악이 첫 번째 단계일 것이다.

또한 해결방안과 관련되어 장애인 관련 다양한 시설이나 단체들에서 이미 하고 있거나 좋은 반응을 보이고 있는 프로그램이 어떤 게 있는지도 함께 살펴볼 필요가 있다. 어쩌면 우리 지역에 인근 기관에서 이미 실시하고 있는 사업임을 알게 되어 중복을 피할 수 있다는 점도 있고, 참고하면서 완전히 새롭게 생산해 내는 방식의 신규프로그램이 탄생될 수 있으며, 타 지역에서 이미 의미 있게 하고 있는 프로그램을 우리 지역이나 우리 시설의 장애인들도 누릴 수 있게 하는 것도 하나의 방법이 될 수 있기 때문이다.

(2) 기획회의

어느 정도 욕구나 문제의 파악이 이뤄지고, 타 시설과 지역의 선행경험이나 유사 프로그램에 대한 자료가 축적되면 동료들과 같이 브레인스토밍 시간을 갖기를 권한다. 사실상 프로포절은 한 사람이 감당하기에는 벅찬 과업이기도 하고, 그렇게 만들어진 기획서가 최선으로 잘 만들어진 기획서라고 확신하기도 어렵다. 여러 명이 함께 의논하고 아이디어를 합해 나가는 충분한 토론시간을 통해 최종담당자는 막힘없이 거대한 여정을 무리 없이 수행해 나갈 수 있고, 그 내용의 풍성함도 갖춤으로써 최선의 프로포절로 이어질 수 있는 것이다. 이는 실습과정에서도 동일하게 적용된다.

구체적으로 브레인스토밍 단계에서 다뤄지는 범위는 제한이 없을 정도로 상당히 폭넓다고 볼 수도 있지만 궁극적으로는 공모사업의 목적성과 우리 시설의 현실적 상황 모두를 충족할 수 있는지를 정확하게 확인하는 효과를 기대할 수 있다. 조사된 자료들이 신뢰할 수 있는 것인지, 신규사업으로 추진할 것인지 아니면 자체사업으로 우선 실시 후 추후 그 실적을 바탕으로 제안하는 게 맞을지, 자체추진 후 추후 제안한다면 금번 공모사업에는 어떤 기존사업을 제시할 수 있을 것인지, 제목은 매력적인지, 사업내용이 목적달성에 적합하게 구성되었는지, 예산은 적절하게 편성되었는지, 성과는 무엇으로 측정할 것인지 등등 수많은 검토를 다양한 시각으로 진행하게 된다. 이 모든 것을 한 담당자, 혹은 몇 명의 팀원이 다 하기에는 어렵기도 하고 가능하지도 않기 때문에 기획단계에서 동료들과 함께하는 브레인스토밍을 통해 이런 모든 질문을 생산해 내고, 그에 대한 해결책과 대응방법을 정리해 나가면서 보다 확신에 차고 역동적인 프로포절 작성실무단계로 나아가는 것이다. 즉, 큰 그림을 정확히 그려 내고 실제 작성과정에서의 혼란과 재작업의 비효율성을 줄이면서 협업하는 모든 동료들과 담당자는 목적한 바를 이루기 위한 프로포절을 자신 있게 수행해 낼 수 있다.

2) 작성단계

(1) 공모 의도의 이해

프로그램에 대한 큰 그림이 명확히 그려진 다음에 실제로 각각의 양식에 의거하여 작성단계로 들어가게 된다. 이때 가장 먼저 중요하게 해야 할 일은 공고문의 공모내용을 충분히 정독하는 것이다. 통상 상당히 완성도가 높은 프로포절을 만들어 내고서도, 실제 제출 시 공고문을 자세히 읽지 않아서 첨부서류나 작성원칙 등을 지키지 못하여 선정되지 못하는 사례가 종종 발생한다.

다소 추상적이더라도 공모사업의 취지나 방향성을 충분히 이해하는 큰 부분부터 작게는 예산상 자부담의 필수배치 여부라던지 강사비의 기준은 얼마로 하는 것이 원칙인지 등등 소소한 부분까지 제시된 공고문의 원칙을 따라 주는 것이 기본이다. 지원할 시설을 결정하는 심사위원들 입장에서는 가장 먼저 기본적인 부분을 누락하거나 틀린 프로포절부터 제외한 후에 나머지 남은 프로포절을 가지고 심사를 한다는 사실을 잊어서는 안될 것이다. 심사위원 입장에서는 선정기관 수는 작은 데 공모에 응한 수많은 시설을 대폭 줄여 나가는 가장 합당한 방식이 그런 방식일 것이고, 이러한 방식이 추후 문제될 때 분명한 대답을 할 수 있는 부분이기에 시설입장에서는 기본적인 내용을 잘 갖추는 것이 무엇보다 필요하다. 이 부분을 놓치고 프로포절 내용 자체에만 최선을 다한다면 자칫 무모한 수고가 될 수 있음을, 그리고 그 실수 덕에 좋은 서비스를 제공받을 수 있는 당사자에게 피해를 끼친다는 사실을 꼭 기억할 필요가 있다.

(2) 내부역량파악

프로포절 공고내용을 충분히 숙지한 다음에 본격적인 서류작업에 들어가게 된다. 물론 사전에 우리 시설의 강점과 경험들, 내외부 네트워크의 풍부함과 다양성, 활용 가능한 자원들 등에 대해 충분히 리스트업해야 적재적소에 충분히 어필하며 활용할 수 있다. 지원을 결정하는 단체에서는 이런 경험적인 네트워크나 풍부한 자원 등의 강점 등이 있을 때 지원금의 효과가 더욱 잘 발휘될 수 있다는 신뢰를 갖게 될 것이기 때문이다. 각 영역에서 어필할 수 있는 우리 시설의 강점이 부족하다고 생각될 때에는 혼자 고민하기보다는 역시 동료의 도움을 통해 이미 존재하지만 미처 인식하지 못한 또 다른 강점을 발견할 수도 있을 것이다.

(3) 성과의 계량화

우수한 프로포절의 판단여부 기준 중 가장 많이 사용되는 것 중의 하나가 바로 '성과의 계량화'이다. 추상적이고 좋은 문장으로 나열된 기술이 아니라 이 프로그램을 실시할 경우 바뀌게 되는 변화상황을 측정가능한 분명한 목표를 제시하여야 한다. 성과목표를 정확하고 의미 있게 제시할 수 있을 때 심사위원은 '우리가 이 시설에 프로그램 예산을 지원하면 이렇게 역량 있는 시설과 직원들이 구체적이고 분명한 변화를 이끌어 내겠구나'라는 신뢰를 가지게 된다. 그렇게 우리가 목표하는 바를 측정가능한 목표로 전환하여 분명하게 제시하는 것이 매우 중요하다. 단순한 예를 들면, 거주인들의 비만문제를 해결하기 위해서는 프로그램 전후 체지방율의 감소를 측정하여 프로그램의 효과성을 증명해 내겠다는 식이다.

(4) 질의방법

프로포절 작성 중에 문의 사항이 있을 경우에는 늘 홈페이지의 Q&A를 살펴보고 추가적으로 필요한 사항을 전화나 이메일로 문의하면 된다. 또 전화보다는 이메일로 먼저 문의하고 기다려 주는 것이 담당자를 좀 더 배려하는 관계가 될 수 있을 것이다. 간혹 그렇게 질의하는 과정 자체를 부담스러워 하는 경우가 있는데 이는 결국 적극성이 떨어지는 과정이 되는 것이고, 한 번의 문의를 아낀 결과 안타깝게도 소소한 실수를 방지하지 못하고 만다. 실습과정 중에도 마찬가지이다. 애매하거나 궁금한 것은 주저하지 말고 슈퍼바이저나 멘토 선생님 혹은 주변에 있는 선배 사회복지사들에게 확인하는 것이 가장 빠르고 확실한 방법이다.

(5) 작성요령

프로포절 작성실무단계에서는 각 항목별로 유의해야 할 부분이나 핵심적으로 다뤄야 할 내용이 있으므로 이를 제대로 이해하고 있을 필요가 있다. 또한 각 항목별로 연관성이 있어야 함도 충분히 이해하고 있어야 한다. 예를 들면, 목적과 목표항목은 뒷부분의 평가항목과 반드시 연결되어야 하는 것처럼 각각의 항목은 다른 항목과 연결성을 갖고 있어야만 전체 프로포절 내용의 일관성과 정합도가 지켜지는 우수한 프로포절이 될 수 있다.

① 사업명

무엇보다 사업명이 갖는 의미와 영향력은 아무리 강조해도 지나치지 않다. 사업명의 중요성은 프로포절의 성격을 한 번에 파악할 수 있기 때문이고, 프로포절에 있어 첫인상으로서 심사위원으로 하여금 관심을 불러일으키는 데 가장 중요한 것이 바로 제목이라고 할 수 있다. 그 제목이 얼마나 매력적이고 분명한지, 즉 추상적이지 않으면서도 기억하기 좋고, 심지어 이해하기도 좋고 재미있기까지 한 제목과 부제로 그 프로그램의 정체성을 잘 나타내는 게 매우 중요하다. 핵심은 대상, 목표, 내용 이 세 가지를 모두 설명할 수 있는 사업명이어야 한다. 또한 부제를 통해 관심과 매력을 불러일으킬 때 이해와 호감 두 가지 모두를 확보할 수 있다. 대상(=누구를 프로그램 참여대상으로 하여), 목표(=긍정적인 변화를 이끌어 내는 목표 아래), 내용(=이런 이런 사업내용으로 구성하여 진행하고자 한다)라는 설명이 모두 이 '제목'안에 녹아 있는 것이다. 거기에 재미있고 참신한 부제를 붙임으로써 기억하기 좋은 프로그램명이 완성되는 것이다.

예를 들면, "거동불편 장애인들의 이동권 보장을 위한 장애인이동차량 운영사업_부제: 행복한 동행"과 같은 사업명을 정할 수 있다. 참고로 다양하고 기발한 제목을 조사하고 싶다면 상당수의 지원재단에서 선정된 사업에 대한 리스트를 홈페이지에 공개하는 경우가 종종 있다(아래 예시표 참조). 그런 제목들을 보면서 프로그램 제목 네이밍의 맥락과 추세를 찾아 나가면 보다 더 좋은 제목을 창조해 내는 경험을 할 수 있을 것이다.

기관명	선정 프로그램명	주제
(사)**세상	지역사회네트워크를 통한 평화로운 학교지원 Project "365 79 SAIDA"	학교사회사업
(사)**나눔	다문화가정 관계개선 및 보육지원 프로그램 - 함께 만들어 가는 다문화지구촌 북카페	사회문제
**복지관	미취업 성인장애인의 자립을 위한 지역사회 통합 프로그램	장애인
**들찬빛	지적장애인의 인권보장을 위한 "소통을 위한 찾아가는 인권교육"	장애인
**복지관	장기요양보험 비인정자(4~5등급)인 경로당 내 후기고령 허약노인들을 위한 지역사회 거점형 장기요양예방체계 구축사업	사회문제
**복지관	복지관-가정-지역사회 Network강화를 통한 보호관찰 청소년 Empowerment 강화 프로그램	지역사회

기관명	선정 프로그램명	주제
**복지관	해외입양인 뿌리찾기 프로그램 “Who am I?”	사회문제
**노인복지관	황혼 이혼 위기에 놓인 ‘부부의 역량강화를 통한 부부관계 개선’ 프로그램	가정
**복지관	발달장애아동을 둔 어머니의 우울증 예방을 위한 양육스트레스 관리 프로그램	가정
**나눔의집	“존재를 존중하는 호혜적 교환노동의 타임달러”	방법론

② 사업의 필요성

사업의 필요성은 프로그램을 왜 하려고 하는지에 대해 기술하는 방식으로 작성해 나가는 부분이다. 여기서의 핵심은 글이 너무 길어지면 심사자들이 읽는 것을 힘들어할 수 있기 때문에 중요내용을 쉽게 파악할 수 있게 핵심부분에 대한, 즉 밑줄이나 굵은 글씨체로 편집하는 것이 좋다. 물론 글의 분량자체가 너무 길지 않도록 하는 것도 기본이고 통상적으로는 A4지 한 장을 넘지 않는 수준이면 좋다. 필요시 각종 통계나 차트를 사용하는 경우도 있는데 이 경우 출처를 분명히 제시하는 것 역시 기본이다. 통계자료는 가급적 적극 활용하기를 권하며, 지역사회의 통계는 지자체 홈페이지의 통계연보를 활용하되 단순한 통계도표 인용보다는 밑줄, 굵기, 사진, 차트, 도식 등을 이용하여 시각화하면 훨씬 보기에도 좋을 뿐만 아니라 이해하기에도 좋다.

내용적으로는 통상 열악한 환경이나 조건들 때문에 프로그램 참여자들이 여러 가지 어려움이 있으니 이 프로그램을 통해 그 변화를 도모한다는 식의 흐름을 갖는 경우가 많다. 하지만 천편일률적으로 어려움만 설명하기보다는 작은 변화로 큰 영향력을 가질 수 있다는 가능성이나 작은 사례 등을 함께 언급하는 것이 보다 그 프로그램의 필요성에 강한 공감을 불러일으킬 수 있음을 참고할 필요가 있다. 우리 지역사회나 시설을 아주 열악한 곳으로 여기게 한 후 동정심을 불러일으키는 전략보다는 작은 변화의 실마리를 제기하면서 지원을 통해 더 큰 변화가 가능하다는 확신을 불러일으키는 전략이 최근의 흐름이기도 하고 사회복지 전문성에 좀 더 근

접한 방식으로 여겨지고 있다.

제목에서 호감과 매력을 느끼고, 필요성 부분에서 이 사업이 왜 필요한지 이해가 되었다면 어느 정도 성공적으로 프로포절 작성이 시작되었다고 봐도 무방하다. 처음 이 두 가지 부분에서 관심을 끌지 못하면 사실상 성공적인 프로포절로 인식되기에는 어려움이 있을 수 있기에 제목부터 필요성까지의 연결성이 매우 중요한 지점임을 기억해야 한다.

예 시

ㅇ 대상자 욕구 및 강점/문제점

현대 사회에 들어서며 생활수준의 향상과 수준 높은 의학수준으로 인하여 인간의 평균 수명이 증가하였고, 출산율의 저하로 현재 전 세계적으로 빠른 속도로 인구 고령화가 진행되고 있다. 이처럼 고령화에 따른 성공적 노화를 위한 대책이 필요한데, 성공적 노화는 질병 없이 건강하고 신체적 기능과 인지적 기능을 상대적으로 높은 수준을 유지하여 적극적으로 사회적 활동에 참여하고 심리적으로 만족하며 살아가는 것으로 개념을 정의하였으며, 자신의 삶을 만족스럽고 행복하다고 느끼며 능동적이고 적극적으로 노후 생활을 보내는 것이라고 하였다.

자연스러운 노화를 받아들일 수 있게 어르신들에게 기회를 마련해 주기 위해, 또 충분히 자신의 신체로 활동할 수 있는 어르신들을 위해 취미여가를 지원해야 하는 필요성을 알 수 있다.

ㅇ 지역 환경적 특성

본 기관이 속한 00시는 경상북도의 서남쪽에 위치하고 있으며, 대구광역시와 인접해 있고, 00시에 거주하는 60세 이상 노인인구수는, 51,789명으로 경산시 인구의 24.2%를 차지한다. 하지만 노인들의 취미여가생활을 지원할 수 있는 기관은, 00센터와 대한노인회 00지회, 00문화원, 00시여성회관, 00문화회관 등 6곳이나, **읍, **읍, **면 지역의 어르신들이 접근적으로, 경제적으로 편리하게 이용할 수 있는 곳은 본 센터뿐이다.

○ 이론적 배경

여가는 노인에게 매우 중요하며, 노인의 문화성, 창조성을 발휘할 수 있도록 여가 활동을 보장하여 젊었을 때에 하지 못한 새로운 경험에 도전하도록 지원하는 것이 필요하다. 또한 노인여가가 단순히 사회적 책무로부터 벗어난 시간을 보내기 위한 활동이라는 소극적 의미보다 새로운 사회적 역할의 획득과 사회적 관계망의 구축을 통한 생활양식의 구축이라는 점을 강조하며, 노인여가의 범위는 단순히 취미, 오락을 의미하는 것이 아니라 교육, 훈련 및 문화적 활동을 포함해야 한다고 주장한다. 이러한 논의를 중심으로 노인여가의 개념을 요약해 보면, 노인여가란 젊었을 때에 하지 못한 새로운 경험에 도전을 시도하는 것으로 자기발전을 위한 자발적 활동, 즉 생활의 전반적인 것으로 말할 수 있다. 노인의 여가활동은 노인의 새로운 삶의 목적을 정하는 데 영향을 미치며, 의미 있는 여가활동의 참여는 노인 자신의 능력을 표현하고 주변 환경을 조절하고, 중요한 삶의 구성요소를 통합할 수 있도록 도와준다.

③ 목적과 목표

목적과 목표에서의 핵심은 구체화와 계량화라고 말할 수 있다. 의도하는 목적과 목표를 어떻게 분명하게 그려 내고 측정가능하도록 계량화된 척도를 제시하느냐에 따라 보다 과학적이고 분명한 성과물로 인정받게 된다. 또한 얼마나 투입할지에 대한 '산출목표', 어떤 변화를 이끌어 낼 것인가에 대한 '성과목표'에 대한 개념도 정확히 구별해야 할 것이다. 상당부분의 프로포절에서 가장 지적을 많이 받는 부분이 바로 성과목표에 대한 개념이 부족하면서 계량화되지 않는 부분에 대한 것들이므로 첫 번째는 분명한 개념정립, 두 번째는 그에 합당하면서 측정가능한 성과목표 설정이라 할 수 있다. 덧붙여 목표설정 수준과 관련해서는 성과와 연동되는 부분이므로 현실가능한 목표치로 설정함도 중요한 포인트이다. 지나치게 목표를 설정한 탓에 목표한 성과를 달성하지 못한 시설은 차년도 공모사업에서 좋은 기대와 평가를 받기 어려울 수 있기 때문이다.

예 시

목 적	산출목표	성과목표
평생교육과정 강좌운영을 통해 노후의 지속적인 자기개발 및 질 높은 교육기회 제공	연 2회 학기별 정보화교육 4개 반 운영	80% 이상 참가자 모집
	연 2회 학기별 외국어교육 3개 반 운영	70% 이상 출석률 달성
	연 2회 학기별 성인문해교육 3개 반 운영	강좌 만족도조사결과 80% 이상 만족 응답
재능기부를 활용한 다양하고 질 높은 교육 프로그램을 제공함으로써 모든 어르신들이 자유롭게 참여 가능한 교육 제공	월 1회 지역자원 및 외부지원을 통한 다양한 영역의 '힐링특강' 운영	80% 이상 참가자 모집 재능기부 인적 자원 5명 이상 연계
회원어르신의 욕구를 반영하여 보다 질 높은 프로그램을 운영하며 상호적인 의사소통기회 마련	평생교육, 취미여가사업의 강사와의 원활한 의사소통 기회 마련을 위한 강사간담회 연 2회 실시	전체 인원의 70% 이상 참석 간담회를 통한 사업운영 반영사례 1건 이상 실시횟수 100% 달성
	평생교육, 취미여가사업의 반별 임원과의 원활한 의사소통 기회 마련을 위한 임원간담회 및 교육 연 2회 실시	
	연중 일반 회원어르신의 의견 및 민원을 적절히 관리하기 위한 '반별 간담회' 운영	연 1회 이상 운영 및 민원처리율 80% 이상 달성

④ 대상 집단

대상 집단에서는 각 집단별 통계를 출처표시와 함께 정확히 기재해 주는 것은 기본이고, 가장 핵심적인 부분은 클라이언트 집단이 표적집단의 20% 수준이 넘어서도록 제시하는 것이다. 가끔 프로그램의 성격상 이 기준이 적용될 수 없는 특이한 경우도 있겠지만, 일반적인 프로그램이라면 이 기준이 기본적으로 지켜질 필요가 있다. 이유는 표적집단이 아주 큰 집단임에도 해당 프로그램에 참여하는 클라이언트 집단수가 매우 작다면 결국 아무리 좋은 사업이라도 이 문제나 욕구를 해결하기에는 영향력이 부족하다고 판단될 수 있기 때문이다. 즉, 표적집단의 최소 20% 정도는 클라이언트 집단으로 본 프로그램에 참여해야 표적집단의 문제에 대한 접근이 점차 이뤄진다고 보는 것이 기본 개념이다.

예 시

○ 서비스 대상 선정방법

- 서비스 대상: 센터 이용회원 및 지역 어르신
- 선정기준
  가. 자원봉사 및 사회참여활동에 관심 있는 어르신
  나. 전문 기술 및 재능을 가지고 사회참여를 희망하는 어르신
- 선정절차: 담당직원 상담(활동영역 제시 및 논의, 역량확인) → 신청서 작성 → 활동영역 담당자 상담 → 개인 활동영역 배치 → 활동지원(활동 시 일지 작성)

○ 실인원수

대상구분	서비스 대상자 산출근거	단위수(명)
일반대상	○○시에 거주하는 만 60세 이상 노인	51,918
위기대상	**읍, **읍, **면에 거주하는 만 60세 이상 노인	14,166명
표적대상	자원봉사 및 사회참여활동에 관심 있는 노인	637명
실인원수	사회참여활동(봉사활동)에 참여하는 봉사자	150명

⑤ 세부계획

세부계획은 목표달성을 위한 절차적 개념이다. 목표달성을 위해 프로그램을 어떻게 진행할 건지 세부적으로 세운 계획을 간략하게 설명하면서 수행인력은 사회복지사인지, 강사를 활용할 것인지, 봉사자를 참여시킬 것인지, 그리고 소요시간이나 수행시기를 어느 정도로 할 것인지를 설명하는 부분이다. 따라서 세밀함과 동시에 논리적으로 이해될 수 있는 순서로 이뤄져야 할 것이고, 그 전체적인 진행방식이

목표달성과 연결될 수 있다는 느낌, 그리고 그 진행과정에 있어 다양한 아이디어와 시설의 강점이 활용되었다는 느낌을 줄 필요가 있다.

세부계획에 있어서의 경향성은 크게 두 가지로 나눠지는 경우가 많다. 즉, 누구나 생각해 볼 수 있는 아주 보편적인 사업내용으로 구성되는 경우가 있고, 여러 아이디어가 넘치는 매우 독특하고 생소한 프로그램 내용으로 구성되는 경우가 있다. 이 두 가지가 잘 혼합되면 좋겠지만 기본적으로 전자의 경우에는 설령 보편적인 내용이더라도 이 프로그램의 타깃에 왜 특별하게 적용되는지를 부가설명하여야 하고, 후자의 경우에는 이 독특함이 현실적으로 적용함에 있어서 큰 무리가 없으며, 실현가능성을 부연설명해야 완성도를 높일 수 있다.

예 시

성과 목표	프로 그램명	프로그램 내용 및 수행방법	시행 시기	수행인력 및 역할	참여 인원	시행횟수 시간
만족도 70% 이상 달성	일반 상담	• 대상: 상담욕구를 가진 노인 • 내용 – 각 사업별 상담실적 수합 및 관리(시설정보시스템) – 이용상담, 접수상담, 건강상담, 영양상담 등	1월~ 12월	담당자 – 복지상담 – 실적입력	96명	월 8회/ 30분
	전문 상담	• 세무상담 – 대상: 욕구를 가진 노인 – 내용: 게시물 및 홈페이지를 통한 홍보 후 열린 상담 진행 – 만족도조사: 상담 직후 간단한 스티커 부착을 활용하여 실시	6월, 10월	담당자 – 프로그램 계획 – 프로그램 준비 – 결과보고	20명	연 2회/ 3시간
		• 학대상담 – 대상: 욕구를 가진 노인 – 내용: 게시물 및 홈페이지를 통한 홍보 후 열린 상담 진행 – 만족도조사: 상담 직후 간단한 스티커 부착을 활용하여 실시	1월, 3월, 11월	담당자 – 프로그램 계획 – 프로그램 준비 – 결과보고	30명	연 3회/ 1시간

⑥ 일정계획

세부계획상의 단위프로그램들에 대한 월별 일정을 표시하는 부분이다. 따라서 세부계획의 각 항목을 그대로 가져와서 실시되는 해당 월에 표시하는 방식이므로 현실적인 추진이 가능하다는 확신을 줄 수 있도록 원활한 월별 배분이 핵심이며, 세부계획 항목과 다르게 항목을 구성하는 오류에 주의해야 한다. 즉, 특정한 시기에 여러 개의 단위프로그램이 너무 집중되지 않도록 배분하는 것이다. 현장에서의 사회복지사는 통상 여러 개의 프로그램과 다양한 과업을 동시에 수행하므로 현실적으로도 단위프로그램을 특정 월에 쏠리는 방식으로 일정계획을 할 경우에는 제대로 수행되기 어려운 경우가 많으므로 충분한 예측과 검토가 필요한 부분이라 할 수 있다.

예 시

기간 / 내용	1월	2월	3월	4월	5월	6월	7월	8월	9월	10월	11월	12월
동년배 상담 봉사단 모집						→						
동년배 상담실 홍보		→	→	→								
동년배 상담 봉사단 활동		→	→	→	→	→	→	→	→	→	→	
동년배 상담 봉사단 간담회						→						→
만족도 조사	→		→			→				→	→	

⑦ 예산

예산 역시 세부계획 각 항목과 동일한 항목으로 구성함이 타당할 것이다. 문제는 예산의 규모인데, 외부펀드의 경우 요청한 예산에서 일부 삭감되는 경우가 종종 있으므로 120% 수준으로 설정하는 것을 권한다. 그렇게 함으로써 실제로 지원받았을 때 예산의 하향조정으로 인해 단위프로그램을 축소하거나 폐기하는 일을 방지할 수 있기 때문이다.

그 외 예산 작성 시에는 총 금액의 한도가 있는지, 자부담이 필수인지, 강사료나 자문료 등 일부 항목의 경우 기준금액에 대한 지침이 있는지 등을 잘 확인하여 지원처의 지침에 맞게 산정되는 것이 중요하다. 예산부분은 결국 지원처에서 면밀하게 살피는 부분이므로 계산식의 오류 등 기본적인 실수는 크게 영향을 미칠 수 있으므로 최종적으로 확인할 때까지 오류가 없도록 반드시 세밀한 검토가 필요하다.

종종 겪는 오류는 1차로 완성된 프로포절에서 세부계획, 즉 단위프로그램의 일부 변동이 있을 경우 예산까지 변동해야 함에도 이를 놓치는 경우이다. 단위프로그램의 주기나 횟수, 소요시간 등과 예산내역의 내용이 일치되도록 마지막까지 확인하는 것이 중요한 이유이다.

예 시

수입			지출		
항목	내역	금액	항목	내역	금액
자부담	147명×20,000원×2학기=	5,880,000	강사료	정보화교육 50,000원×3과목×22주×2회×2학기=	13,200,000
				외국어교육 50,000원×3과목×22주×2회×2학기=	13,200,000
				성인문해한글 100,000원×2명×12월=	2,400,000
			수업지원비	물품구입 및 기자재, 교재구입 =	15,000,000
				한글소풍 지원금 300,000원×2회=	600,000
보조금	–	17,255,000	힐링특강	현수막 33,000원×5회=	165,000
			간담회	강사간담회 식비 10,000원×22명×2회=	440,000
				임원간담회 다과비 3,000원×2회×60명=	360,000
				임원교육 강사료 200,000원×1회=	200,000
후원금	–	22,920,000	홍보비	안내문 제작비 500,000원×2회=	1,000,000
계		46,055,000	계		46,055,000

⑧ 평가

평가부분은 당초 프로포절에서 제시했던 목적과 목표의 달성여부를 어떤 지표로 어떻게 평가할 것인가에 대한 내용이다. 따라서 목표와의 연관성이 가장 기본이어야 할 것이고, 목표의 달성기준점과 측정도구를 제시한다. 가급적 계량화를 지향하기 때문에 척도를 반영하는 경우가 가장 많고 그 외에 설문을 통한 평가나 지역사회의 변화를 측정할 수 있는 의미 있는 변화수치를 도구로 제시하게 된다. 사회복지시설의 일상적인 프로그램이든, 외부펀드를 확보하는 프로그램이든 모두 어떠한 변화를 바라는 목적이 있는 것이고, 그에 대한 평가를 체계적이고 계량적으로 함으로써 프로그램의 지속여부 결정이나 수정사항 발췌, 외부지원의 경우 재정적 지원을 할 것인가에 대한 판단에 있어 가장 중요한 지점이라 할 수 있다.

참고로 각 시설의 일상적인 프로그램에 대한 평가가 어떻게 이뤄지는지도 간략히 살펴보자면, 대부분 중간평가와 최종평가로 진행된다. 시설마다 평가의 방식은 특정한 과정평가 양식에 따라 평가서 제출과 발표 및 토의로 마무리되는 경우도 있고, 매트릭스 같은 시각적 도구를 사용함으로써 힘들고 부정적인 논의만 하는 부담되는 평가회가 아니라 좀 더 역동적이면서 각 프로그램의 포지션을 확인해 나가는 재미있는 평가회로의 변화양상도 보이고 있다. 이 중간평가를 통해서 목적달성의 가능성과 과정상의 변경이 필요한 부분을 확인하여 하반기 적용을 도모하고, 1년 간의 프로그램을 모두 마친 후에는 최종평가를 통해, 당초 목적했던 변화를 이끌어 냈는지에 대한 점검을 통해, 또 다른 한 해의 계획서를 준비하는 방식으로 매년 정규프로그램들이 업그레이드되는 개념이다. 일상적인 정규프로그램도 외부펀드공모에 지원하는 특별프로그램 못지않게 중요한 과업이므로 이러한 일상적인 평가과정을 통해 분명하면서 발전적인 흐름을 가지는 것이 중요하다.

예 시

성과목표	성과지표	자료원	자료수집방법	평가시기
참여자 80%의 우울감 감소	우울감 사전/사후변화도 활동일지 우울관련 대화내용 빈도	내부결재 조사설문지	자료원 분석 활동현황 분석	4월/11월
중도탈락율 2명 이하 유지	참여인원 대비 출판비율	활동일지 내부기안	활동현황 분석	4월/11월
참여어르신 80% 이상 자서전 출판	자서전 출판 권수	자서전	자서전 원본파일	11월

3) 마무리단계

통상 시설에서 외부펀드공모에 대한 프로포절을 제출했을 때 지원받는 것으로 선정되었다면 당연히 프로그램 진행과 동시에 프로그램 계획서와 더불어 과정기록과 평가로 이어지는 일련의 문서화가 함께 진행되겠지만, 선정되지 않을 경우 많은 노력을 기울인 지원서류가 사문서화가 되어 버리는 경우가 종종 있다. 모든 동료와 함께 오랜 시간이 투입한 결과물이라는 점에서 아쉬운 지점이다. 그래서 미채택된 프로포절의 재활용을 위한 노력을 기울일 필요가 있다. 우선 미선정된 프로포절을 보존하는 문서철과 폴더관리가 필수이며, 다른 지원법인의 공모사업에 업그레이드해서 재지원하거나 그조차 여의치 않을 경우에는 예산이나 사업내용을 큰 폭으로 축소시키면서 핵심만 남겨 놓은 채 자체사업으로도 시도할 수 있다. 그렇게 작지만 소중한 실적과 변화를 쌓아 가면 차년도에 더 좋은 프로포절로 다시 도전할 수 있을 것이다. 물론 보관 시에는 프로포절 과정에서 획득한 유사사례집이나 해당 지원법인의 사업보고서 등 부가적인 자료도 함께 보관해야 한다.

선정된 프로포절의 경우에는 정확한 계획수행과 정산이 필수이다. 불가피하게 변경이 필요한 경우는 지원법인의 지침에 맞게 내부결재나 재단의 승인 등의 절차를 충분히 여유 있게 진행해야 한다. 지원법인 입장에서는 사업막바지에 대규모의 변경을 요청하는 시설에 대해서는 신뢰를 가지지 않을 것이고, 그 무너진 신뢰는 오랜 기간 유지될 수 있음을 기억해야 한다. 지원법인이 가장 신뢰하는 시설은 계획대로 진행하고 잔액까지 남기지 않는 시설이다. 불가피하게 변경하더라도 타당한 이유와 여유 있는 일정계획을 감안한 변경이고 이 역시 잔액을 남기지 않고 정확히 사용하는 것은 기본이다.

6. 기타 유용한 Tip

1) 제목 선정

앞에서 프로포절의 핵심은 결국 제목에서 상당부분 설명되고 판단되어지는 경우가 많다는 언급을 한 바가 있다. 따라서 제목과 필요성과 세부계획 간의 연결성이 중요하다. 이런 개념을 잘 이해하고 있더라도 프로포절의 양식은 제목부터 시작하게 되어 있기 때문에 통상 제목에서부터 막혀서 진도가 잘 나가지 않는 경험을 하게 될 것이다. 이때는 대략의 테마를 정한 다음에 세부계획 작업부터 먼저 하는 것이 좋다. 그렇게 하다 보면 단위프로그램들에 대한 일련의 논리성과 아이디어들이 추가되면서 전체적인 프로그램의 틀이 잡히고 그 속에서 핵심적인 내용이 대두되면서 제목의 방향성이 더 용이하게 잡히는 경우가 종종 있기 때문이다. 즉, 제목은 모든 내용이 채워진 후에 마지막에 정하는 것도 좋은 방법이다. 모든 세부내용을 함축한 제목으로 자연스럽게 귀결될 수 있기 때문이다.

2) 면접(2차 심사)

최근 외부펀드의 프로포절에는 서류심사로 그치는 것이 아니라 2차로 면접심사를 추가로 실시하는 경우가 늘고 있다. 프로포절에 대한 면접심사는 대부분의 사회복지사들이 제대로 된 학습이나 훈련이 없기에 심적 부담과 어려움을 겪곤 한다. 그런 차원에서 실습생들이 프로포절 과제를 제출한 후에 발표하고 질의응답 받는 절차까지 수행하는 것은 매우 유익하다고 할 수 있다. 면접 시에는 전혀 예상할 수 없는 질문이나 권고가 나오더라도 전반적으로 수용적인 자세를 견지할 필요가 있다. 다만 이 단위프로그램은 절대 포기할 수 없는 영역이라면 다른 영역이라도 과감히 포기해서 핵심을 지켜내면서 지원을 받을 수 있는 지혜가 필요하다. 그 외 면접장 방문 시와 면접 후에 면접장을 떠날 때의 예의는 기본일 것이고, 만일 상급자와 동석하여 면접하게 될 경우에는 담당자를 주로 세우고 상급자는 어디까지나 슈퍼바이저로서의 존재와 역할에 충실함이 필요하다. 상급자가 더 많은 활약을 할 경우에 심사자는 상대적으로 담당자에 대한 신뢰를 낮게 가질 가능성이 크기 때문이다.

3) 글쓰기

공모내용에 따라 프로포절 분량을 페이지수로 제한하는 경우도 늘고 있다. 이는 형식적이고 주먹구구식의 내용으로 가득찬 프로포절을 심사자들이 수백 수천 개를 읽어 내는 데 지친 나머지 아예 분량을 제한해 버리는 조치라고 볼 수 있다. 페이지수를 제한하는지 여부와 상관없이 전체적으로 프로포절은 핵심내용을 선명하면서 간략하게 표현하는 게 매우 중요하다. 글쓰기의 연습이 필요한 이유이기도 하고, 프로그램 전반의 핵심적 내용을 얼마나 잘 이해하고 있는가에 대한 문제이기도 하다. 따라서 프로포절을 잘하는 사회복지사는 그런 연습을 끊임없이 해 나가고 있음을 참고하기 바란다. 개인적으로 성찰일지 같은 기록을 하는 경우도 있고, 심지어 SNS에서의 글쓰기도 하나의 연습이라고 생각하고 노력하는 경우도 있으며, 지역사회 내 각종 글쓰기 공모전에 끊임없이 투고하면서 스스로를 훈련하는 경우도 있다.

4) 법인현황(시설현황이 아닌)

순수한 프로포절 내용 외에 기관이나 법인현황을 적는 부분이 있다. 이 역시 간소화하고 핵심만 표현할 수 있도록 줄이는 노력이 필요하다. 여기서의 핵심은 본 프로그램의 내용과 관련되는 부분을 주로 남기는 것이다. 예를 들면, 연혁의 경우 상관없는 연혁내용으로 한 페이지 이상을 차지하는 경우가 있다. 기본적인 시설개관등의 주요내용과 본 프로그램이 연결되거나 유사한 사업의 실시경험, 혹은 해당 재단에서 지원받은 과거이력 등 무엇이 되든 관련되는 부분만 남기고 나머지는 과감히 삭제해도 무방하다.

5) 컨소시엄

가끔은 공모사업을 할 때 우리 시설만이 아니라 몇 개 시설기관이 컨소시엄을 구성해서 제안하는 경우도 있다. 이런 경우는 대부분 지원금액이 억 단위를 넘는 대형 프로젝트인 경우가 많다. 여러 시설이 함께 하는 프로포절이라면, 서류적으로도 그렇고 실제적으로도 사전에 충분한 논의와 소통과 공감이 이루어져야 한다. 주도하는 특정시설이 모든 기획을 다 해 놓고 마지막에 선정될 확률이 있으니 컨소시엄 동의서에 직인을 찍어 달라는 식의 동원하는 듯한 느낌은 우리 시설의 신뢰를 잃을 뿐만 아니라 파트너십도 무너뜨리는 것이며, 실제 프로그램을 시행하게 된다고 해도 계속 불협화음이 날 수밖에 없다. 네트워크의 기본원칙처럼 준비단계부터 모든 공과(功過)를 함께 나누는 방식으로 진정한 컨소시엄의 면모를 지켜 나가는 게 프로그램 자체뿐만 아니라 관계적인 측면에서 훨씬 유익할 것이다.

6) 시설 브랜드

지역사회 내 공모사업의 경우 대부분은 지역에 사회복지학과 교수진들이 심사자로 참여하는 경우가 많다. 이는 해당 시설의 이미지나 홍보된 내용 등을 인지하고 심사하는 경우가 많다는 뜻이다. 따라서 프로포절에 대한 사회복지사의 상시적인 준비내용도 중요하지만 시설입장에서도 그런 일상적인 노력, 관계, 시설 브랜드에 대한 이미지관리 등이 중요하다 할 것이다.

실습생도 마찬가지이다. 평소 실습에 참여하는 자세나 열정 등이 과제로 제출한 프로포절의 심사단계에서 크고 작게 영향을 미칠 수밖에 없다. 실습이나 사회복지시설, 그리고 사회복지사 모두 각자의 브랜드가 갖는 영향력은 프로포절뿐만 아니라 모든 것에 연결되어 있음을 기억해야 할 것이다.

사실 현장에서는 프로포절에 대한 기대와 우려가 섞여 있다고 볼 수 있다. 상위자는 기대가 높은 반면 담당자를 비롯한 하위자는 프로포절 작성과정 자체에 대한 부담과 더불어 지원받게 될 경우에 늘어나는 업무량에 대한 부담이 있는 게 사실이다. 더구나 그 프로포절이 대형 프로젝트인 경우 그 부담감은 상당하다. 그래서 시설에서는 프로포절을 작성하는 기간 동안에는 집중할 수 있는 시간과 공간을 제공하는 지원을 할 필요가 있다. 충분히 집중할 수 있는 여건은 제공하지 않고 이런저런 슈퍼비전을 통한 부담만 추가된다면 결국 양질의 프로포절을 생산할 수 없다. 이런 관리적 측면이 잘 따라 주어야 성공적인 프로그램의 기획부터 실천, 평가과정까지의 안정성을 도모할 수 있을 것이다.

실습과정에서도 일부 기관에서는 실습지도 시 프로포절만 제출하는 과제로 그치지 않고 실제 운용을 해 보는 것까지 진행하게 하는 경우도 있다. 짧은 실습기간에 기획을 하고 실제 프로그램의 실시까지 시작해 보는 것은 상당히 부담되고 힘들 수 있겠지만 한편으로는 매우 의미 있는 실습지도라고 볼 수 있다. 머릿속에서 상상하고 기획한 계획서가 실제 운용될 때 어떤 차이가 있는지를 직접 체험해 보는 귀한 경험이 될 것이고, 훗날 실제 현장에서 사회복지사로서 근무를 할 때 그런 오류를 줄일 수 있다는 점에서 훨씬 유익할 수가 있기 때문이다.

[첨부] 단위프로그램 계획 요약서 예시

○○사회복지공동모금회 지원사업

담당: 복지서비스팀 팀장 ○○○

사업개요

<table>
<tr><td>기관명</td><td colspan="6">○○노인복지관</td></tr>
<tr><td>사업명</td><td colspan="6">고령화 오지농촌마을 주민들의 문제해결능력 향상을 위한 마을공동체형성 프로젝트 “아(아사리).싸(사람들의).신(신명나는).나(나눔)”</td></tr>
<tr><td>사업기간</td><td colspan="3">20**. 01. 01.~20**. 12. 31.</td><td>서비스지역</td><td colspan="2">○○읍 ○○리</td></tr>
<tr><td>서비스 대상</td><td colspan="3">○○읍 ○○리 지역주민</td><td>실인원수</td><td colspan="2">50명</td></tr>
<tr><td>서비스 단가</td><td colspan="3">319,170 원 (산출식 = 총사업비 ÷ 실인원)</td><td>투입 인력</td><td colspan="2">7 명</td></tr>
<tr><td>사업목적</td><td colspan="6">① 고립된 농촌 오지지역에 마을주민들의 주체적인 참여를 통해 공동체를 형성 및 역량강화(아싸회의, 의식교육)를 통해 자체 문제해결능력을 향상시키도록 한다.
② 복지서비스 프로그램 진행을 매개로 한 주민들 간 · 이웃마을 간의 교류를 확대하여 이웃에 대한 관심을 유도하고 자체적인 보호시스템 구축 기반을 조성하도록 한다.</td></tr>
<tr><td>성과목표</td><td colspan="6">① 마을공동체 형성 및 참여의식 증가
② 주체적인 회의 및 의식교육 등을 통한 마을문제 해결능력 향상
③ 의식주 관련 복지프로그램 진행을 통해 경로당 및 마을회관 이용을 활성화하고 미이용자들의 프로그램 참여 및 주민 간 소통기회 증대</td></tr>
<tr><td rowspan="4">주요 사업 내용 요약</td><td>세부 프로그램명</td><td colspan="5">주요내용</td></tr>
<tr><td>주민 회의 “아싸솔루션 회의”</td><td colspan="5">프로그램 참여자 및 마을 이장, 청년회장, 부녀회장 등 자치단체와 함께 진행하며, 사업 일정 공지 및 보완사항 나눔, 의견 수합, 나눔활동 관련 논의사항, 마을 내 문제도출 및 해결능력 향상을 위한 주체적 회의 일상화</td></tr>
<tr><td>“신나는 아싸 의식주”</td><td colspan="5">각 여가프로그램을 매월 다 함께 체험하고 탐색하는 활동을 통해 주민이 참가하고 싶은 소모임을 경험하고 선택하여 조직할 수 있도록 지원(요리교실(3월), 뜨개질교실(4월), 수지침/쑥뜸교실(5월), 나무공예교실(6월))</td></tr>
<tr><td>오지 마을 나눔 활동</td><td colspan="5">타 마을 마을회관을 거점으로 해당 주민들에게 각 소모임이 주체가 되어 서비스를 제공하고 사업을 홍보하여 인근에 위치한 마을로 공동체 활동을 확산시키기 위한 활동
ex) 한방 의료 검진, 시력검사 등</td></tr>
<tr><td>예 산</td><td>총사업비</td><td colspan="2">15,958,500원</td><td>신청금액</td><td colspan="2">15,958,500원</td></tr>
<tr><td rowspan="2">신청금액</td><td rowspan="2">인건비</td><td>원</td><td rowspan="2">사업비</td><td>15,326,000</td><td rowspan="2">관리 운영비</td><td>632,500원</td></tr>
<tr><td>%</td><td>96.0%</td><td>4.0%</td></tr>
</table>

Chapter

09

사회복지 홍보

Chapter

09

사회복지 홍보

1. 홍보의 필요성

사회복지현장에서는 홍보 기획을 직접 수행하지 않고 일부 과정을 외부 전문 기관에 위탁하는 형태로 진행하는 경우도 있지만 이는 대규모의 행사나 예산배정이 된 경우, 그리고 매우 전문적인 역량이 필요한 특수한 홍보기술 정도에 국한된다. 대부분의 사회복지시설기관들은 홍보물의 매체선택, 내용구성 등은 비록 전문가는 아니지만 어느 정도 홍보적 역량을 갖춘 내부 인력, 즉 사회복지사에 의해 기획되고 생산된다고 보면 된다. 즉, 홈페이지 제작이나 소식지 디자인 편집과 같은 많은 예산이 투입되더라도 사회복지사가 직접 하기 힘든 부분은 전문업체에 위탁하지만 이 역시도 기본적인 아이디어부터 어떤 홍보 채널을 사용할 것이고 어느 시기에 어떤 내용으로 구성할 것인가에 대해서는 사회복지사들이 직접 판단하고 제안하게 된다. 그 외에 홈페이지의 관리, 각종 게시물, 카드뉴스, SNS, 유튜브, 카카오톡 채널관리 등 소소하고 잦은 홍보는 당연히 사회복지사가 직접 기획하고 생산해 낸다. 따라서 전공영역은 아니지만 사회복지사업을 전개함에 있어 홍보전략에 대한 중요성이 점차 확산되는 최근의 흐름 속에 사회복지사의 홍보 역량은 더욱 중요시되고 있는 추세이다. 이런 추세와 더불어 실습기간 동안 실습생에게도 이와 관련된 과제가 주어지는 일도 점차 증가하고 있다.

가장 우선적으로 사회복지 홍보사업에 대한 기본적 인식과 지식, 그리고 홍보감각 등이 사회복지사에게 요구되고 있다. 하지만 이런 역량은 학교의 여러 전공 교과목 등에서 충분히 다뤄지지 않고 있는 것도 사실이다. 사회복지 학업과 현장의 괴리가 나타나는 대표적인 분야 중 하나가 사회복지 홍보라고 할 수 있다.

사실 사회복지 홍보를 조금만 더 깊고 세밀하게 들여다보면 우리 시설이나 사업의 홍보를 어떤 마인드로 접근해야 되는지에 따라 형태와 방식과 메시지가 완전히 달라짐을 알 수 있다. 그에 따라 생산되는 아이디어도 다르고 제작하는 과정의 차이, 심지어 배포나 공유방식의 차이까지 드러나게 된다. 따라서 실습기간을 통해 잠시나마 사회복지 홍보에 대한 민감도도 높임으로써 앞으로 예비 사회복지사로서 일상 속에서도 관심 있게 홍보영역을 살펴볼 수 있는 시각을 갖추길 권한다. 꼭 사회복지분야의 홍보만 관심 있게 보는 게 아니라 타 영역의 홍보도 관심 있게 보면서 적용점을 찾아 나가는 민감성을 갖추고 훈련하다 보면 이는 분명 현장에서 '홍보로 사회사업을 잘하는 사회복지사'로서의 또 다른 역량을 인정받게 될 것이다.

2. 홍보의 의미

홍보가 어떤 의미를 가지고 있는지, 개인이든 조직이든 홍보마케팅에 대한 인식의 차이는 적지 않다. 어떤 이는 홍보는 무언가를 알리기 위함이라고 이해하고 시설이나 프로그램을 알리기 위한 단순한 수단으로만 그 의미를 이해하고 있기도 하고, 어떤 이는 좀 더 넓게 봐서 자신이나 시설의 이미지를 드러내는 정체성의 표현방식으로도 이해한다. 단순히 수단적인 것보다는 후자의 정체성을 나타내는 이미지 표현방식으로 이해함이 더욱 홍보의 가치를 깊고 크게 만들 수 있다는 생각을 할 필요가 있다. 왜냐하면 하나의 프로그램 홍보를 하더라도 각 시설이나 사회복지사가 가지고 있는 가치와 역량에 따라 그 시설의 이미지가 중첩되어 나타나기 때문이다. 우리가 어느 누구를 만날 때도 그 사람이 가지고 있는 이미지나 특별히 느껴지는 분위기 같은 것들이 있는 것처럼 사회복지시설 역시 마찬가지이다. A라는 기업이라고 하면 그 기업의 홍보를 접하면서 어떤 분위기가 느껴지고 어떤 이미지가 떠오르는지 생각해 볼 수 있다. 그 기업이 가지고 있는 생산품 자체뿐만 아니라 홍보가 주는 어떤 느낌이나 뉘앙스로도 특정한 이미지를 창조하게 되는 것이다. 예를 들면, 은행에서 은행의 상품을 홍보하는 것이 아니라 은행의 사회공헌활동 같은 면을 홍보하면서 신뢰도를 높이는 홍보전략이 그러한 것이다. 핸드폰 광고를 하면서 그 광고에 핸드폰이 한번도 나타나지도 설명되지도 않는 신비로움의 전략 같은 것도 마찬가지이다.

이처럼 사회복지시설 역시 A라는 시설은 어떠한 이미지, B라는 시설은 또 다른 어떠한 이미지가 떠오르게 된다. 똑같은 캠페인성 프로그램을 홍보한다고 하더라도 어떤 시설은 현수막, 어떤 시설은 유인물, 어떤 시설은 언론매체, 어떤 시설은 홍보영상 제작, 어떤 시설은 카드뉴스 등 수많은 전략과 방식을 사용하게 되고 이는 그 시설의 이미지를 견인하는 하나의 방식으로 그 역할을 한다. 아무런 이미지가 떠오르지 않는 시설은 그 시설이 효과적 홍보활동을 거의 하지 않았거나 그 시설에 대한 정보가 전혀 없기 때문일 것이다.

결국 사회복지시설의 종사자는 본인이 속한 시설이 어떤 미션과 비전, 즉 방향성을 가지고 있고 그것을 일반시민들이 어떻게 인식하고 있는지 관심 있게 살펴보고 대응할 수 있어야 한다. 즉, 시설의 이미지를 관리해야 하는데, 그 도구 중 가장 핵심적인 것이 바로 홍보이다. 홍보마케팅을 제대로 활용하는 시설은 지역사회와 사회복지계에서 상당한 인지도를 갖게 된다. 이러한 시설의 인지도는 시설자체의 존재가치를 높일 뿐만 아니라, 소속 직원의 자긍심에도 상당한 영향력을 끼칠 것이며, 시설의 각종 사업에 대한 홍보의 효과도 극대화할 수 있다. 이렇듯 홍보로 인지도를 높인 시설의 경우 타 시설종사자로부터 알려진 만큼 시설견학도 자주 요청받게 되고, 실습시즌이 되면 당연히 실습생의 실습문의가 쇄도하게 되는 등 지역사회 내에서 영향력 있는 사회복지시설로 자리매김하게 되고, 그런 모습은 소속된 종사자들에게 얼마나 큰 자부심을 갖게 할지는 미루어 짐작할 수 있다. 그런 이유로 10여 년부터 '홍보로 사회사업하기'라는 주제와 관련 워크숍들이 사회복지계에서 크게 유행하였고, 현재에도 전국 각 사회복지시설단체에서는 홍보에 대한 자구적 노력과 학습을 확대시키고 있는 추세이다.

3. 홍보의 시기

사회복지시설은 여러 가지 프로그램이나 사업을 수행함에 있어서 시작시점, 진행시점, 종결시점 등 각 시점마다 의미가 있고 홍보거리가 있을 것이다. 예를 들면,

어떤 사업을 시작할 때 홍보를 한다면 이는 프로그램을 알리면서 동시에 참여자를 모집하는 목적이 있고, 진행하고 있는 사업의 중간시점에 홍보를 한다면 우리 시설에는 이런 괜찮은 사업으로 지역사회에 기여하고 있다는 시설의 홍보효과를 좀 더 기대한다고 볼 수 있을 것이다. 그리고 사업이 끝났을 때의 홍보는 해당 사업의 성과를 밝힘으로써 차기 신규사업의 추진 시 해당 시설의 신뢰도를 높임으로써 자원개발에 유리한 도구로 활용하기 위함이기도 하다.

만약 프로그램 시작 전에 참여자 모집을 위한 목적으로 홍보를 한다면 브로슈어를 만들어 배포할 수도 있고, 홈페이지에 팝업 등으로 게시물을 올릴 수도 있으며, SNS로 널리 알리기도 하고, 오프라인으로 사업설명회도 할 수 있다. 여기에 부가해서 모집되는 홍보채널별로 특별 이벤트를 부가할 수도 있고 지역신문이나 방송 등 언론을 활용할 수도 있으며, 지자체장이나 홍보대사 등을 활용할 수도 있다. 이런 프로그램 시작 전의 다양한 홍보전략을 가진 사회복지사라면 주위의 타 시설이나 프로그램의 성공적인 홍보물과 홍보전략에 대해 사전조사를 철저히 했을 것임이 분명하다.

반면에, 우리 시설이 어떤 프로그램을 통해 특별한 성과를 낳았고 그 성과를 통해 지역사회에 크게 기여한 바를 홍보하고자 한다면 사업성과보고서를 발행할 수도 있고, 성과발표회를 할 수도 있으며, 역시 언론에 발표할 수도 있고 아예 직접 영상을 제작하여 SNS 등을 통해 그 결과와 선한 영향력에 대해 홍보할 수도 있다. 이렇게 프로그램 종료 후의 다양한 홍보전략을 가진 사회복지사라면 프로그램 진행중의 각종 사진자료나 인터뷰자료 등을 충실히 축적하는 노력을 함께 병행할 것임이 분명하다.

결국 프로그램 시작 전의 참여자 모집 목적의 홍보전략이 통했다면 주위에서 '○○ 시설에서 ○○ 프로그램 하던데? 좋던데?'라는 식의 반응을 듣게 될 것이고, 프로그램 후의 성과홍보 목적의 홍보전략이 통했다면 '그 프로그램은 어떻게 하게 된 거야? 멋지던데?'라는 식의 반응을 듣게 되는 등의 결과로 이어질 것이다.

어떤 홍보매체를 활용하든 구상시점부터 평가까지 사회복지사업의 기나긴 스펙트럼 속에서 어떤 시점에 어떤 홍보물을 사용할 것인가가 사회복지사의 중요한 고민이기도 하고 중대한 영향력을 발휘하기도 한다. 그런 의미에서 수시로 홍보에 대한 고민을 하면서 적절한 시기에 적절한 방법으로 홍보를 기획하는 사회복지사와 그런 고민 없이 프로그램만 계획대로 충실히 진행하는 사회복지사의 차이로 인한 프로그램의 효과성을 떠올려 본다면 평소 사회복지사의 홍보에 대한 감각과 기술적 역량이 얼마나 중요한지 다시금 생각하게 된다.

4. 홍보의 기획

어떤 목적으로, 어떤 내용으로, 어떤 시점에, 어떤 형태의 홍보매체를 사용할지 선택하는 구상 자체는 사회복지사의 몫이라고 앞에서 언급하였다. 예쁘게 디자인하고 필요한 부수만큼 인쇄하는 역할은 전문업체에 맡기더라도 기본적으로 어떤 목적성을 갖고 어떤 메시지를 담을지는 전적으로 사회복지사가 관여하게 된다. 홍보를 기획할 때에는 당초 설정한 목적성 아래 그 홍보물을 접할 대상자들의 입장에서 생길 수 있는 수많은 질문들에 대한 예측이 필요하다. 그런 많은 질문에 대해 일목요연하게 해답을 제시하는 기획력으로 만들어진 홍보물이 있어야 되는 것이다.

프로그램 소개 브로슈어를 예로 한번 기획해 보는 연습을 해 보자. 브로슈어 내용구상 시 가장 기본이 되는 생각의 출발은 '어떤 부분을 궁금해할까?'라는 부분이다. 먼저 눈에 띄고 접근이 이뤄지도록 하는 부분은 디자인의 문제이지만 이는 전문업체에 맡겨야 할 부분이되 사회복지사의 감각이 있다면 원하는 방식을 제안해 볼 수 있는 정도의 수준이면 충분하다. 사회복지사가 촘촘히 챙겨야 할 부분은 관심을 가지고 브로슈어를 펼쳐 본 사람에게 충분한 정보를 제공하는 것이다. 그럴려면 그 분들이 궁금해할 것을 예측할 수 있는 능력이 필요하다. '청소년 방과후 프로그램' 브로슈어라고 가정해 보자. 잠재적 프로그램 참여자들이 궁금할 내용들이 무엇이 있을까? 물론 잠재적 참여자들은 보호자이기도 해야 하고, 청소년 본인이기도 해야 하며, 교사일 수도 있다.

- 학습지원이 있는가? 학습만 하는 것은 아닌가? 학습 외에는 어떤 부가활동이 있나?
- 학습은 누가 가르치나? 어떤 과목인가? 개인별? 같은 학년 집단별?
- 이용료가 있나? 저소득은 감면하는가? 아니면 낙인문제 때문에 환급해 주는 방식인가?
- 운영시간은 몇 시부터 몇 시까지인가? 송영서비스가 있는가? 결석이 많으면 페널티가 있나?
- 주말에도 이용가능한가? 몇 명이 정원인가? 저녁식사는 제공되는가?

좋은 디자인으로 눈길을 끈 후에 그 테마조차 내게 필요한 것이라면 그 내용을 촘촘히 읽어 보게 된다. 그 읽어 보는 과정에서 여러 궁금점이 모두 풀리는 경우가 있고, 절반도 풀리지 않는 경우가 있을 수 있다. 이 경우 궁금점이 모두 풀리는 경우는 이제 신청할지 여부만 판단하면 되지만, 궁금점이 모두 풀리지 않는 경우에는 굳이 전화를 걸어 문의하는 적극적인 잠재참여자가 얼마나 될까? 프로그램을 시작하는 시점에서, 브로슈어라는 홍보매체를 이용한다는 전제하에서 기대하는 반응을 확보하려면 그 내용의 구성에서 충분한 정보제공이 되어야 하는 것이다.

누구나 자신이 기획한 홍보물의 결과로 긍정적인 평가와 반응을 기대하는 마음이 있다. 이 홍보물을 보고 각종 문의와 참여자가 폭발적으로 넘쳐 났으면 좋겠다는 기대를 한다. 설령 참여하지는 못하더라도 사람들에게 많이 기억되면 좋겠다라는 생각도 가지곤 한다. 반대로 그런 반응이 없다면 그 홍보는 홍보를 위한 홍보밖에 안되었다는 결과가 되고 그 홍보물은 쓸모없이 버려지는 안타까운 상황까지 생기기도 한다. 홍보를 위한 홍보밖에 안되는 전형적인 결과물이 바로 '홍보물(브로슈어, 홈페이지, 소식지 등등)은 예쁘게 잘 만들었다는 평가는 많이 들었는데 실제 참여나 반응이 없는 경우'이다. 앞의 예시 같은 궁금한 사항에 대한 정보가 충분히 제공되지 않았을 때 나타나는 결과이기도 하다.

기억해야 할 부분은, 결국 반응이 와야 함이 바로 홍보의 목적인데 안타깝게도 사람들은 우리의 홍보물을 애타게 기다리거나 유심히 살펴보고 있지는 않다는 점이다. 기본적으로 이 상황을 전제해야 한다. 복지현장에서 어떤 현수막을 걸고, 유인물을 배포하고, 홈페이지에 아주 특이한 팝업을 띄워 봤을 때 그걸 유심히 보는 분들은 그리 많지 않다. 홍보와 각종 정보가 쏟아지는 이 시대에 누구나 본인의 목적에 맞는 정보나 본인의 눈길을 끄는 정보만 골라서 찾아보기 때문이다. 그래서 어떤 매체이든 아주 독특한 걸로, 정확하게, 그 타깃층을 공략할 수 있는 그런 메시지 전달방법이 필요한 것이고 그에 대한 훈련이 필요한 것이다. 그래서 사회복지사는 타 영역을 포함하여 평소 어떤 광고나 홍보기법이 내 눈을 끌게 되었는지, 그리고 실제로 참여하게 되었는지를 면밀히 살펴보는 시각과 훈련이 필요하다. 그렇게 훈련되었을 때 실제 현장에서 홍보 기획을 할 때 성공률을 좀 더 높일 수 있는 역량을 갖게 되는 것이다.

기획단계에서 홍보물이 시선을 끌기 위한 한 가지 팁으로 '간접메시지'에 대한 이해와 연습을 권한다. 특히 요즘의 젊은 세대에게는 직접 메시지보다는 간접 메시지가 매우 효과적이라 할 수 있다. 과거에는 친절하고 상세한 직접메시지가 필요했다면 이제는 호기심과 관심을 떠올릴 수 있는 간접메시지가 홍보의 문구로 주로 사용되고 여기에 호응하는 경향이 있다. 몇 가지 카피로 예를 들어 보자.

- 통닭: 가슴살이 많은 닭 vs 살아생전 행복한 닭
- 빈민주거문제: 빈민에게 집을 제공합시다 vs 누군가 두 개를 갖기 전에 모두 한 개를 갖자
- 맥주: 좋은 콩으로 빚은 맥주 vs 즐겁게 웃게 하는 맥주
- 핸드폰: 잘 터지는 핸드폰 vs 사람의 품격을 말해 주는 핸드폰

뭔가를 상세히 설명하거나 핵심을 꼭 말해야만 할 것 같은 직접메시지 방식의 홍보가 과거의 주된 흐름이었다면, 자세한 설명은 빼고 의미를 살리거나 그것의 가치를 말해 주는 간접메시지 방식이 더욱 선호받고 있고 관심을 끄는 시대이다. 예를 들면, 아동결연후원자를 모집하는 메시지를 '어려움에 처한 아동을 도와주세요'라는 직접메세지로 할 것인지, '한 아이를 키우려면 온 마을이 필요합니다'라는 간접메시지로 할 것인지 고민해 보고 어떤 것이 요즘 시대에 더 반응을 보일지 생각해 보고 연습해 볼 필요가 있는 것이다.

마지막으로, 기획과정을 거친 초안이 나왔을 때는 최종검토와 수정작업을 하게 된다. 이때에는 가능한 동료직원들과 함께 공유해서 담당자가 직접 보지 못한 부분도 발견할 수 있도록 상호 협력하는 게 좋다. 그리고 실제 업체를 직접 방문해서 하나하나 수정을 꼼꼼하게 하길 권한다. 전화로 처리하거나 꼼꼼하지 않는 수정확인 절차는 나중에 심각한 인쇄오류로 더 많은 수고를 하게 된다. 예를 들면, 수천 장의 브로슈어에 라벨용지를 하나하나 미세하게 붙여야 하는 식의 까다롭고 힘든 작업들을 말한다.

5. 사회복지시설의 홍보 둘러보기

1) 오프라인 홍보

(1) 브로슈어

우리가 주변에서 종종 볼 수 있는 홍보물 중 대표적인 것으로 한번 살펴보자. 어느 시설이든 그 시설을 소개하고 있는 리플렛을 가지고 있다. 통상 팜플렛이라 표현하기도 하고 브로슈어라고도 한다.

브로슈어라고 명칭을 통일한다는 전제하에 브로슈어도 여러 목적성을 가질 수 있다. 먼저 시설을 소개하는 브로슈어가 있다. 시설의 설립목적과 연혁, 위치와 주요사업 등등 시설에 대한 전반적 소개로 그 내용이 이루어져 있을 것이다. 이런 브로슈어는 첫 시설방문자에게 드릴 수 있는 안내개념의 홍보물이라 할 수 있겠다.

또는 그 시설이 하는 주요 목적사업, 예를 들면 중독예방센터라면 중독예방에 대한 정의, 판별기준, 조심해야 할 행위 등에 대한 사업내용에 대한 소개 브로슈어도 있을 수 있다. 이런 브로슈어는 우리 센터가 또는 우리 시설이 어떤 사업을 한다는 직접소개 방식의 홍보라기보다는 음주와 알코올에 대한 정보를 제공함으로써 이런 시설에서 이런 정보와 관련된 일들을 한다는 식의 홍보방식을 채택한 경우라 할 수 있다.

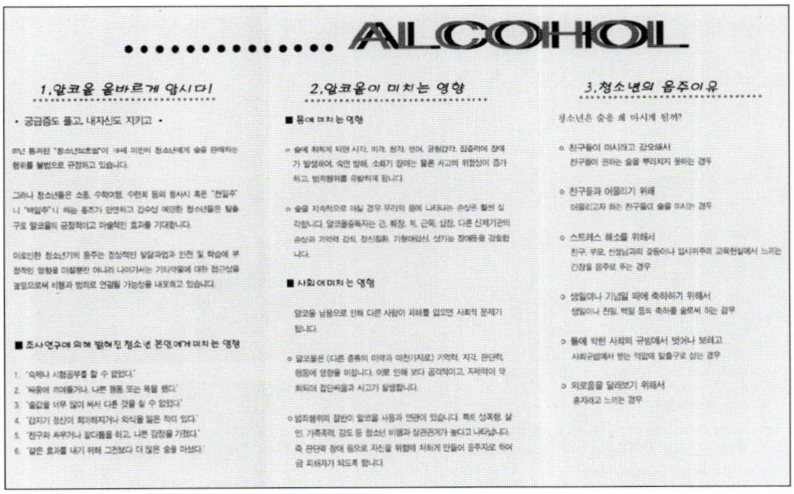

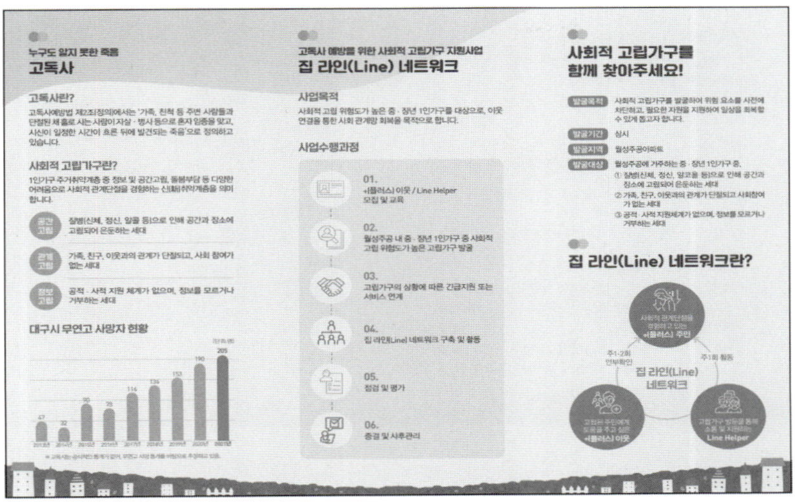

또 다른 브로슈어는 한 시설에서 수행 중인 여러 사업들 단위로 각각의 사업소개 브로슈어를 운용하는 방식이 있다. 프로그램 브로슈어로서 시설이용자가 어떤 부분에 관심이 있다면 그 부분에 해당되는 브로슈어를 펼쳐 보여 주면서 참가대상이나 자격, 프로그램 주기와 내용, 참가비 등등을 설명할 수 있는 기능을 함과 동시에 불특정 다수에게 배포함으로써 참가자를 모집하는 데에도 유용하게 사용될 수 있다. 예를 들면, 노인을 대상으로 하는 신규사업을 기획하고 참가자를 모집하는 사회복지사라면 인근 각 주민센터에 공문으로 요청하는 것보다는 브로슈어를 전달하면서 어르신들에게 하나씩 배포해 주기를 요청하거나 직접 배포하는 방식이 더욱 효율적이라는 구상에서 시작되었을 것이다.

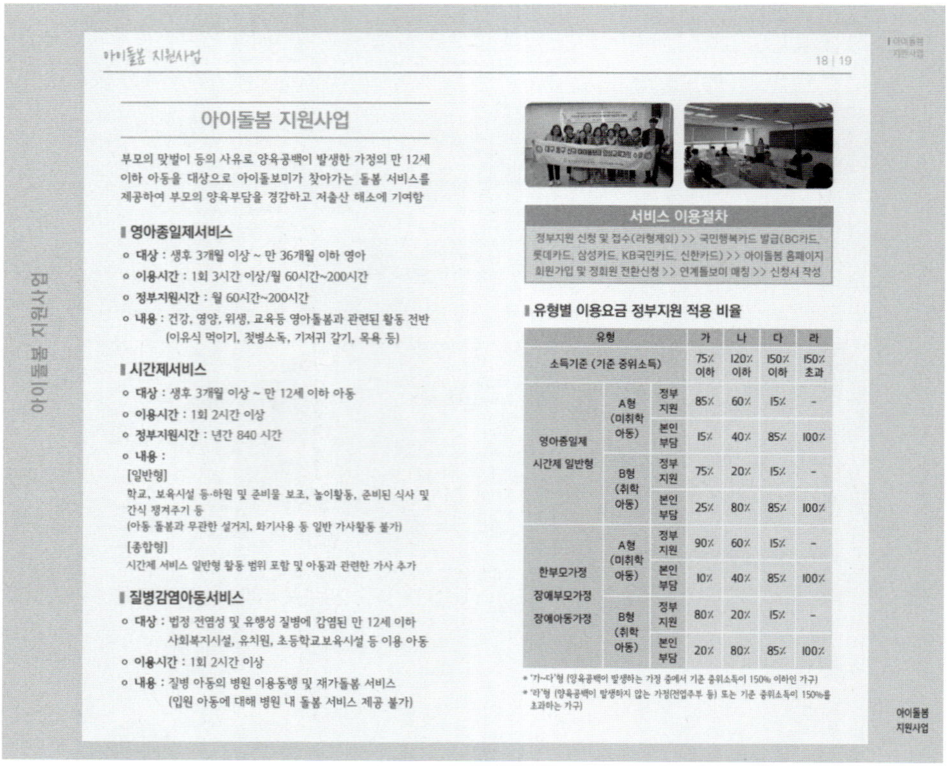
아이돌봄 지원사업 18 | 19

아이돌봄 지원사업

부모의 맞벌이 등의 사유로 양육공백이 발생한 가정의 만 12세 이하 아동을 대상으로 아이돌보미가 찾아가는 돌봄 서비스를 제공하여 부모의 양육부담을 경감하고 저출산 해소에 기여함

영아종일제서비스

- **대상** : 생후 3개월 이상 ~ 만 36개월 이하 영아
- **이용시간** : 1회 3시간 이상/월 60시간~200시간
- **정부지원시간** : 월 60시간~200시간
- **내용** : 건강, 영양, 위생, 교육등 영아돌봄과 관련된 활동 전반 (이유식 먹이기, 젖병소독, 기저귀 갈기, 목욕 등)

시간제서비스

- **대상** : 생후 3개월 이상 ~ 만 12세 이하 아동
- **이용시간** : 1회 2시간 이상
- **정부지원시간** : 년간 840 시간
- **내용** :

[일반형]
학교, 보육시설 등·하원 및 준비물 보조, 놀이활동, 준비된 식사 및 간식 챙겨주기 등
(아동 돌봄과 무관한 설거지, 화기사용 등 일반 가사활동 불가)

[종합형]
시간제 서비스 일반형 활동 범위 포함 및 아동과 관련한 가사 추가

질병감염아동서비스

- **대상** : 법정 전염성 및 유행성 질병에 감염된 만 12세 이하 사회복지시설, 유치원, 초등학교보육시설 등 이용 아동
- **이용시간** : 1회 2시간 이상
- **내용** : 질병 아동의 병원 이용동행 및 재가돌봄 서비스 (입원 아동에 대해 병원 내 돌봄 서비스 제공 불가)

서비스 이용절차

정부지원 신청 및 접수(라형제외) >> 국민행복카드 발급(BC카드, 롯데카드, 삼성카드, KB국민카드, 신한카드) >> 아이돌봄 홈페이지 회원가입 및 정회원 전환신청 >> 연계돌보미 매칭 >> 신청서 작성

유형별 이용요금 정부지원 적용 비율

유형			가	나	다	라
소득기준 (기준 중위소득)			75% 이하	120% 이하	150% 이하	150% 초과
영아종일제 시간제 일반형	A형 (미취학 아동)	정부 지원	85%	60%	15%	-
		본인 부담	15%	40%	85%	100%
	B형 (취학 아동)	정부 지원	75%	20%	15%	-
		본인 부담	25%	80%	85%	100%
한부모가정 장애부모가정 장애아동가정	A형 (미취학 아동)	정부 지원	90%	60%	15%	-
		본인 부담	10%	40%	85%	100%
	B형 (취학 아동)	정부 지원	80%	20%	15%	-
		본인 부담	20%	80%	85%	100%

* '가~다'형 (양육공백이 발생하는 가정 중에서 기준 중위소득이 150% 이하인 가구)
* '라'형 (양육공백이 발생하지 않는 가정(전업주부 등) 또는 기준 중위소득이 150%를 초과하는 가구)

아이돌봄 지원사업

이 외에도 각종 브로슈어들을 유심히 살펴보면 약도, 교통편, 자원봉사나 후원 신청용 발송엽서, 시설전경이나 내부구조 등등 수많은 정보들을 넣을 수 있다. 너무 많은 텍스트는 보기에 좋지 않을 것이기에 어떻게 보기 편하게 이미지 등을 활용하여 효과적으로 모두 담을 것인지를 참으로 고민하게 되는 시간이기도 하다. 그래서 만화 같은 삽화를 활용하기도 하고, 자세한 내용은 QR코드로 대체하기도 한다.

(2) 소식지

누구나 한번쯤은 각종 사회복지시설들의 소식지를 볼 기회가 있었을 것이다. 혹은 사회복지시설이 아니더라도 수시로 지자체 소식지라든지 학교 소식지라든지 여러 종류의 소식지를 접한 경험을 가지고 있을 것이다. 그렇게 소식지를 접했을 때 어떻게 보는가? 귀하게 받아서 하나하나 기사들은 관심 있게 읽어 보는 독자가 얼마나 될까? 사실 대부분 슬쩍 훑어보고 관심가는 부분이 있으면 좀 읽어 보고 나머지는 그냥 무심코 넘긴 후 바로 쓰레기통으로 직행하는 경험을 가지고 있을 것이다. 사실 그런 취급을 받기에는 사회복지현장에서 전개되는 소식지의 생산과정은 그야말로 눈물겹다. 담당자는 말할 것도 없고 시설 내 모든 직원이 분담해서 이런저런 기사를 준비하고 많은 시간과 노력, 게다가 예산까지도 상당규모가 투입되어 제작되고 우편으로 배포되기 때문이다. '이렇게 상당한 노력으로 만들어지는 소식지, 많은 지역주민과 봉사자 및 후원자에게 배포되는 소식지가 왜 이렇게 읽혀질 수밖에 없을까? 도대체 괜찮은 소식지는 어떤 소식지를 말하는 것인가?' 등등의 궁금증이 생기는 것은 당연하다.

최근에는 조금씩 온라인으로 전환되고는 있지만 전통적으로 존재해 왔고 현재까지도 꾸준히 제작되고 있는 사회복지시설 홍보의 대표격은 역시 소식지와 홈페이지이다. 대부분의 시설에서 다양한 홍보전략을 펼치지만 이 두 가지 대표적인 홍보매체는 여전히 유효하게 유지되고 있다.

통상적인 사회복지시설의 소식지 생산과정은 담당자가 소식지 발행시기에 나름의 목차를 구성하고 각 팀별로 해당되는 소식의 원고를 수합한 후 몇 차례의 수정 과정을 거쳐 지역사회로의 배포로 진행된다. 일반적으로 이런 방식의 소식지 발행을 전국의 수많은 사회복지시설에서 공통적으로 해 왔고, 그런 방식의 한계로 인해 점차 소식지의 무용론이 대두되기도 한다. 하지만 이런 흐름 속에서도 분명히 보석과 같은 의미 있는 소식지의 존재는 곳곳에서 발견되고 있다.

따라서 사회복지시설의 오프라인 홍보의 대표격인 소식지와 관련해서 어떤 흐름이 있고 어떤 시도가 되는지를 살펴볼 필요가 있다. 소식지의 경우 모든 직원이 발행시기만 되면 바로 담당자나 협력자로서 협업하는 방식이기 때문에 사회복지사들은 이와 관련한 어떤 역량이 필요한지, 최근 어떤 발전적인 변화를 도모하고 있는지 등에 대해 살펴보고자 한다.

① 담당자 선정 혹은 제작팀 운용

수많은 사회복지시설에서 사회복지현장으로 소식지를 보내온다. 너무 많은 소식지를 일일이 관심 있게 보기 어렵기 때문에 대충 쭉 훑어보는 수준이지만 그중에서 반드시 촘촘히 보는 소식지가 있다. 반복적으로 보게 되는 그 소수의 소식지가 촘촘히 읽히는 이유는 좋은 종이질이나 고급진 디자인이 아니라 궁극적으로는 좋은 콘텐츠를 실은 소식지이기 때문이다. 사회복지사 입장에서 공부가 되는 소식지이기도 하고, 이런 소식지라면 주민분들이 쉽사리 버릴 수는 없겠다라는 느낌이 드는 소식지를 말한다. 그런 소식지는 그렇게 만들어지기까지 남다른 제작부터 배포까지의 일련의 과정이 있기에 가능하다.

그래서 그런 일련의 과정을 관리하면서 남다른 노력까지 담아내려면 무엇보다도 소식지 담당자의 선정이 매우 중요하다. 분기 혹은 반기단위로 생산되는 소식지의 담당자는 시설 내의 모든 사업을 이해하고 자료를 축적해 낼 수 있는 역량을 가짐과 동시에 홍보적 감각까지 가진 직원으로 선정하는 경우가 많다. 그렇다 보니 중간관리자가 담당자로 지정되는 경우가 많고 이 중간관리자를 통해 각 팀별 사업의 원고를 수합하고 핵심적으로 다룰 부분에 대해 평소에 모니터링하고 자료를 축적하는 전반적 내용을 관리하게 된다. 분기 혹은 반기단위로 생산되지만 평소에 이런 홍보물에 대한 준비를 하지 않다가 갑자기 발행시기가 되어서 준비하다 보면 사진이나 그동안의 기록이 부실하여 충분히 담아내지 못하는 경우가 많기 때문이다.

이런 데이터적인 측면뿐만 아니라 홍보의 가치를 담아내는 목적 아래 남다른 홍보감각을 지니고 있는 것도 중요한 역량 중의 하나이다. 특정 프로그램을 홍보함에 있어 주안점을 그 활동내용에 둘 것인지, 참여자의 사례에 둘 것인지, 지역사회와의 네트워킹에 둘 것인지 등에 대해 살펴보고 판단하는 역량이다. 소식지의 어떤 한 기사를 읽음에 있어 어디에 주안점을 두었는지에 따라 그 프로그램에 대한 이해는 크게 달라지기 때문이다.

추가로, 담당자가 존재하더라도 시설 내 직원 중에 3~5명 정도로 소규모 소식지 제작팀을 운영하는 것도 적극 검토해 볼 필요가 있다. 시설 내 홍보에 관심 있는 직원들이 소규모로 모이면 그만큼 의견도 다채로워지고 시설에서 갖는 홍보에 대한 관심과 기대도 커지면서 보다 양질의 소식지를 만들어 낼 수 있기 때문이다.

② 소식지 형태

소식지를 작은 사이즈의 소형 책자형태가 아니라 마을신문 형태로 발행하는 곳도 있다. 통상적으로 지역사회마다 최소단위가 지자체단위의 지역신문일 것이다. 그보다 좀 더 범위를 축소시켜 우리 동네 소식을 알리는 더욱 특화된 지역소식지가 신문형태로 발간된다면 지역주민들의 접근이나 관심도는 더 높아질 수 있다는 사실에 기인한 것이다. 작게는 수백 세대 크게는 수천 세대가 밀집하여 살고 있는 영구임대아파트 단지라면 아파트단지 내 소식지만으로도 충분한 독자가 생길 수 있고 이 소식지를 매개로 여러 가지 운동을 펼쳐 나가거나 프로그램 참여자를 모집하거나 시설의 인지도를 높이는 역할을 할 수 있을 것이다. 실제 지역신문이 아닌 우리동네 소식지가 제대로 자리 잡으면 그런 반응들이 나타나기 때문에 점차 사회복지시설의 소식지가 신문형태로 전환되는 추세를 보이고 있는 것이다.

③ 당사자의 참여

마을주민을 직접 소식지 발간과정에 참여시키는 것도 좋은 방법이다. 복지시설의 소식지담당 사회복지사나 제작팀이 일방적으로 만드는 소식지가 아니라 마을주민들이 주체가 되어서 만드는 소식지는 여러 장점을 갖는다. 우선은 지역의 어떤 정보, 소식, 여론 등이 있는지를 가장 잘 알고 있고 더구나 어떤 특정 사실에 대해 과거에는 관련된 어떤 이력들이 있었는지조차 알고 있는 분들이 바로 주민이다. 이런 살아 있는 정보는 담당자가 아무리 인터넷을 뒤져 보아도 알 수 없는 정보이기도 하다. 만약 거주시설이라면 거주인 대표나 오래된 후원자 혹은 보호자도 편집위원으로 함께 할 수 있을 것이다.

이 분들에게는 주민기자단이라는 소속감을 드리기 위해 명찰과 명함도 만들어 드림은 물론이고, 작은 공용사진기라도 가지실 수 있다면 더 좋을 것이며, 정기적인 편집회의를 할 수 있도록 언제나 활용가능한 전용공간을 드리는 것도 적극적인 지지방법이다. 결국은 그 주민분들이 동네 소식을 제일 잘 알고 있을 것이고, 마을주민분들을 일일이 제일 잘 알고 계시기에 기획부터 배포까지 모두 효과성 있게 감당할 수 있다.

주민들에게 배포하는 방식 역시 엘리베이터 앞에 쌓아 두는 게 아니라 참여한 주민이나 아동들이 하루 정해서 주위 어른들에게 읽어 보시라고 직접 나눠 드리면 그 또한 좀 더 관심 있게 읽어 보시게 될 것이다. 소식지에 어떤 내용을 실을 것인가를 고민하는 기획단계부터 하나하나 귀하게 읽어 보게 만드는 배포방식까지 주민이나 거주자 당사자들을 주체로 세우는 방식의 소식지제작팀을 지향해야 할 이유이다.

고품격 어르신 복지! 활기차고 아름다운 노후생활

고산 시니어 투데이

통권 제11호

SUSEONG 발간일 | 2022년 8월 12일 창간호 | 2017년 10월 19일

Caritas 사람과 사랑으로 함께합니다 고산노인복지관

제11호 www.gsswc.or.kr E-mail gsswc100@naver.com 고산노인복지관 대표전화 053)793-8580 팩스 053)793-8581

별관신축 준공

2022. 3. 18.(금) 14시, 고산노인복지관 앞마당에서

축복식

식전행사

준공식

감사패

기념행사

별관 안내(2,821.63㎡, 855평)

정태식, 전태행, 김윤숙 기자

〈고산기자단이 제작한 노인복지관 신문〉

2) 온라인 홍보

최근의 분명한 홍보 트렌드는 온라인 방식의 다양한 콘텐츠가 많이 사용되고 있다는 점이다. 자원절약 차원은 부속적인 이유이고, 홍보의 목적상 관련인들에게 제대로 홍보하고 많이 접촉하기 위한 수단으로서 오프라인 매체보다는 온라인 홍보

가 훨씬 효과적이고 비용절감적이며 환경적이라는 판단이 이미 대세를 이루었다. 이는 우리 모두도 일상적인 정보를 오프라인보다는 온라인에서 더 많이 획득하고 있다는 점에서 충분히 납득할 만하다.

〈페이스북〉

〈유튜브〉

매체뿐만 아니라 홍보의 목적성을 이루기 위한 표현방식의 트렌드까지도 상당히 급변하고 있다. 전통적인 홍보방식은 분량이 많아지더라도 각종 아이디어를 총동원해서 굉장히 친절하고 세부적인 정보까지 모두 제공하는 것이 기본이었다. 하지만 요즘은 핵심메시지만 제시한다. 그 메시지 하나로 충분히 호기심과 관심을 불러일으키고 나머지 정보는 홈페이지 등 연결된 매체에서 확인하라는 식의 온라인 홍보의 전형적 방식을 활용하는 것이다. 즉, 호기심과 관심을 첫 번째로 획득하지 않고서는 나머지 모든 정보는 무의미하다는 논리이다. 가수 김장훈 씨가 독도 문제에 대한 환기를 불러일으킨 홍보물을 보면 그 의미를 이해할 수 있다.

오로지 'DO YOU KNOW?'라는 하나의 메시지이지만 여기서 관심을 가진 고객들은 뒷면이나 관련 정보를 찾아보게 되어 있고 공감하면 참여까지 하게 되는 것이다. 사회복지시설도 마찬가지이다. 프로그램 소개이든, 시설 소개이든, 후원이나 봉사자 모집이든 모두 이러한 메시지 방식에 대해 한번 고민해 볼 필요가 있다. 무엇이 더 나은가의 판단 기준은 결국 성과일 것이다. 어떤 매체를 이용하든, 즉 그것이 홈페이지든 SNS이든 광고판이든 언론에 광고를 띄우든 어떤 특정한 목적을 가지고 홍보를 하려고 했을 것이고 온라인 홍보는 더욱더 그러하다. 그렇다면 사회복지사나 또는 실습생들이 이런 홍보관련 과제나 과업을 부여받았을 때 온라인매체의 특성에 맞는 표현방식으로 그 과업에 접근할 수 있는 훈련이 되어 있는지를 생각해 봐야 한다.

(1) 홈페이지

실습이나 취업을 희망하는 분들이 가장 먼저 그 시설에 대해 알아보는 방법은 방문이나 전화보다는 바로 홈페이지 접속일 것이다. 다른 말로 하면 그 시설의 첫인상이 홈페이지에 의해 좌우된다고 해도 과언이 아니다. 어떤 시설은 마치 관공서 같은 느낌을 주는 홈페이지도 있을 것이고, 어떤 시설은 IT기업 같은 느낌을 주고,

어떤 시설은 자꾸만 들어가서 보게 되는 재미있는 홈페이지가 되기도 하는 등 그 느낌들은 그야말로 각양각색으로 나타난다. 그렇다면 우리 시설의 홈페이지는 어떤 이미지, 형식, 기능, 콘텐츠로 구성되어야 할까 하는 고민들이 필요한 것이다. 그래서 홍보담당자는 그런 고민으로 타 시설의 홈페이지를 탐색해 보기도 하고, 심지어는 본인 스스로 홈페이지를 제작하는 법을 익혀서 자유자재로 변화시키는 수준까지 이르기도 한다. 또한 실습생에게는 홈페이지의 장단점을 분석하거나 좋은 아이디어를 제시해 보라는 과제나 토론을 하기도 한다. 이처럼 홈페이지나 SNS가 사실상 요즘의 최고의 홍보채널이 된 상황에서 사회복지사는 홍보자체뿐만 아니라 가장 홍보의 기본격인 홈페이지에 대해 따로 배울 기회가 없었던 것이 사실이다. 그래서 그동안 많은 시설들이 홈페이지를 제작하기 위하여 전문가를 초빙하여 직원교육으로 진행하기도 했고, 관심과 역량 있는 직원에게 집중투자해서 그 역할을 전문적으로 할 수 있도록 양성하기도 하면서 대응해 왔다.

기본적으로 홈페이지는 그 시설의 비전과 나눔과 감사의 소통채널이어야 한다. 기능적으로는 각종 시설의 정보제공 외에 온라인상으로 곧바로 프로그램 참가 신청이라든지 후원 신청이라든지 자원봉사 신청이라든지 등의 절차를 실질적으로 해결할 수 있어야 된다. 그리고 복지관 내부의 직원들 간의 소통 인트라넷기능까지 포함되어 있어면 더욱 활용도가 높다. 심지어는 실습기간 동안 실습생과 직원들이 참여하는 임시적 소통체계를 홈페이지 내부에 갖추는 경우도 있다. 이 모든 것이 이제는 스마트폰과 연동되는 모바일 홈페이지와 함께 진행되어야 함은 두말할 것도 없다. 대부분 홈페이지 관리는 업체에 위탁하는 개념이므로, 이 모든 일련의 과정 속에 사회복지사는 어떤 내용을 어떤 방식으로 담을 것인가를 구성하는 역할에 집중하면 된다. 따라서 다른 홈페이지도 자주 모니터링하면서 추가하거나 조정해야 할 게시판이나 내용을 수시로 관리하여 소위 '살아 있는' 홈페이지로 유지함이 가장 중요하다고 볼 수 있다.

홈페이지에는 시설이용자뿐만 아니라 실제로는 타 시설에 종사하는 사회복지종사자들의 방문이 의외로 상당히 많다. 이들에게 비춰지는 시설의 브랜드도 홈페이지로부터 상당부분 영향을 받기 마련이다. 그런 차원에서 우리 시설의 개방가능한 자료들을 적극적으로 공유목적으로 게재하는 게시판이 있는 것도 괜찮다. 대부분의 타 시설 종사자들이 홈페이지를 방문하는 이유는 벤치마킹이나 필요한 소스 혹은 자료를 얻기 위함이기 때문이다. 실습생들이 실습기관을 물색하려고 홈페이지에 들어가 보았을 때 '그 시설의 연간사업계획서 같은 것을 한번 보면 좋겠는데'라는 생각을 한번쯤은 했을 것이다. 이때 어떤 시설에는 자신 있게 사업계획서를 올려놓는 경우를 발견한다면 그 시설의 대해 충분히 이해하고 실습여부를 판단하게 될 것이다. 최소한 그런 자료를 적극적으로 개방한다는 차원에서 신뢰성이 높아지는 것은 당연하다. 그런 차원에서 홈페이지 담당자는 우리 시설의 홈페이지에 얼마만큼의 개방성을 갖고 어떤 자료를 공개하느냐에 대한 고민도 중요한 지점인 것이다.

정보와 자료

번호	제목
48	직원업무역량 강화를 위한 BP대회 4차발표(SPSS)
47	직원업무역량 강화를 위한 BP대회 3차발표(프레지)
46	직원업무역량 강화를 위한 BP대회 2차발표(영성생활 나눔)
45	직원업무역량 강화를 위한 BP대회 1차발표(응급처치요령)
44	2012년 4차 직원 내부교육(문서작성법)
43	2012년 3차 직원 내부교육(이용자 응대예절)
42	2012년 2차 직원 내부교육(회계원칙 및 문서처리 절차)
41	2012년 1차 직원내부교육(사회복지기관의 개인정보보호의 필요성)
40	사례관리-해결중심이론
39	직원스터디-강점관점
38	직원스터디-임파워먼트모델
37	직원스터디-인간중심이론
36	직원스터디-교류분석이론 1
35	직원스터디-과제중심모델

〈복지관 홈페이지에서 각종 자료를 개방하는 게시판 사례〉

살아 있는 홈페이지를 위해서는 또 다른 노력의 일환으로 사회복지시설의 순간순간 소식의 공유를 통해 좀 더 활용도를 높여 보는 시도를 해 볼 수 있다. 이를 위해 현장의 여러 가지 있는 크고 작은 일들을 직원 누구나 수시로 게재할 수 있어야 한다. SNS/모바일 연동 홈페이지라면 더욱 유익하다. 일반적으로는 어떤 프로그램을 진행하는 사진을 올리고 소개하는 수준에 그치겠지만, 재미있고 유익한 홈페이지라면 프로그램과 관련된 아주 소소한 내용도 쉽게 자주 많이 업데이트되는 홈페이지일 것이다. 그렇게 되려면 사회복지사 누구나 쉽고 자유롭게 여러 가지 소식을 올릴 수 있어야 하고 가능한 한 SNS으로 퍼져 나가야 한다. 노인일자리 어르신이 직원들 힘들다고 떡볶이를 한번 해 주시는 이벤트, 직원의 깜짝 생일파티, 이름 없는 천사이야기 등 무엇이나 꾸준히 계속 올라온다면 보다 관심도와 접촉수를 높일 수 있다. 홈페이지를 기반으로 하되, SNS와 연동함으로써 우리 시설의 이용/거주인, 보호자, 봉사자, 후원자와 늘 접촉하는 방식으로 유지할 수 있는 온라인 홍보의 장점을 극대화하는 것이다.

추가로 일상의 감사와 감동을 전하는, 살아 있는 홈페이지로 그렇게 운영하고자 하는 철학을 기반으로 하되 재미까지 추구하는 사례도 있다. 하나의 사회복지시설임에도 복지의 영역을 과감히 넘어서는 콘텐츠를 과감히 추가로 제공하면서 홈페이지의 재미를 배가시키는 경우도 있다. 예를 들어, 최신 영화나 새로 나온 책을 소개하는 게시판을 같이 운영하는 것이다. 사회복지사가 보고 보증하는 영화나 책을 소개하는 것만으로도 꼭 복지영역이 아니라 재미있는 콘텐츠로 시설홈페이지와 소통하는 긍정적 접촉이 될 수 있는 것이다. 장애인과 관련된 책, 영화, 드라마 등의 소개를 우리 시설의 사회복지사의 시선으로 설명하는 방식이 여러 사회복지시설에서 시도되고 있다.

온라인 홍보의 활성화를 위한 특별한 전략이 필요할 때도 있다. 여러 가지 노력에도 불구하고 여전히 주민들의 홈페이지나 SNS 등 온라인매체의 인지도나 활용과 참여도가 높아지지 않는다면 과감히 오픈이벤트를 하는 것도 한 방법이다. 온라인 상의 댓글을 통하여 접촉을 늘리고 음료나 영화예매권 같은 기프티콘 형식의 온라인상품으로 홍보업무의 효과성도 높이면서 매체를 홍보하는 것은 활용도를 높여 나갈 수 있는 좋은 방법이다. 이 역시 문제를 내거나 추첨을 하는 등의 일련의 과정에 주민을 참여시키고 그 참여사진을 공유해 나간다면 이 과정 역시 시설의 신뢰도와 매체의 재미를 함께 확보하는 효과까지 기대할 수 있다.

최근의 미디어 홍보매체는 그야말로 홍수처럼 쏟아지고 있다. 홈페이지를 기본으로 하되 모바일 연동 홈페이지, SNS 연동 홈페이지는 기본이다. 홈페이지 일일 방문수가 겨우 수십 명에 머무르다가 SNS 연동을 했더니 몇만 명으로 증가하는 경험을 한 시설이 있을 정도이다. 그 외에도 카카오톡 채널을 비롯한 그 시설의 정형화된 미디어 홍보매체를 가지고 수많은 관련인들에게 수시로 소식을 전하면서 소통하고 있다. 이 모든 방식의 홍보를 사회복지사가 직접 하고 있는 것이다. 이제 사회복지현장도 과거방식의 홍보전략으로는 지역사회와 제대로 호흡하기 힘들고 그렇게 된다면 점점 폐쇄적인 성격을 띨 수밖에 없다. 최근의 트렌드에 맞게 많은 사회복지시설들의 각양각색의 미디어매체와 활용상황에 대해 늘 접촉하면서 학습과 훈련을 쌓아 나가길 바란다. 우리가 하는 모든 일은 결국 홍보로 연결되기 때문에 '홍보로' 사회사업한다는 말이 결코 틀린 말이 아니기 때문이다.

〈홈페이지〉

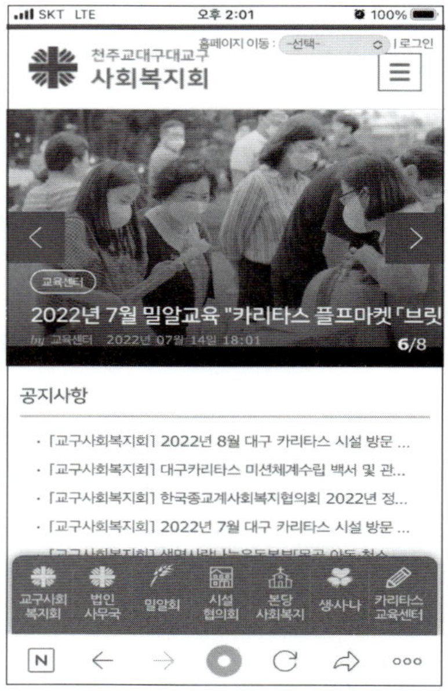

〈모바일 홈페이지〉

(2) SNS 홍보

그래도 최근 홍보의 최고점는 바로 SNS이다. 소셜미디어 시대에 페이스북, 인스타그램, 유튜브 등등 그야말로 사회복지현장에서도 급격히 관계되고 있고 실제 상당히 많은 비중으로 사용되고 있다. 사실상 앞으로 당분간은 소셜미디어 매체가 거의 모든 홍보를 차지할 것이라는 예상도 가능한 추세이다. 소셜미디어와 관련해서는 기술적인 부분이나 요령 같은 설명보다는 우선적으로 우리 스스로가 소셜미디어를 제대로 사용하는 것에서 출발할 수 있다. 본인이 사용하지 않고서는 최신의 매체를 업무 중 하나로 제대로 사용하기는 거의 불가능하다. 약 10여 년 전 페이스북이 조금씩 알려지기 시작할 때 한국사회복지사협회에서도 전국의 사회복지사들에게 선도적으로 소셜미디어시대를 예측하면서 600여 명의 집단교육을 한 적이 있다. 이때 강의하신 분의 내용적인 핵심은 이것이었다. '이것저것 따지지 말고 그냥 하세요. 그런 시대가 곧 옵니다.' 10여 년이 지난 지금 거의 모든 사회복지기관이 페이스북 페이지나 유튜브 채널 정도는 다 운용하고 있다. 심지어 홍보에 국한된 게 아니라 지역사회 운동이나 프로그램 진행과정상에서도 모두 소셜미디어를 이용하고 있다. 사업성과발표나 사업설명회 등등 모든 단계에서 사용하고 있다. 개인적인 성향이나 불안함, 단점 등도 있겠지만 이제는 공식적인 소통의 분명하고 주된 수단이 된 만큼 소소하게라도 즐겨 사용함을 권하고 싶다.

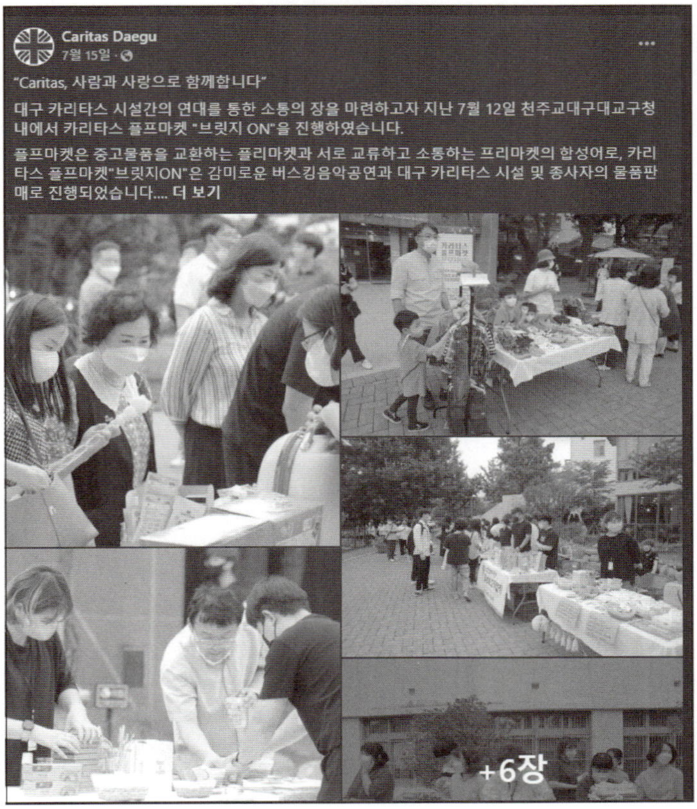

〈페이스북 페이지〉

3) 기타 홍보

이 외에도 시설의 인지도를 높이기 위한 여러 가지 매체가 사용된다. 지역의 복지축제를 지역의 주류에 광고하기도 하고, 지역 프로야구단 선수를 홍보대사로 위촉하는 경우도 있다. 어떤 복지관은 복지관 고유의 로고CI를 사회복지사가 직접 제작해서 활용하는 곳도 있으며, 구청장님과의 인터뷰를 활용하여 지역신문이나 소식지에 실음으로써 시설의 인지도를 높이는 방법도 있다.

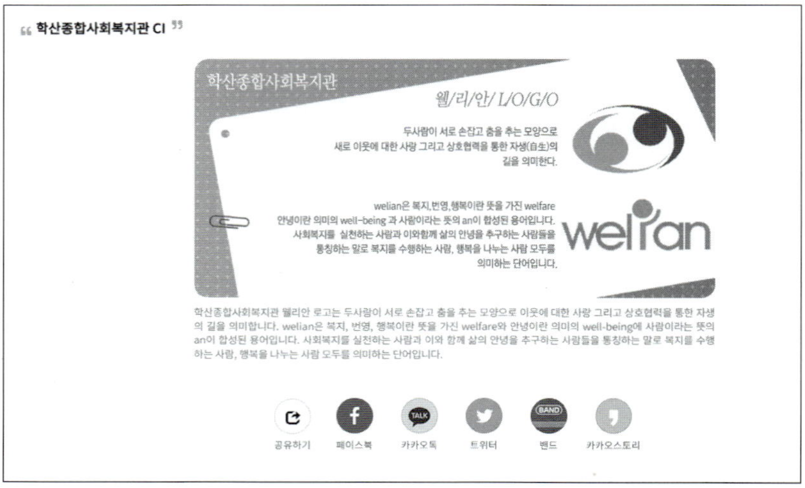

〈학산복지관 로고 웰리안 사진과 설명문〉

자원봉사자 모집 과정에서의 홍보도 마찬가지다. 가장 대표적인 예가, 2011년도 대구세계육상선수권대회이다. 이때 봉사를 희망하는 시민들이 다수였고 봉사자로 선정이 되면 특별한 티셔츠를 배부하였고 그 티셔츠를 갖는다는 의미 때문에 상당수의 시민들이 봉사를 희망하는 등 큰 이슈가 된 적이 있다.

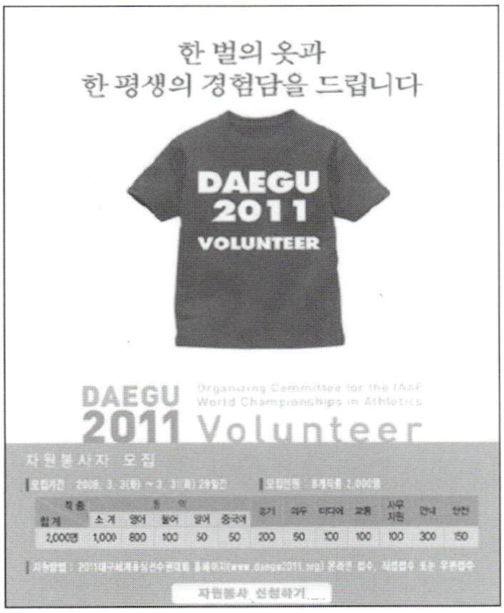

〈세계육상선수권대회 봉사자 티셔츠 사진〉

상징적인 기념품을 이용하는 방법도 있다. 가장 대표적인 것이 사랑의 열매 뱃지로 알려진 사회복지공동모금회이다. 이러한 기념품은 보다 높은 소속감을 갖게 하고 이는 봉사이든 후원이든 지속성을 유지하는 데 기여하는 바가 크다. 요즈음에는 시설소개가 새겨진 텀블러나 휴대용 충전기 등 늘 가지고 다니면서 관계를 유지할 수 있는 다양한 기념품이 활용되고 있다.

〈공동모금회, 카리타스 마크 등 주요 뱃지와 기념품 사진들〉

그리고 특별한 이벤트성 사업을 가지고 홍보를 하는 경우도 있다. 대구생명의전화와 대구산격종합사회복지관에서 진행하고 있는 생명사랑밤길걷기가 대표적이다. 해 질 녘에서 동틀 때까지 어두운 밤 정해진 루트를 걸으며, 어둠이 상징하는 어려움을 극복하고 함께 걸으며 동이 트는 새 아침 해의 희망으로 생명의 소중함을 일깨우는 자살예방 캠페인으로, 최근처럼 코로나19라는 감염병 유행의 시기에는 언택트 방식으로 전환하여 진행해 나가고 있다. 매해 시민의 관심과 참여를 이끌어 내기 위해 이목을 끄는 이미지를 제작하여 활용하고 있다. 이를 통해 행사참여뿐만 아니라 해당 법인과 시설의 인지도와 신뢰도를 높여 나갈 수 있는 또 하나의 홍보 사례이다.

〈대구생명의전화 생명사랑밤길걷기 홍보 이미지〉

이렇듯 크고 작은 다양한 형태의 사회복지시설의 홍보에 대해 살펴보았다. 워낙에 다양한 목적과 방식과 매체가 활용되고 있기에 결국 사회복지사의 홍보에 대한 전반적인 이해와 감각의 중요성이 가장 근본적이고 핵심적인 역량이라고 할 수 있겠다. 홍보에 대한 철학과 경험, 관심을 기반으로 한 참신한 아이디어를 접목시키면서 간접메시지를 통한 성과 있는 홍보가 되도록 꾸준한 관심과 연습이 필요할 것이다.

Chapter

10

실습 종결 및 평가

Chapter 10

실습 종결 및 평가

1. 실습생의 자기평가

1) 실습목표 달성

실습생은 160시간의 기관실습 후에 실습을 종결한다. 실습은 기관에서 실습평가회를 거치고, 대학에서 실습보고서를 제출하면 종결된다. 실습의 종결은 당초 실습을 시작할 때의 목표가 제대로 달성되었는지를 확인하는 과정이 필요하다.

(1) 진로 설정을 위한 실습

실습 목표는 크게 졸업 후 진로 설정과 사회복지사가 수행하는 역량을 강화하기 위한 방향으로 구분된다. 물론 실습을 진행하면서 두 가지의 목표를 동시에 수행할 수밖에 없다. 이러한 경우에는 사회복지현장실습에 임하는 실습생의 자세가 중요하다.

사회복지실천 분야는 매우 다양하다. 서비스 대상을 중심으로 구분하면 아동복지, 청소년복지, 여성복지, 노인복지, 장애인복지, 노숙인복지 등의 영역으로 구분되고, 기능을 중심으로 구분하면 학교사회복지, 정신보건사회복지, 의료사회복지, 자활사회복지 등의 영역으로 구분된다. 이와 같은 구분도 자세히 살펴보면 대상과 기능이 복합적으로 연계되어 있다. 실습생은 실습경험을 통하여 자신의 적성이 사회복지에 적합한지, 사회복지가 나의 적성에 잘 맞더라도 어떤 분야의 업무가 나에게 잘 맞는지를 심각하게 고민하여야 한다.

이러한 목표를 달성하기 위하여 실습기관의 미션과 비전, 실습기관의 업무 조직, 실습기관의 주요 사업, 실습기관의 장점, 사회복지사의 역할 등의 복합적 요소를 파악할 필요가 있다.

(2) 역량강화를 위한 실습

그런데 사회복지실천 분야에 따라서 사회복지사가 수행하는 역할은 상당한 차이가 있다. 사회복지실천 분야별 클라이언트의 특성에 따라 사회복지사는 다른 역할을 수행하여야 하기 때문이다. 아동복지는 돌봄, 정서, 학습 등의 업무를 수행하여야 하고, 장애인복지는 활동지원, 정서, 권리, 후견지원 등의 업무를 수행할 수 있다. 따라서 졸업 후 특정의 실천분야를 진로로 설정하면, 그 분야에 필요한 기능을 습득하는 것이 사회복지사의 역량을 강화하는 방법이다.

당연한 것이지만 모든 실천 분야에 공통적으로 필요한 전문적 업무는 클라이언트 발견 · 상담 · 돌봄, 사례관리 계획수립 및 수행, 프로그램 개발 및 수행 등이 있으며, 일반적으로 문서작성 및 관리, 예산 수립 및 집행, 자원봉사자 모집 및 관리, 자원동원 및 관리 등의 업무를 수행할 수 있다.

2) 실습내용에 대한 평가

실습생의 실습기관에서의 경험은 실습생의 진로에 대단히 큰 영향을 미친다. 실습기관의 조직 분위기, 사회복지사의 업무 스타일, 클라이언트에 대한 서비스 수준 등은 사회복지서비스를 실무에서 처음 접하는 실습생에게 긍정적으로, 혹은 부정적으로 영향을 미치기 때문이다. 사회복지에 대한 관심이 거의 없이 의무적으로 실습에 참여한 학생이 실습경험을 통하여 자신의 진로를 재설정하는 경우도 있다. 반대로 사회복지에 대한 확신을 가진 실습생이 실습경험을 통하여 사회복지사로서의 진로를 포기할 수도 있다.

실습내용에 대한 평가는 일반적으로 실습경험 중에서 좋았던 점과 힘들었던 점, 실습생으로서의 자세와 역할, 사회복지사로서의 나의 강점과 역량, 실습지도자 및 선배 사회복지사와의 관계, 문제발생 시 대응방법과 노력, 사회복지사로서의 지식과 기술 등에 대한 것으로 이루어진다.

2. 실습기관 및 교육기관의 실습생 평가

1) 출석평가

실습평가는 내용으로는 출석평가, 업무수행 역량평가로 구분할 수 있다. 구조적으로는 기관평가와 학과평가에 의해서 이루어진다. 출석평가는 엄격하게 이루어진다. 사회복지현장실습이 160시간의 기관실습으로 진행되는데, 단 1시간이 부족해도 실습을 종결할 수 없다. 160시간이 충족되지 않으면 당해년도 실습은 취소되고, 차년도에 재실습을 수행하여야 한다.

동시에 사회복지현장실습세미나는 15회 30시간 이상을 반드시 이수하여야 한다. 사회복지현장실습세미나는 대학에서 진행하는데 방학 중 계절학기를 포함하여 실습 전후에 진행하며 단 1시간이라도 부족하면 전체 실습을 재이수하여야 한다.

2) 역량평가

실습생은 업무 수행과정에 있어서 권한이 매우 제한되어 있다. 실습지도자인 사회복지사의 업무 지시에 따르는 역할을 수행하기 때문에 역량을 발휘하기에 한계가 많다. 그럼에도 불구하고 실습생은 주어진 상황에서 자신의 역량을 발휘하여야 한다. 실습생이 발휘할 수 있는 역량은 첨부2의 실습평가서에서 다음과 같이 제시하고 있다.

(1) 문제 파악 및 자료수집 능력/문제 인식 능력
(2) 문제 사정 능력/문제 분석 능력
(3) 개입 기술/문제해결을 위한 대안제시능력
(4) 면접 기술/기존지식과 정보의 사용능력
(5) 기록 기술/기록 기술
(6) 클라이언트와의 전문적인 관계 형성/유관 기관 및 관련된 사람들과 전문적인 관계 형성

3) 실습기관의 최종평가회

실습기간이 종료되는 마지막 단계에서는 대부분의 실습기관이 실습평가서를 대학으로 발송하기 전에 실습생을 대상으로 최종평가회를 갖는다. 실습생들은 실습기간에 주어진 과제 발표와 더불어 각자 실습을 통해 습득한 바를 동료실습생과

실습기관의 사회복지사들 앞에서 발표하는 시간이다. 발표하는 주된 내용은 첨부2의 실습평가서의 내용이 주를 이루게 되고, 그 발표내용에 대해 동료 실습생들에게는 지지와 격려를 받고 실습기관의 사회복지사들로부터는 구체적 내용에 대한 피드백을 받는 방식으로 진행된다. 이런 실습평가회를 통해 실습생은 발표나 브리핑 능력을 경험하는 것은 물론이고 본인이 현장실습을 통해 목표한 바를 어느 정도 이루었는지, 어떤 경험과 지식을 쌓았는지, 어떤 유익과 불편함이 있었는지 등에 대해 발표하게 되고 현장 사회복지사들로부터 긍정적 지지와 함께 오해나 잘못된 인식이 있는 경우 보충적 설명을 들음으로써 실습과정 전체를 원활하게 마무리하는 데 도움을 받는다. 실습생이 주된 대상이 되는 평가회이긴 하지만 더불어 실습기관 입장에서도 실습생들의 객관적인 평가나 의견을 바탕으로 기관운영이나 실습지도과정에 대한 피드백을 받는 기회가 되기도 하는 등 실습생과 실습기관 모두에게 유익한 과정으로 실습기관에서의 모든 실습과정을 마무리하게 된다.

4) 교육기관의 실습보고회

대학에서는 사회복지현장실습세미나 과목을 수강하면서 실제로 현장실습을 마친 학생들을 대상으로 학점부여를 앞두고 실습보고회를 가진다. 실습보고회는 각 학생들이 다양한 시설유형의 실습기관에서 실습을 했다는 점, 각기 다른 실습지도의 과정을 거쳤다는 점을 감안하여 모든 학생들이 본인의 실습기관 외에 다른 실습기관의 실습내용과 그 느낌까지도 서로 공유한다는 취지로 실시된다. 학생들은 실습보고회를 통해 자신의 실습기관에 대한 소개, 진행된 실습지도 내용, 본인이 겪은 다양한 에피소드, 인상 깊은 경험이나 특별히 관심을 갖게 된 분야, 그리고 실습을 통해 얻게 된 본인의 부족한 분야와 장기적인 학습목표, 심지어 실습을 통해 본인이 확신하게 된 취업분야까지 발표하며 각자의 경험을 서로 나누게 된다.

이렇게 일련의 실습평가와 종료과정, 그리고 대학에서의 보고회를 끝으로 전반적인 현장실습 과정을 마무리하게 된다. 160시간이라는 짧고도 긴 시간 동안 이론 공부를 떠나 현장의 살아 있는 역동을 경험하면서 동료실습생 및 현장 사회복지사들과의 관계성도 갖게 된다. 이 모든 과정에서 늘 각종 기록과 과제 그리고 발표 등 부가적인 과업을 함께 수행하면서 상당한 수고와 노력을 기울이게 되고 현장의 실제 모습도 제대로 이해하게 된다. 실천학문인 사회복지학에서 현장실습이 주는 의미와 메시지는 매우 크다고 할 수 있다. 어떤 이는 힘든 과정 속에서도 자신이 기대한 사회복지사의 삶을 보고 확신을 갖게 되는 경우도 있고, 어떤 이는 사회복지사의 길을 주저하거나 포기하기도 한다. 실습이 어떤 메시지로 다가오더라도, 어떤 결정을 내리더라도 잊지 말아야 할 것은 우리 사회에서 도움이 필요한 분들은 늘 존재하고 그들을 전문적으로 돕는 사회복지사는 늘 함께 그 자리에 있다는 점이다. 자신이 이 일을 좋아하는 열정이 있고 잘할 수 있는 가능성과 역량이 있다면 그 역할을 향해 충실히 준비해 나가는 것이고, 행여 그렇지 않더라도 사회복지 전공자로서 늘 응원하고 격려하는 마인드로 각자의 길을 가는 것이다. 사회복지사가 되는 과정 중에 가장 핵심 중의 핵심인 현장실습과정을 통해 학생들이 더 많은 동기를 부여받고 더욱 구체적인 꿈을 갖기를 바라며 그를 통해 보다 내실 있는 예비 사회복지사의 일상을 살아갈 수 있기를 기대하고 응원한다.

[첨부1]

실습 중간평가서(실습생 작성)

* 본 평가서는 사회복지현장실습 지침서를 참고하여 실습생 본인이 작성하며, 서술양식으로 작성한 뒤 실습지도자와 평가회를 갖는 것을 추천함.

실습생명		기관명	
실습기간		실습지도자	
실습평가일		실습지도교수	

1. 실습목표와 관련된 실습내용 및 역할에 대한 평가
   1.1. 수행한 실습내용 및 역할의 요약
   1.2. 평가
   1.3. 앞으로의 계획

2. 실습에 임한 자세 및 노력

3. 실습을 통해 배운 점

4. 앞으로 더 필요한 지식과 기술

5. 실습에서 어려웠던 점

6. 기관 및 실습지도자에게 건의할 점

[첨부2]

실습평가서(실습생 작성)

* 본 평가서는 사회복지현장실습 지침서를 참고하여 종결평가 내용을 실습생 본인이 작성하며, 서술양식으로 작성한 뒤 실습지도자와 평가회를 갖는 것을 추천함.

실습생명		기관명	
실습기간		실습지도자	
실습평가일		실습지도교수	

1. 실습일정에 대한 평가

2. 실습내용 및 역할에 대한 평가

3. 실습목표에 대한 평가
   1) 구체적이고 적절한 목표 설정 여부
   2) 목표의 달성 여부

4. 서비스 실천과정에 대한 평가/정책 및 행정 실습에 대한 평가
   1) 문제 파악 및 자료수집 능력/문제 인식 능력
   2) 문제 사정 능력/문제 분석 능력
   3) 개입 기술/문제해결을 위한 대안제시능력
   4) 면접 기술/기존지식과 정보의 사용능력
   5) 기록 기술/기록 기술
   6) 클라이언트와의 전문적인 관계 형성/유관 기관 및 관련된 사람들과 전문적인 관계 형성

5. 실습생의 자원 활용에 대한 평가(인적, 물적 자원)
   1) 기관 외의 자원 활용
   2) 실습과 관련된 참고서적의 활용

6. 실습에 임하는 자세에 대한 평가
   1) 업무관리
      (1) 시간 준수, 과제 제출
      (2) 주어진 일에 대한 업무조절 능력
   2) 직원과의 관계(실습지도자, 타 직원, 타 전문직 직원)
   3) 다른 실습생과의 관계
   4) 실습에 있어서의 적극성 및 자발성

7. 전문적 태도에 대한 평가
   1) 사회복지사로서 실습생 자신의 장·단점에 대한 인식
   2) 전문가로서 윤리 및 가치관의 이행

8. 실습지도 활용 정도에 대한 평가
   1) 실습생 자신의 실습지도 활용정도에 대한 평가
      (1) 기관 실습지도
      (2) 대학 실습지도
   2) 실습지도 자체에 대한 평가
      (1) 기관 실습지도
      (2) 대학 실습지도

9. 기관 이해도에 대한 평가
   1) 실습생의 과업과 관련된 기관의 목적, 정책, 행정 절차에 대한 이해
   2) 실습생으로서의 기관 내의 권한과 한계에 대한 인식

10. 실습기간 중 가장 유익했던 내용

11. 실습기간 중 가장 안 좋았던 내용

12. 실습기관, 실습지도자, 대학에 대한 건의사항

13. 기타 하고 싶은 말

[첨부3]

실습 종결보고서(실습생 작성)

* 다음은 실습을 종결하면서 실습생이 한 학기 동안 실습한 내용을 요약 정리하고 목표 달성 정도와 소감을 간략히 정리하는 보고서입니다. 이 종결보고서는 파일에 정리되어 사무실에 비치되며 다음 실습을 준비하는 학생에게 실습지 선정의 지침이 되는 자료로 활용될 것입니다.

실습기관		실습지도자	
실습부서		실습지도교수	
실습기간			
실습생		종결 일시	

1. 실습기관 소개

2. 실습기간 및 시간

3. 실습목표
   1) 실습생의 목표
   2) 실습기관의 목표

4. 실습내용 소개
   1) 실습일정
   2) 교육, 참관사항
   3) 담당업무

5. 실습목표와 달성 정도

6. 실습지도자와 실습지도 내용소개

7. 실습소감
   1) 힘들었던 것
   2) 제기되었던 질문들
   3) 배운 것

8. 향후 실습을 위한 제언

9. 기타 꼭 하고 싶은 이야기

10. 실습지도자와 기관에 대한 감사의 내용

[첨부4]

실습기관 분석 보고서(실습생 작성)

실습생명		기관명	
기관주소	(전화:)		
기관소개자	(부서: 직책:)		

1. 기관의 역사
   (1) 기관 설립동기 및 설립목적
   (2) 기관 사업의 역사적 변천
   (3) 기관 역사에 대한 실습생의 평가

2. 기관의 목적

3. 기관의 주요사업 및 프로그램
   (1) 클라이언트 및 대상 지역
   (2) 주요사업
   (3) 서비스 전달체계
   (4) 기관의 대상층 및 주요사업에 대한 실습생의 평가

4. 기관의 행정사항
   (1) 기관의 조직구조
   (2) 예산, 후원 및 지원 사항
   (3) 기관의 행정구조와 예산 사용 및 후원에 대한 실습생의 평가

5. 기관이 속한 지역사회, 물리적 환경의 특징
   (1) 지역사회
   (2) 물리적 환경(시설, 공간 등)

6. 사회복지기관으로서 지역 내 타 기관들과의 연계
   (1) 관계유형 및 내용
   (2) 기관의 타 기관과의 관계유지에 대한 실습생의 평가

7. 기관의 특별한 면이나 전반적인 사항에 대한 인상이나 느낌

[첨부5]

실습평가서(대학발송용, 실습기관 작성)

기 관 명		실습지도자	
실습부서		실습지도교수	
실습기간	. . . ~ . . .		
실 습 생		평가일시	

⋆ 출석상황

□ 무단결석 없음 □ 무단결석 1 □ 무단결석 2회 □ 무단결석 3회 이상

⋆ 다음은 실습생에 대한 평가입니다. 실습생이 실습지도 기간 동안 보여 주었던 태도와 행동을 기준으로 아래 항목에 솔직하게 평가해 주시기 바랍니다. 실습내용에 포함되어 있는 사항에 관해서만 평가하여 주시고, 평균에는 평가항목 총점을 평가항목 개수로 나눈 점수를 기입하면 됩니다.

(1점: 매우 그렇지 못하다 ~ 5점: 매우 그렇다)

항 목	내 용	1	2	3	4	5
실습 지도에 대한 태도	1. 실습지도 시간을 엄수한다.					
	2. 적극적이고 긍정적인 자세로 실습지도에 참여한다.					
	3. 실습지도에서 지적된 내용을 수용한다.					
	4. 배우는 입장에서 진지하게 노력하고 발전하려는 태도를 갖는다.					
	5. 실습지도자와 실습생으로서 공식적 관계를 형성한다.					
기관 이해 및 관계 유지	6. 동료실습생과 긍정적이고 원만한 협력 관계를 유지한다.					
	7. 기관의 목적, 정책, 규칙, 사업내용을 이해한다.					
	8. 기관 내에서 실습생으로서의 권한과 한계를 알고 일한다.					
	9. 기관 내 타직원과 협조적인 대인관계를 형성, 유지하여 업무를 처리한다.					
기본적 태도와 자질	10. 일의 우선순위를 결정하는 능력이 있다.					
	11. 할당된 시간 안에 일을 계획하고 수행한다.					
	12. 자신의 장점과 단점을 잘 인식하고 대응한다.					
	13. 사회복지실천의 지식을 실습내용에 적용한다.					
	14. 사회복지실천의 가치와 윤리를 갖고 임한다.					
	15. 전문가로서의 편견, 선입견, 고정관념을 인식하고 객관성을 유지한다.					
	16. 실습지도 내용을 실행에 옮긴다.					
	17. 실습과정을 책임감 있게 수행한다.					
기록	18. 기록, 보고서 등을 정해진 일시에 제출한다.					
	19. 실습내용을 사실에 근거하여 정확하게 기록한다.					
	20. 실습내용을 체계적이고 구체적으로 기록한다.					
	21. 클라이언트와의 상호작용 및 실습생의 사고와 강점을 기록한다.					
	22. 실습지도를 통해 지적된 사항 및 배운 것을 정확히 기록한다.					

1) 기관 고유 항목에는 기관의 특성과 실습상황에 맞는 평가항목을 실습지도자가 추가적으로 직접 기입하고 평가할 수 있습니다.

항 목	내 용	1	2	3	4	5
전문적 태도와 관계 형성	23. 클라이언트와 전문적 관계를 형성하고 활용한다.					
	24. 전문적 관계형성에서 동정과 감정이입을 구별하여 적용한다.					
	25. 주변의 자원을 파악하고 그것을 활용하려고 노력한다.					
	26. 비심판적이며 경청과 수용의 태도를 갖는다.					
	27. 클라이언트의 능력과 동기의 한계를 수용한다.					
	28. 실습지도자가 지시한 것을 잘 파악하여 실행에 옮긴다.					
개인에 대한 개입	29. 클라이언트가 표현한 의사소통과 암시적인 의사소통을 이해한다.					
	30. 실습생이 의도한 바를 클라이언트에게 명확하게 전달한다.					
	31. 클라이언트의 문제와 상황에 관련된 정확한 자료를 수집한다.					
	32. 수집된 자료를 체계적으로 종합하고 이론에 기초하여 사정한다.					
	33. 클라이언트 가족 등 주변의 지지자원을 활용한다.					
	34. 클라이언트와 환경의 상호역동성의 이해 아래 개입목표와 전략을 수립한다.					
	35. 개입목표에 따라 클라이언트의 긍정적인 변화를 유도한다.					
가족에 대한 개입	36. 가족의 역동성을 파악하고 가족상황에 관련된 정확한 자료를 수집한다.					
	37. 가족의 구조를 명확히 이해하여 필요한 가족개입의 기술을 활용한다.					
	38. 가족의 상호역동성의 이해 아래 개입목표와 전략을 수립한다.					
	39. 가족 구성원을 개별화하고 성원들이 긍정적으로 변화하도록 유도한다.					

항 목	내 용	1	2	3	4	5
집단에 대한 개입	40. 집단 역동을 파악하여 의미 있는 개입으로 집단을 지도한다.					
	41. 집단에서 주 진행자와 보조 진행자의 의미와 역할을 알고 신청한다.					
	42. 집단의 구조를 명확히 하고 필요한 집단지도의 기술을 활용한다.					
	43. 집단 성원을 개별화하고 성원 간 의미 있는 관계를 형성하도록 한다.					
집단에 대한 개입	44. 집단의 목적에 대해 정확히 사정한다.					
	45. 정확한 사정에 입각하여 적절한 프로그램을 계획하고 실행한다.					
	46. 집단의 상호작용이 목적 지향적이고 성원들이 긍정적으로 변화하도록 한다.					
지역 사회에 대한 개입	47. 지역주민들이 지역사회의 요구와 문제를 파악하도록 돕는다.					
	48. 파악된 지역사회 요구를 사회행동으로 계획하고 실행한다.					
	49. 지역사회 구조와 권력에 대해 이해하고 그 지역사회 상황을 정확히 파악한다.					
	50. 지역사회 자원을 정확히 파악하고 접근한다.					
정책 및 행정 분야	51. 정책형성 및 개선과 관련된 이해집단들의 문제 상황 및 요구와 정책발의자들 및 집행자들의 이해관계를 정확하고 객관적으로 이해한다.					
	52. 정책형성 및 개선과 관련된 이해집단과 건설적이고 전문적인 관계를 맺는다.					
	53. 문제 상황에 적합한 정책대안을 개발하는 데 적극적으로 참여한다.					
	54. 기본정보를 정확히 사용하며 실증적인 자료분석의 지식을 갖고 문제를 분석한다.					
	55. 사회복지행정체계 및 전달체계에 대해 정확하게 이해한다.					
기관 고유 항목1)	56.					
	57.					

<table>
<tr><td>총평</td><td colspan="5">(실습생의 실천가로서의 장 · 단점 및 대학에 대한 건의)</td></tr>
<tr><td>평가문항
개수</td><td colspan="2"></td><td>총점</td><td colspan="2"></td></tr>
<tr><td>평균
(총점÷
평가문항개수)</td><td colspan="5">(기록 후 테이프 부착 후 실습지도자 서명 요망)</td></tr>
<tr><td rowspan="4">평점부여</td><td colspan="5">여기에 부여하는 평점은 실습생이 받게 되는 성적표상의 최종 평점은 아닙니다. 대학실습지도점수와 더불어 사회복지현장실습 평점 부여 시 주요 고려사항이 됩니다.</td></tr>
<tr><td>□ A +</td><td>□ B +</td><td>□ C +</td><td>□ D +</td><td rowspan="3">□ F</td></tr>
<tr><td>□ A 0</td><td>□ B 0</td><td>□ C 0</td><td>□ D 0</td></tr>
<tr><td>□ A −</td><td>□ B −</td><td>□ C −</td><td>□ D −</td></tr>
</table>

실습지도자: (인)

기 관 장: (직인)

* 반드시 기관장 직인을 찍어 주십시오.

[첨부6]

사회복지현장실습 확인서

[　]신규발급, [　]재발급　　　　　　　　(앞쪽)

실 습 생 인적사항	성　명		생년월일		
	휴대전화번호		학 교 명		
실습기관 및 실습지도자	실습기관명		실습기관 관리번호		
	기관 주소		전화번호		
	실습지도자명		사회복지사자 격번호 (취득일자)	제 - 호 (. . .)	
실습기간	실습 기간	20 년 월 일 ~ 20 년 월 일			
	실습 시간	총 시간 (총 회, 1일 평균 시간)			

실습기관은 「사회복지사업법 시행규칙」 제3조 [별표1]의 규정에 따라 자격요건을 갖춘 실습기관과 실습지도자에 의해 기관 실습을 진행하였으며, 상기 실습생이 위와 같이 기관실습을 하였음을 확인합니다.

20　년　월　일

기관실습 지도자:　　　(서명 또는 인) 기관실습 실시기관:　　　(직인)

교육기관 및 세미나교수	교육기관 유형	[　]오프라인 / [　]온라인	교육기관명	
	실습세미나 교수명		학 과 명	
	실습세미나 교수 취득학위 (사회복지학 또는 사회사업학)	[　]학사, [　]석사, [　]박사	교육기관 전화번호	
실습 세미나	실습세미나 기간	20 년 월 일 ~ 20 년 월 일		
	실습세미나 횟수(시간)	총 회 (시간)	대면방식 세미나 횟수 (시간)	총 회 (시간)

교육기관은 「사회복지사업법 시행규칙」 제3조 [별표1]의 규정에 따라 자격요건을 갖춘 실습세미나 지도교수에 의해 실습세미나를 진행하였으며, 상기 실습생은 위와 같이 실습세미나를 이수하였음을 확인합니다.

20　년　월　일

실습세미나 교수:　　　(서명 또는 인) 학 과 장:　　　(직인)

한국사회복지사협회장　귀하

재발급 사유	※ 사회복지현장실습 확인서 재발급 시 재발급 사유 기재 바랍니다.

[사회복지현장실습에 관한 기준] - 사회복지사업법 시행규칙[별표1] 사회복지관련 교과목 (제3조 관련)

① **기관실습 실시기관**: 보건복지부장관으로부터 선정된 사회복지사업을 수행하는 기관, 법인, 시설 또는 단체

② **기관실습 지도자**: 사회복지사 1급 자격증을 취득한 이후 3년 이상 또는 사회복지사 2급 자격증을 취득한 이후 5년 이상 사회복지사업의 실무경험이 있는 자로 기관실습이 실시되는 연도의 전년도에 8시간 이상의 보수교육을 받은 자

③ **기관실습 시간**: 160시간 이상으로 한다.(단, 시행일 2020.1.1. 기준일 2019.12.31. 사회복지학 전공교과목과 사회복지관련 교과목의 전부 또는 일부 이수하였거나 수강하고 있는 사람은 120시간 이상)

④ **실습세미나**: 1회당 2시간 이상의 실습세미나를 총 15회 이상 실시하며, 정보통신망을 이용한 온라인 교육을 실시하는 교육기관의 실습세미나에는 대면 방식의 세미나가 총 3회 이상 포함되어야 하며, 한 세미나에 참여하는 학생 수는 30명 이내일 것

⑤ **실습세미나 교수**: 학사, 석사 또는 박사 학위 중 2개 이상의 학위를 사회복지학 또는 사회사업학 전공으로 취득한 사람으로서 3년 이상의 사회복지학 교육경험 또는 3년 이상의 사회복지사업 실무경험이 있는 교수가 지도할 것

※ 법령이 정한 상기 기준은 모두 충족해야 하며, 미충족 시 사회복지사자격증을 교부할 수 없습니다.

참고문헌

강흥구(2020). 사례관리. 경기: 정민사.

권진숙, 박지영(2010). 사례관리의 이론과 실제. 서울: 학지사.

김만호, 정일교(2022). 사례관리의 이론과 실제. 경기: 양성원.

김희걸(2001). 재가와상노인의 사례관리 모형개발 및 효과. 중앙대학교 대학원 박사학위논문.

김희연(2002). 지역사회복지의 네트워크 분석. 이화여자대학교 박사학위논문.

민소영(2019) 공공부문 사례관리 서비스 통합을 위한 전달체계 탐색. 사회복지정책. 46(2). 한국사회복지정책학회

박미은(2020). 사회복지사를 위한 사례관리. 경기: 양서원.

박정임(2002). 정신장애인을 위한 강점관점 사례관리모델의 효과성에 관한 연구. 서울여자대학교 박사학위논문.

엄명용, 노충래, 김용석(2006). 사회복지실천기술의 이해. 서울: 학지사.

양옥경, 최소연, 이기연(2017). 사회복지현잘실습 수퍼비전. 서울: 한국사회복지사협회.

양일국(2022.06.26.). DGB금융그룹, 'DGB대구사회복지사상' 시상. 시장경제신문.

오수경, 박병금, 최은희(2012). 사회복지현장실습. 경기: 공동체.

이금진(2003). 지역기반 정신장애인 직업재활수행기관간 연계강화에 관한 연구. 한국사회복지학, 54, 35-64.

이금진(2004). 장애인 직업재활기관의 사례관리실천 현황 분석. 장애와 고용, 14(3), 36-54.

이채식, 권신영, 김준환, 박주현, 오영훈, 전영록, 간순옥, 권명희(2020). 사회복지 사례관리. 경기: 어가.

전재일, 이성희(2004). 사회복지실천기술론. 서울: 형설출판사.

전해황(2001). 지역사회유형별 민간사회안전망 구축방안에 관한 연구. 대구대학교 박사학위논문.

정순둘(2005). 사례관리실천의 이해. 서울: 학지사.

조성숙(2020). 사회복지현장실습: 이론과 실제. 경기: 공동체.

최영신, 김만호(2006). 일본 '자녀양육지원센터'의 복지 · 보건 연계에 대한 일고찰. 사회복지정책, 27, 27-53.

최옥채(2005). 조직화 기술. 경기: 학현사.

최은정, 박은아, 배은경, 양정남, 이재경, 조혜정(2020). **사례관리론**. 경기: 양서원.

한국사례관리학회(2016). **사례관리전문가 심화과정 교육**. 서울: 학지사.

Bertsche, A., & Horejsi, C. (1980). Coordination of client services. *Social Work, 25*(2), 94-98.

Bowles, W. (2009). Practic value, principles and ethics, In E. Moore(ed.), *Case management for community practice*. Australia: Oxford Univ. press.

Frankle A., & Gelman, S. R. (2004). **사례관리 개념과 기술**. [Case management] (권진숙 역). 서울: 학지사(원저출판: 2004).

Gursansky, D., Harvey, J., & Kennedy, R. l. (2003). *Case management*. NY: Columbia press.

Holt, B. (2000). *The practice of generalist Case management*. Boston: Allyn and Bacon.

나무위키 사건사고 설명 게시글(https://namu.wiki).

대구사회복지사협회 홈페이지(http://www.welpia.org).

찾아보기

저 / 자 / 소 / 개

▪ 김만호

경북대학교 사회복지학과 및 동 대학원 졸업(문학박사)
한국 SOS 어린이마을(대구본부) 사회복지사
대구상인종합사회복지관 부장
대구가톨릭사회복지회 사무국 복지부장
가톨릭상지대학교 사회복지과 교수
현) 계명문화대학교 사회복지상담과 교수

〈저서 및 주요논문〉
지역사회복지론, 장애인복지론(공저), 사회복지학개론(공저), 사례관리의 이론과 실제(공저) 생태주의적 지역사회복지모형 개발, 녹색주의 사회복지에 관한 탐색적 연구(공동), 보건소중심 CBR사업에 대한 산출분석: 길버트와 스펙트의 산출분석을 중심으로(공동) 외 논문 다수

▪ 김진의

경북대학교 사회복지학과 및 정책정보대학원 졸업(석사)
대구가톨릭대학교 사회복지학과 박사과정 수료
영진전문대, 김천과학대, 계명문화대 외래강의 다수
대구가톨릭사회복지회 산하 종합/노인복지관 등 25년간 현장근무
현) 대구가톨릭사회복지회 사무국 (교구)부장

〈논문〉
국제카리타스 윤리강령 14개 원칙의 현장 적용에 관한 연구: 대구카리타스 실천사례를 중심으로(공동)

〈관심분야〉
대구카리타스를 포함하여 사회복지현장의 변화와 혁신, 사회복지현장과 대학교육 간의 간격을 줄이는 활동에 관심을 가지고 활동하고 있음.

생생한 현장감을 살린
사회복지현장실습세미나

1판 1쇄 인쇄 — 2022년 8월 26일
1판 1쇄 발행 — 2022년 8월 30일

저　　자 - 김만호 김진의
발 행 인 - 강철원
발 행 처 - 양성원
주　　소 - 경기도 파주시 검산로 173번길 29-20
전　　화 - 031-946-3861(代)
팩　　스 - 031-946-3864
이 메 일 - tnwpub@naver.com
홈페이지 - tnwpub.co.kr
출판등록 - 2015년 8월 31일 제 2015-000211 호

ISBN 979-11-6126-463-9

정가 20,000원